はしがき

二〇一二年三月、認定介護福祉士（仮称）制度の方向性についての中間まとめが報告され、今後、日本の介護福祉士は、より専門的対応を求められることが明確に打ち出されました。

より専門的対応とは、具体的にどういう事をいうのでしょう。たとえば、専門職としての介護実践で大切なことは？と質問すると、「経験が長く、早く的確に仕事ができている」「利用者さんに喜んでもらえるのが一番」「知識も大事だけど、机上の空論で、現場にそぐわない」という声が多く寄せられます。まるで、専門職としての介護を話題にすることが、いけないことのような反応を受けます。これは、今までの自分たちのしてきた介護を否定されているように感じる人が多いからではないでしょうか。

しかし、ここではっきりと宣言しておきたいことは、専門職としての介護を提供するということは、その介護法を選択した根拠（エビデンス）を示すことができるということです。よって、**エビデンスに基づく介護というものは、これまでの介護実践の否定ではありません。**むしろ、今まで経験で行ってきた介護実践を、エビデンスに基づき確認することで、自己評価を高め、他者や多職種にも介護の根拠を示すことができる、強い身方となる知識であるということです。

この本では、第1章にて専門職の行う介護について明らかにし、その対象や目的を明確にします。第2章では、エビデンスに基づく介護を行うための第一歩として、根拠となる評価方法を学びます。この評価という言葉は、なじみがないかもしれませんが、医師が行うところの診察・診断の部分にあたります。医師が、個人の特徴や症状に合わせて治療方針を立て、薬を処方するのと同じように、介護職も、介護評価を行い、個人の介護計画を立て、その人に合わせた、自立を促す介護を実践します。同じ人に、いつまでたっても同じ介護をしているようでは、自立を支援できておらず、現状維持にとどまっているということです。日々変化するさまざまな状態像の利用者にあわせて介護を実践し効果をあげていくためには、絶えず利用者さんの能力や機能の評価を行うことが大切であり、その方法論の理論の理解と技術の習得は重要です。第3章から第5章までは、具体的な評価法とその結果に応じた介護過程の選択のための判断基準を述べています。つまり、エビデンスに基づく介護法の根拠をお示しします。

この本を手に取ってくださった方の中には、「少しでもいい介護を行いたい。でも、どうしたらいいのか」と日々の実践で悩んでいらっしゃる方もいるかもしれません。そういう方は、この本に書いてある、「エビデンスに基づいた介護」のために必要な知識と方法論を理解していただき、いろいろな角度から日々の介護実践を検討することから始めてみてください。

皆さんの専門職としての熱い志を実践するために、この本が、お役に立つことを願っています。

二〇一二年一〇月

筆　者

目次

目　次

第1章◆介護について

介護者（寮母やヘルパー）は、どのようにして利用者に対する「介護の方法」を選んでいるのであろう。マニュアルどおりの方法で、どの利用者にも同じ介護でよいのであろうか。あるいは利用者が要求したことだけを行う介護でよいのであろうか。

介護は、介護福祉士の業務独占ではなく、家族や特別の教育を受けない、いわゆる素人でも可能な日常生活の世話であるという認識も少なくない。それゆえにそれほど難しく考えなくても、「福祉の心」を持ち、優しささえあれば、誰にでも介護はできるものだと思っている人は少なくない。介護教室等で入浴・排泄・食事等の介護技術を習えば見様見真似であっても世話の仕方を身につけることはできる。また家族であれば利用者本人のことはよく知っているから、利用者に聞きながら世話をすればよいという意見もよく耳にする。

しかし、経験豊かな介護者の行動を注意深く観察すると、利用者ごとに介護の方法を工夫している。食事の介助では、その利用者の食べる速度や一口の量に合わせて加減したり、おむつ交換では、利用者それぞれにおむつの種類や装着する位置を変えたり、ときには昼間は外すなどの違いがある。利用者に適した介護のために、経験豊かな介護者は、頭の中で「その利用者にとってよいこと」を考えながら介護方法を決めている。そして介護の後にも「その利用者にとってよいこと」を探しています。このようによい介護を行うためには頭の中で考える介護と実際の行為（食事の介助、おむつの交換等）とのつながり、さらに行為の後にも、その効果を振り返って考えるという作業が繰り返し行われています。

経験豊かな介護者は、単に利用者の運動機能だけでなく、その利用者のおかれている経済的、社会的あるいは施設や家庭における立場、また精神的な状態などについて、できるだけ多くの情報を得ることにより利用者を十分に理解し、それらの情報を有効に用いて利用者に対するきめ細かな自立支援のための介護実践を行っているのです。

I　介護とは

「介護」とは、身体的または心理的な原因で、自分自身では日常の生活行動が充分に営めない状態にある利用者に対し、直接的にその身体や心に働きかけて、必要な生活行動をうながし、あるいは補完する世話を行い、人としての生活を可能にすることをいいます。人は食べたり、排泄したり、寝たり起きたり、着たり脱いだり、清潔にしたりなど、日々ごく普通に、自立的に生活行動を行います。それにより生存が可能になり、健康で文化的な生活が営むことができるのです。しかし、障害、加齢、疾病、その他、何らかの理由により不自由な状態になると、生活条件は悪化し、最悪の場合は生存が不可能になることも考えられます。このような場合には、夫婦、親子、兄弟などの親族や、あるいは生活を共にする仲間が代わって、多くは家庭内で支え、助けあう文化を築いてきた。それは他の動物にはみられない、最も人間的行為であるといわれます。家族に依存することが多かったわが国の介護は、少子・高齢化は家族機能の縮小により老夫婦世帯や単身者など、家族や親族による支援が難しく、家庭外に介護力を求めざるを得なくなってきています。

より人間らしい生活を目指す方向から介護行為に社会的な意義が求められ、介護を専門とする人々が期待されるようになってきました。

医療や保健が専門職によって担われるように、介護も仕事内容から的確で熟練した専門的なサービスおよび技術を必要とすることから、1987年（昭和62）に新たに介護福祉士が国家資格のある専門職として、老人福祉施設等での寮母職等を含む、幅広い介護領域での活動が期待され誕生しました。

介護福祉士には、利用者の日常生活行動を支え、援け、人間的な交流によって慰め、心を癒すものとして生活の質を高め、倫理的にも高い行為、憐れみや施しではなく、また身体に触れる行為であるため巧みさや熟練が求められています。

1　介護の対象と目的

介護の対象について、社会福祉士及び介護福祉士法には、「第2条2　この法律において『介護福祉士』とは、第42条第1項の登録を受け、介護福祉士の名称を用いて、専門的知識及び技術をもつて、身体上又は精神上の障害があることにより日常生活を営むのに支障がある者につき心身の状況に応じた介護を行い、並びにその者及びその介護者に対して介護に関する指導を行うこと（以下「介護等」という）を業とする者をいう（平成19年改正　法125）」と記されています。

この法律で、介護福祉士が援助（介護等）を行う対象は「身体上または精神上の障害があることにより日常生活を営むのに支障がある者」ならびに「その介護者」と規定しています。つまり年齢や障害の種類は問わないが日常生活を営むのに支障があるすべての当事者としています。また「日常生活を営むのに支障がある」状態とは、入浴、排泄、食事、その他の日常生活において、他者からの何らかの援助が必要な状態であることも示しています。つまり他者から何らかの介護を受ける必要のある人々はすべてが対象となり、同時にその介護を担っている人々、多くの場合はその家族も対象と考えられます。

介護は、介護を必要とする利用者の問題解決のための援助であり、利用者の介護上の問題を明確にし、解決するための介護方法を計画立案し、介護の実施、その効果を判定するといった一連の行為です。

図1－1に示すように介護者が現実にある介護上の問題を解決していけば、利用者が望んでいる状態がかなえられると考えられます。単に日常生活の介助を行うのではなく、それとともに介護上の問題を解決するための介護方法を導き出すことを常に考え、介護者の介護量の軽減を行う必要があります。

介護は、生活障害を有する利用者に対し日常の生活を行う際に何が欠落しているか、その状態はなぜ発生しているのかを判断して、できないところを補完し、生活障害を改善し、生活の営みができるようにしていく包括的、創造的援助であるといえます。それゆえ生活を快適にする幅広い、熟達した専門的な技術が求められます。また、その基本理念として、介護を受ける人の生活信条や習慣を重視し、その継続を図ること、また自己決定を尊重することが求められます。

介護は行われる場所（施設や在宅等）により異なる特徴が表出します。介護老人福祉施設、介護老人保健施設等や長期の慢性疾患療養場所である病院等での介護では、他の職種と協力し、施設の介護

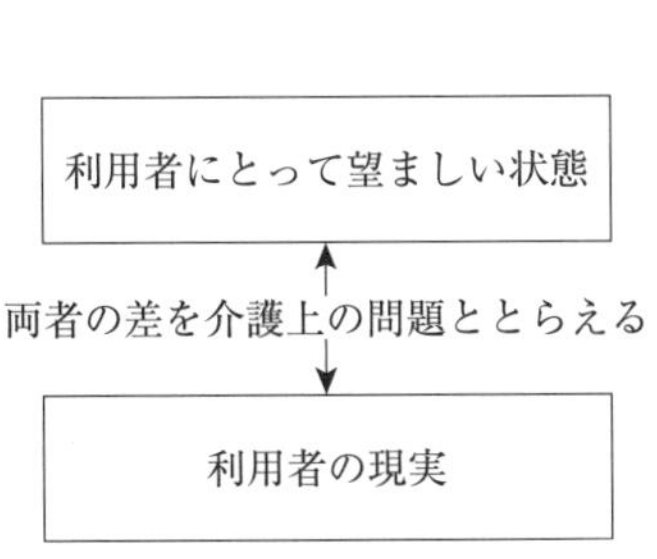

図1-1　介護の目的

機能を生かし介護提供者として身辺介護を中心に、かつ組織的に活動が行われます。また介護の多くを家族が担う在宅では、家族ではまかないきれない専門的な介護や介護の不足する部分を個別に訪問して介護専門職が担うことになります。単身の要介護者やあるいは昼間家族が留守になる人も増加しており、ますますその活動は社会的に重視されています。介護サービスの提供とともに、家事、家政の業務も包含されることが多く、また家庭は家屋の条件や介護用品の使用等にも制約があり、その家庭に合った介護の工夫や住宅の改造等も必要とされます。

2　根拠に基づいた介護（Evidence-Based Medical Care : EBMC）

介護専門職には、科学（science）と技（art）の両者が求められます。他の専門領域における実践と同様に、根拠に基づく介護を行うことが求められています。ＥＢＭＣは利用者の根拠と研究結果の根拠と介護技術を統合して行われる実践であり、そのプロセスは図１－２のような手順が考えられます。

介護者は、何を根拠に介護を行っているかを、利用者やその家族など関連する人々に明確に説明する責任があります。医療分野をはじめとする多くの分野で根拠に基づいた実践が注目されており、特に研究結果による根拠を実践に用いることが注目されています。実際の介護で効果があったかどうかを検証した研究をもとに、介護者や利用者は効果が実証された介護方法を試みたいと考えています。効果が明確になっていない方法をあえて選択する必要はありません。根拠に基づく介護が奨励され、根拠を示す研究結果が必要とされるようになれば、多くの研究者は各介護方法の効果を検証するための研究を行うようになります。それにより、最新の情報は更新され続けることになります。つまりＥＢＣを行う介護専門職は、最新で明確な情報に基づく介護実践を行うためには、新しくて確かな研究結果を入手するとともに理解し、実践に取り入れていく必要があります。

根拠に基づく介護実践では、どんな介護をすれば、どんな変化が起こるかを、根拠に基づいて予測し、介護実施中も期待する変化が起こりつつあるかを考え、利用者の状態の観察を怠ることはできません。標準化された判定方法を用いれば、実施前、実施中、実施後の比較を容易に行うことが可能となります。このような事例を蓄積することにより、特定の介護プログラムの有効性や、そのプログラムに適合する利用者の特性を明らかにすることができます。

Ⅱ　介護における科学性の追求

問題解決的な介護（実践）計画立案や根拠に基づく介護の重要性が話題となっています。福祉専門職の基礎教育においても、問題解決的な思考方法を育てる必要性が認識されつつあります。

介護実践を科学的に説明することは、介護効果を根拠に基づき明確に評価することが求められます。その結果の蓄積が、さらなる利用者に提供するサービスの根拠にもなり、目的も明確にする根拠となりうるのです。

介護における科学性の追求の必要性について以下のことが重要です。

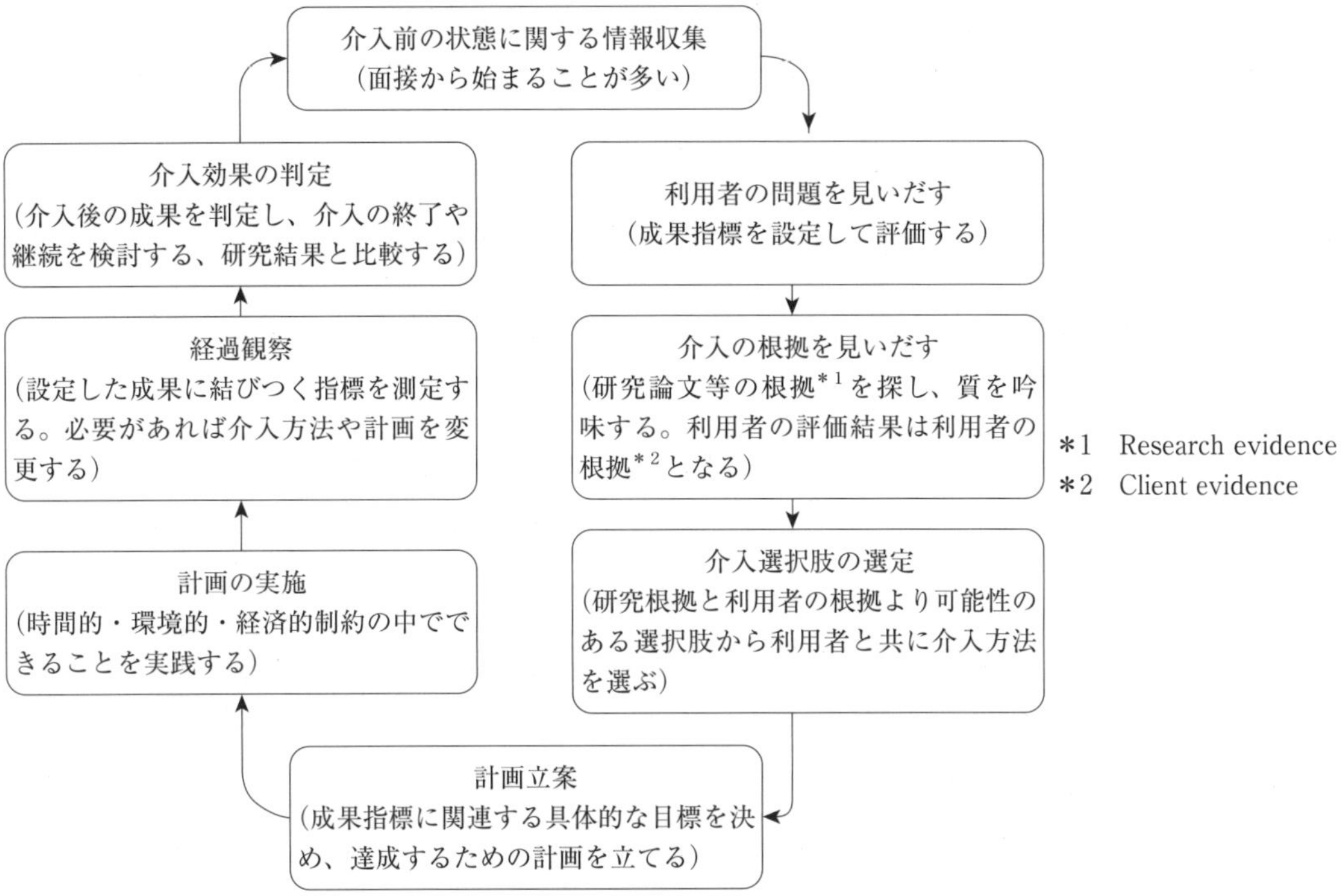

図 1-2　根拠に基づく介護
（Evidence-Based Medical Care：EBMC）のプロセス

1　援助の根拠の明確化

介護福祉士は、介護を専門に行う国家資格をもつ職種として社会的に期待されています。介護を専門に行うことは、特定の個人や一回限りの介護ではなく、様々な障害をもつ複数の人々の介護を継続して担うことです。そこでの介護は、行き当たりばったりの試行錯誤や勘や経験に頼った介護ではなく、ある程度の予測性をもって自らの行動の根拠が明確である必要があるのです。

介護というと、介護のやり方（行為）ばかりに目を向けがちになりますが、適切な介護を実践するためには、相手の状況を正しく認識し、それに合わせた方法を選択するという「思考する」ことが重要です。「介護学」は、この思考と行為の関連を科学的に追求するものといえます。

科学的とは、理にかなった系統だった思考のことをいい、他者に対しても説明が可能であり、記録に残すことができます。そして介護の根拠が明確であるということは、介護方法の選択理由が明らかであり、介護の結果についての予測があり、利用者の利益につながることに確信がもてることです。そうでなければ利用者は安心して介護者に身を任せることはできないし、介護専門職としての信頼を得ることはできません。つまり、介護専門職としての責任があるからこそ、介護・援助等に関する根拠を明確にしなければならないのです。

2　利用者に対する説明と同意（インフォームドコンセント）を得るため

介護専門職の業務上の倫理として、その基盤として人権尊重があります。あらゆる場面において人々の生命の安全を守り、個人の価値観や自由やプライバシーの尊重が謳われており、介護保険法では、利用者の自立支援や自己決定の保障が強調され明記されています。

人は自分の生活にかかわることは自分の意思で決めたいと思う自立した存在であると規定されており、利用者が自己決定できるように、周辺から支えていくことが介護者の役割です。介護においても、利用者の生活にかかわるすべてについて十分な説明をし、本人の了解（インフォームドコンセント）を得てから実践することが必要不可欠です。介護の必要性を説明するためにも、前述したように介護に関する根拠を明らかにしなくてはいけません。

3　介護サービスのチームアプローチ構築のため

日常生活を営むのに支障がある人々が介護の対象になりますが、日常生活を援助するということは、単独の介護者でできるものではありません。

疾病や障害により日常生活に支障をきたしている時期では、医師・看護師・理学療法士・作業療法士・言語聴覚士・栄養士・社会福祉士・その他の福祉関係職・建築家・福祉用具関連業者など、多くの関連職種が協働してよりよい援助を模索する必要があります。その協働においてはメンバーの連携が重要であり、それぞれの職種は援助の目的を共有し、専門的な立場から意見を交換する。この連携においても介護者は、介護の必要性を説明し、記録に残すことが必要になってきます。

4　後進の教育のため

経験や勘に頼る介護であれば、なぜそうするのかについて後輩たちが納得の得られる説明は困難です。介護の必要性を説明できるということは、他者に介護（技術）を伝達できることであり、介護者のみならず家族に対しても教育的な指導や助言ができることになります。

5　介護の学問構築のため

介護（実践）計画の立案は研究過程と類似しています。介護における「問題の把握と介護（実践）計画立案」の段階は、情報から推論して「問題」となるものやその「解決策」を、仮説として設定することです。そしてその仮説をもとに実施した後、期待どおりの解決に至ったかどうかを分析し考察（評価）を行う。解決していれば、「○○の問題に対して、××の解決策が有効である」という介護の新しい知識が得られます。介護をくり返していけば、この知識の有効性が確認されて、介護実践から科学的に説明ができる介護理論を生み出すことができます。

6　介護者自身の自己成長のため

　介護は問題解決過程の応用です。問題解決過程は、困難な事態が起きたときにその現実を回避せずに、前向きに解決していく姿勢から出発している。しかも感情に流されず論理的に考えを進めていく過程である。

　もしも介護技術を日常的に活用していれば、自分の生活においても問題解決的な発想を育てていけるかもしれない。また逆の言い方もありうる。日常の生活で問題解決的に物事を考える習慣が身につけば、利用者の介護においても問題解決的に考えられるようになりうる。現実の困難を回避せず前向きに物事に取り組むというくり返しが、介護者の人格の一部となって、人としての成長を助けるものと考えられる。

第2章◆介護実践のための利用者評価

根拠に基づく介護実践では、利用者の評価は重要です。日常生活に支障のある利用者の評価は、流動的（dynamic）で相互作用的（interactive）な性質をもち、利用者や家族などの関連する人々を巻き込みながら継続して行われます。評価の目的は、利用者の理解、その後の介護（実践）計画立案の資料、経過観察、介護実践の効果判定、利用者や他職種、他機関とのコミュニケーション等に利用し、統計資料として保存、管理することにあります。

評価は、利用者の主要な問題点をみつけるために、また適切な介護を行うために必要となります。評価により問題点がわかることにより介助が必要なところと、手を出さずに見守るところがわかるようになります。さらに評価には問題点を探ることや、利用者の今後の身体の変化をつかむ手段にもなります。

I 介護実践のための評価

介護を必要とする利用者は、多くの問題が複雑に絡み合った結果、介護が必要な状態になっています（利用者が介護を必要とする状態になるにはいくつかの原因があります）。問題点と原因は、1対1の関係ではなく一つの問題に対し多くの原因があります（図2－1）。また、それぞれの利用者によって原因が異なっています。その原因を明確にするために評価は行われます。身体機能や利用者と周囲の環境との関係など多くの要因が考えられます。利用者に関わる専門職である各介護スタッフから可能な限り情報を得ることが望まれます。

介護実践のための評価は、介入の初め、途中、終了時に行われます。利用者の日常生活に関わる動作が行えるかどうか、行えない理由や行えるようになる可能性を探ることが求められます。つまり、利用者を理解し、介護（実践）計画の立案のための情報を得ることが重要です。介護（実践）計画を実施し、介護（実践）計画が順調に進んでいるかを観察し、介護（実践）計画の内容変更の必要性を知るための情報収集を行う。さらに介護の成果を知り、今後必要な介護サービスを探るための情報を得るとともに、新たな介入の必要性及び内容を検討することが重要となります。

1 介護保険の介護支援サービス計画と介護実践のための評価

介護サービス計画（居宅サービス計画、施設サービス計画、介護予防サービス計画と介護実

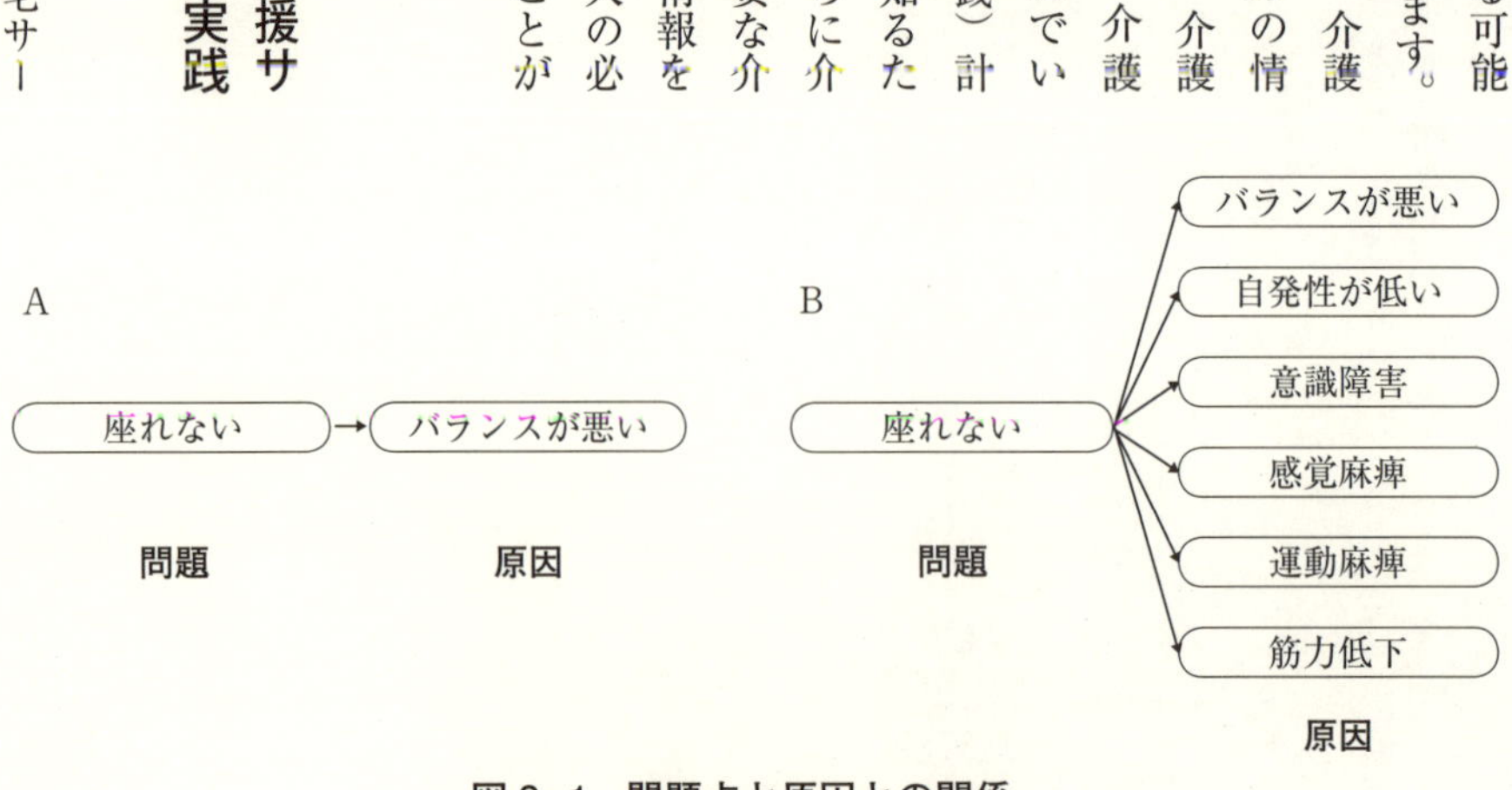

図2－1　問題点と原因との関係

践のための評価はともに、問題解決のための思考方法であるため考え方は一緒ですが、介護保険の介護（予防）サービス計画と位置づけが違うことを理解しておく必要があります（図２－２）。

介護（予防）サービス計画は、利用者の介護支援全体のプランニングでありそのなかには、医療等のサービス支援、機能訓練等のサービス支援、制度活用等のサービス支援、住宅などの環境整備によるサービス支援なども含まれて、もちろん介護によるサービス支援も含まれます。介護サービスマネジメントや介護（予防）サービス計画を介護による支援いわゆるケアプランと勘違いしている人も少なくないように思われます。介護職のリーダーが介護計画を立案したからその通り行えばいいというものではなく、提供サービスごとに目標達成をいかに行うかを考えながら全体のサービス提供が行われなければなりません。

２　介護専門職が焦点を当てる評価項目と内容

利用者に対する介護は、様々な職種が関わり行われます。その中で利用者に対する評価において何をどのように評価を行うかは、それぞれの専門職が何に注目しているかによって決まります。様々な職種が利用者の生活機能や障害の問題を議論するための共通枠組みとして国際生活機能分類（ＩＣＦ）があり、医療関係職種では医学関連の身体の偏重を中心に評価を行います。言語聴覚士は言語機能や聴覚の評価を行い、理学療法士は身体の運動や移動に関連する身体機能の評価を行います。作業療法士は作業に関連する内容について評価を行います。介護が注目するのは、活動・参加の領域となります。介護では、活動・参加の領域についてＩＣＦ以上の枠組みが必要です。また、介護技術を主体として展開する理論や、介護と他の要因との関係を理解するための理論も必要となります。

介護を考える際、領域は日常生活活動（ＡＤＬ）、手段的(Instrumental) ＡＤＬ、教育への参加、仕事、遊び、余暇活動、社会的活動などに分類されます。

日常生活は様々な状況で行われ、多くの技能を必要とし、その技能を統合することが求められます。さらに日常の動作遂行に影響を与える文化的、物理的、社会的環境等を理解する必要があります。したがって介護職は、ある時点での対象者の作業遂行や遂行技能を評価するだけでなく、習慣や状況についても評価を行います。また、作業分析や課題分析と呼ばれるような各活動が要請する事柄を明らかにし、利用者の個人的要因についても評価を行います。このように介護職が評価する可能性のある事柄は多岐にわたります。

介護上の問題は、利用者が通常の環境で重要だとする日常生活において発生します。例えば、頭部外傷を負った女性に妻や母親の役割があり、料理をするために物を運んだり、献立を考えて、順序よく調理したりすることができなければ、食事の準備という作業に問題があるといえます。しかし、その女性が普段から家で料理をする人を雇っていて、経済的余裕もあって、これからも自分で料理をするつもりがなければ、彼女の食事の準備に関する障害は、介護実践のための評価では問題とはなりません。

介護専門職は、利用者にとって問題となる日常生活に関わる動作は何かを評価し、その動作が十分に行えない理由を考察します。利用者の疾患名や障害名から、障害の程度を探るための評価も行いますが、その障害が利用者の生活活動にどのような影響を与えるかを常に考え

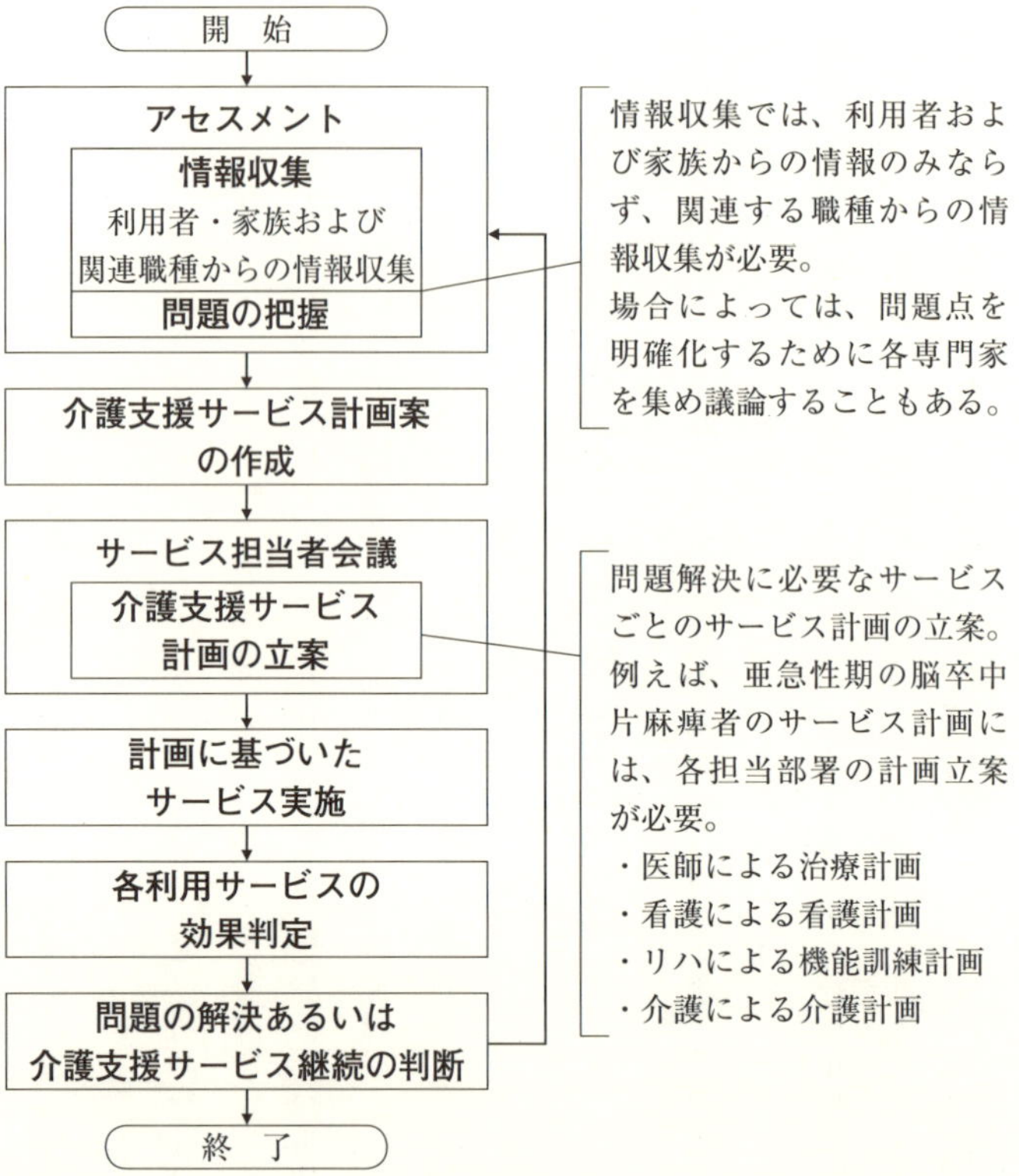

図２–２　介護（予防）サービス計画（ケアマネジメント）の流れ

なければなりません。環境についても評価を行いますが、利用者がその環境で活動する際に、環境が阻害要因になるのか支援になるのかについて評価を行います。評価は、良い介護を進めるために情報を得るプロセスといえます。評価法は効率よく情報を収集するために考案された方法であり、標準化された評価法を用いることによりＥＢＣの実践が容易になります。

Ⅱ　介護実践のための評価と介護プロセス（過程）

介護は実践科学であり、利用者に質的レベルの高い介護を提供してこそ、その目的を達せられます。したがって、介護者の介護実施前後の介護プロセス（情報収集、問題の把握、介護（実践）計画立案、効果判定）（図２－３）のあり方は、提供する介護の質を左右するといえます。

１　情報収集

利用者とコミュニケーションをとりながら、利用者データの系統的・継続的な収集、解釈、分析、妥当化（証拠立てること：事実を証明する根拠を提示すること）、情報交換をする段階です。データ収集の指針は介護モデルを反映することとなり、適切な問題の把握にはこの段階で収集した情報が正確で、完全で、かつ関連性のあるものであるか否かにかかっています。

2　問題の把握

　利用者のデータを分析し、顕在的または潜在的な介護上の問題や、これらの問題の要因（原因や誘因）、症状・徴候、利用者の問題を予防し解決するために可能な対処パターンや能力などを、データ群としてクラスター化して明確化したものに適切な命名をすることです。

　介護者は、一応取り上げた介護上の問題が介護独自の問題なのか、他の専門職らとの共同問題なのか、あるいは除外すべき他部門の問題なのか判断します。データを分析して、顕在的または潜在的な問題が、介護によって予防し、解決できることが明らかになった場合にはその問題に対する介護（実践）計画に取り上げます。

　「介護上の問題を判断する」ためには、情報から利用者のニーズを確認したうえで、現在満たされていないニーズや、今後満たされなくなると予測されるニーズの把握を行いま

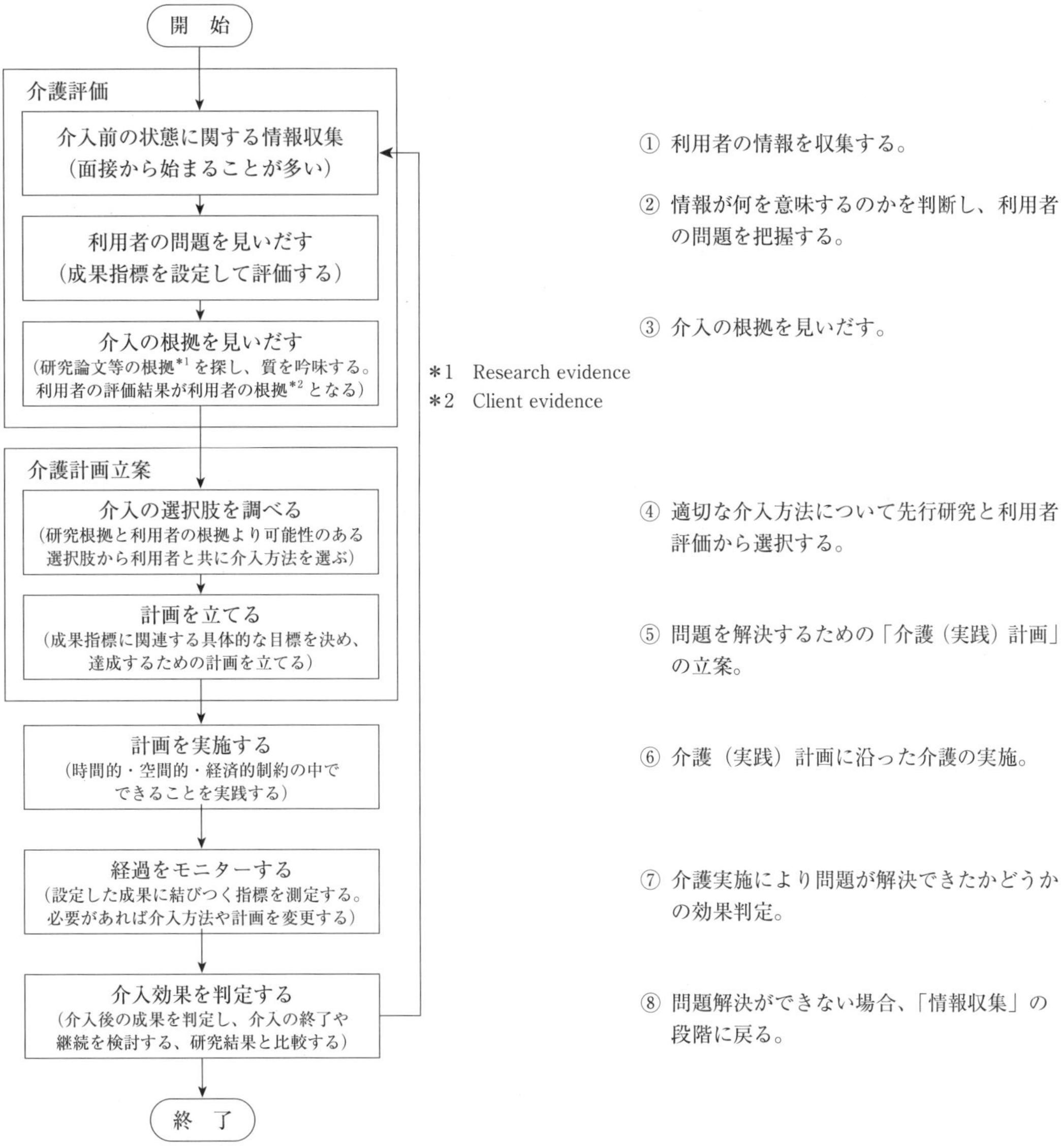

図2-3　介護実践のプロセス

す。これらのニーズが満たされないことが介護上の問題となります。介護上の問題を解決するためには、ニーズが満たされない原因や理由を明らかにする必要があります。真の問題の原因や理由（問題の所在）が明らかになれば、問題解決は比較的容易になります。

収集した情報から、利用者にどのような問題があるかを判断します。

① 利用者は何を望んでいるか。（ニーズの確認）
② 現在満たされていないニーズは何か。（現在の問題把握）
③ 今後満たされにくくなると予測されるニーズは何か。（将来の問題把握）
④ 上記のニーズが満たされない理由は何か。（問題の所在の把握）

②～④までを「問題の明確化」といいます。ここでいう問題の原因や理由とは、どうしても変えることのできない身体障害や高齢を理由にあげることではありません。問題の原因や理由は、利用者や介護者の努力次第で解決できる内容のものでなくてはなりません。すなわち、問題発生の原因を自分の外側に置くのではなく、自分たちが努力すれば克服できるところに問題の所在を見いだすことが重要です。

たとえば、「下肢の麻痺により歩行というニーズが満たされていない。このままの状態では寝たきりになる危険性がある」と考えた場合、「歩きたいというニーズが満たされないこと」と、「寝たきりになる危険性」の理由に、「下肢の麻痺（impairmentレベル）」をあげています。しかし「下肢の麻痺」は、解決できる問題なのでしょうか。当然、事前に医師の意見を参考にして回復の可能性を検討しなければなりません。そのうえで、もしも改善できない麻痺ならば、麻痺があることだけを理由にして、問題解決の道を閉ざしてしまうことになります。

どうにもならない現状は容認したうえで、なおかつ「歩行」というニーズが満たせない原因を考えることが必要です。

適切な機能回復訓練等を受けていないのではないだろうか、住宅環境や福祉用具が不適切で麻痺した足での歩行を妨げているのではないだろうか、下肢の麻痺を利用者自身が受容できなくて機能回復訓練や福祉用具の利用を拒んでいるのではないだろうか、あるいは自分の足で歩くということにこだわり、「自分の力で動くことができる」という可能性に利用者が気づいていないのではないだろうかなど、ニーズが満たされない理由は他にも多く考えられます。問題の所在を突き止めるということは、この利用者の可能性を探し出すことでもあります。

3 介護の方向性を判断する

今後の介護を考える際には、明らかになった問題の原因を取り除く対策（原因除去の対策）を考え出すことが最も効果的です。しかし、問題の原因そのものを取り除けないことは多く、次善策としては問題状況を少しでも改善する対策を考えることが重要になります。また、現在は起きていないが今後予測される問題の発生を防止する対策を考えておくことも、場当たり的でない長期的な見通しをもった対策といえます。

介護を考える際には、次の4点を考えなければなりません。

① 問題ある状況を少しでも改善する方法は何か（状況改善の対策）
② 問題の原因を取り除く解決方法は何か（改善の可能性の探求）
③ 予測される問題の発生を防止する方法は何か（介護量軽減への対策）
④ 介護（実践）計画に利用者および介護者がどのように参加できるか（利用者の参加）

最も効果的と思われる支援に対して、利用者が納得しない場合も少なくありません。たとえば、栄養改善のために給食サービスの利用を勧めても、経済的な理由ではなく、夫が身体の不自由な自分のために用意してくれる食事を食べたいからという理由で断る場合もあります。痛みが強く苦しい日々を送る利用者は、入院すれば症状が軽減することを知っていながら、愛する家族と離れることを望まない場合もあります。車いすでの生活が可能となるように家の改造を勧めても、歴史が刻まれた「家」に傷をつけたくないと拒む場合もあります。

　このように問題を解決するための支援を提案することは決して容易なことではありません。それは問題解決後の目標（ニーズが満たされた状態）のイメージが利用者と一致していても、それに至る経過（解決過程）が利用者の価値観や生き方にそぐわないことがあるからです。あらゆる介護的な支援は、利用者の日々の生活に変化を与える出来事になります。その変化が、穏やかに負担なく自然な状態で受け入れられるように、利用者の立場に立って考え、かつ目標を見失わない対策を考え出すことが重要です。さらに、介護の対策を決めるときには、利用者がどのように参加できるかについても考えていかなければなりません。

　介護は利用者の自立支援を目指しているが、それは日常生活行動の自立支援のみならず、利用者が生活の主体者になって自らの生活を切り盛りすることを、支援する内容に含んでいます。つまり介護者が問題解決を急いで、すべての対策を決めて利用者をそのレールに乗せることではなく、利用者と共に解決の道を歩むことが、生活における自立を支援することになります。その際には、利用者の潜在化した能力を引き出せるように、また一方では過重な負担にならないように利用者の能力を見極めることが必要になります。

　実際には、ニーズを利用者と共に確認し合った後に、問題に対する対策を話し合います。専門的な立場から複数の案を提案し、その対策の利点や欠点、途中で予測される生活上の変化などについての情報提供を行います。そして利用者が対応策をイメージできたところで、介護者ができることと利用者ができることをお互いに話し合い、分担し合うことが重要です。

4　介護（実践）計画の立案

「介護（実践）計画の立案」では、介護の方向性について利用者との話し合いの結果をまとめて、利用者と介護者とが計画を共有していくことが大切です。利用者と介護者が共同して、情報収集の後、明確にした問題を予防したり、軽減したり、解決するための目標を設定します。これらの目標を達成するうえで、利用者に最も適切で具体的な介護介入を判断します。包括的な介護（実践）計画には、利用者がニーズを充足するうえで、必要な介護と医学的指示に基づく介護の2つが含まれます。

　介護者は、利用者のデータを分析・解釈して利用者の問題点を明確化した後に優先度を決定し、具体的な介護（実践）計画立案を行います。介護者と利用者および家族は可能な限り共同で作業を行い、達成可能でかつ評価可能な利用者の目標を設定し、利用者の目標達成に最適と考えられる介護（実践）計画を介護者および利用者の力量、時間、資源などを考慮して計画を立案します。

　計画で、具体化した目標や介護（実践）計画を、利用者や家族が同意しない場合や、あるいは目標が利用者の健康上の問題に対する予防や軽減、解決に寄与しなければ介護（実践）計画は無意味なものとなってしまいます。したがって、他部門で計画したサービス内容などと矛盾しないこと、介護者と利用者の能力や資源の活用という点で現実的であることなどが重要になります。

介護（実践）計画立案の基本的な目的は、明確化された問題に対して、利用者の個別化したサービス計画を立案することです。介護（実践）計画では利用者のニーズの充足を図るために必要な介護を全て具体化します。また、他の専門職から委任された介護（実践）計画を履行するために適切な介護責任者を記述します。このように、介護（実践）計画は介護独自の責任と他の専門職における共同の責任を考慮し立案されます。論理的に吟味されて立案された介護（実践）計画の実施は、利用者の健康上の問題を予防し、軽減・解決するために役立ちます。究極的に、介護（実践）計画は介護のゴールである利用者のWellnessの向上、疾病や障害の予防、健康維持・回復、機能障害に対する対処能力の向上を導くことになります。

計画段階の具体的活動は以下のようなものになります。

①問題の優先順位を決定する
（利用者にとって最も重要となる問題から優先順位を付ける）

②評価可能な目標を設定する
（利用者の目標は、具体化した問題を予防・軽減・除去できる、いずれかで達成できるものとする）

③具体的な介護を選択する
（目標達成に向けて利用者を最も効果的に援助できる介護を明確化する）、

④介護（実践）計画に関する情報交換を行い、また利用者の反応を確認し、必要に応じて計画を修正する

介護（実践）計画の立案には、次に示すようなものが、意識的かつ意図的に行われることが必要です。

①利用者のニーズに即応した介護の提供
②個別的介護の実施
③介護の継続性と調整
④介護に対する利用者の反応の評価
⑤介護スタッフ間の情報交換の簡便化
⑥専門職的自己啓発など

5　問題を解決するための「介護（実践）計画」の立案

計画立案における優先順位の決定は、利用者の重要な問題に対し、介護力と時間を効果的に配分するために行います。一般的に利用者にとって最も脅威となる生命への危険性や生命維持に関わる項目が最優先順位となり、生命への危険性は少ないものの利用者が苦痛を訴える項目が続きます。次いで機能回復や生活の維持・予防、成長や発達に関連性のある項目が続きます。いずれの順位の項目であっても、身体的ニーズだけでなく、心理・社会的ニーズにも留意しなければなりません。

1．利用者の抱える問題の優先順位

Atkinson & Murrayは、利用者の問題を優先順位化する場合に有効な手引きとして、①マズローのニーズの階層性、②利用者の希望、③起こりうる危険性の高い問題の予測の三種類を提言している。さ

らに、④問題の根源性ということも考慮する必要があります。

① マズローのニーズの階層性

　人間の欲求は一次的欲求と二次的欲求に大別されます。一次的欲求には生理的欲求や安全の欲求が含まれ、生命を維持するために欠くことのできない欲求です。二次的欲求は社会的生活の中で獲得される社会的欲求で、愛情と所属の欲求や自尊（承認）の欲求、自己実現の欲求が含まれます。多くの場合、一次的欲求は二次的欲求よりも優先されます。つまり、生理的ニーズ、安全のニーズ、愛情や自尊のニーズ、自己実現のニーズの順に優先順位化します。例えば、尿失禁で皮膚や衣類の清潔が保てず（生理的ニーズ）、自尊感情が低下している（自尊のニーズ）利用者の場合、尿失禁や清潔に対する援助なしにカウンセリングによる心理療法に力を注いでも、これに利用者が参加するのは不可能です。

② 利用者の希望

　利用者が最も重要だと考えているニーズは、他の問題解決に影響しない限り、利用者の意向を優先することが重要です。例えば虫垂炎で緊急入院した老夫婦の妻に対して、腹部の疼痛が強度であるため、介護者は疼痛を緩和して清拭の援助計画を立案したとしても、利用者である老夫婦の妻は家に残されている年老いた夫の世話や入院費について繰り返し訴える場合、利用者の不安への援助を優先しながら疼痛緩和や自己で行える援助方法を考え実施しなければ、利用者は介護されたことになりません。

③ 起こりうる危険性の高い問題の予測

　介護者は顕在化している問題のみならず、潜在している問題であっても、将来的に有害な結果を引き起こし、生命に危険がおよぶ問題について、優先的に対処することが必要です。例えば多発性硬化症で四肢の筋力が低下している肥満傾向にある利用者が、ほとんどベッドで臥床している場合、圧迫性潰瘍（褥瘡）が起こりうると判断した介護者は、この問題に高い優先順位をつけて体重管理と体位変換を介護（実践）計画に組み入れる必要があります。

④ 問題の根源性

　利用者の介護上の問題リストを整理し、関連図として紙面上に配置してみると、多くの場合、ある問題が解決されることにより他の問題も連鎖的に解決する可能性があることに気づきます。このような場合には根源的な事項を上位の優先順位とします。例えば口腔および喉に疼痛のある利用者で食事摂取量の低下や睡眠障害がある場合、疼痛のコントロールをうまく行うことにより栄養障害や睡眠障害を軽減できる可能性が大きくなります。

　以上のような指針に基づいて優先度を決定しますが、問題の優先順位は利用者の状態や反応の変化に応じて変更していくべきものです。また、優先順位化しリストアップされた介護上の問題は、高位の順から解決するという意味ではなく、その多くは、いくつかを組み合わせて援助し、その日の利用者の状態によっては下位にある問題を集中的に援助することもあります。

2．目標の設定

「利用者の目標」とは、介護によって予測される利用者の望ましい状態や結果です。いいかえれば期待される最終的な利用者の行動を意味します。

　計画立案における目標の意義は、評価に役立てられ、介護方法の充実のみならず、一連のプロセスに沿った介護者の思考が適切であったのかを最終的に判断する手がかりとなります。したがって、目標はこれを活用する介護者や利用者・家族に同じ意味を伝える表現であると同時に、達成度を測定できるものでなければなりません。一般に目標を設定するときには、以下の点に留意します。

① 理解が可能であること

目標には利用者のニーズが反映され、利用者が目標に到達したときに、どのようなニーズが充足されるのかが明確であれば、利用者や介護者の意欲の向上が期待できます。また、事前に利用者と介護者が目標について理解し合意していることにより、両者が目標に向けて努力することができます。

② 行動的で明確であること

目標は利用者の行動を表す用語で具体的に示し、認知・精神運動・情意領域の内容を明確にする。認知領域とは知識の習得や理解に関する行動をさし、精神運動領域は手先や運動・活動に関連した行動で、技能や技術に関する行動が含まれます。情意領域は意志・関心、価値観などの態度や情緒面の行動をいいます。

③ 達成や実現が可能な現実的なものであること

目標は利用者が達成可能なレベルを具体的に示し、かつ目標を達成するために必要な日時や人的・物的資源を考慮して設定を行います。また、初めから高すぎる目標を設定するのではなく、利用者の状況の変化に応じて段階的にステップアップできるように柔軟性をもたせます。

④ 観察や測定が可能であること（outcome measure）

目標が達成されたかどうかを判断するために、誰でもが共通して客観的に測定できる観察可能な、レベルや条件・行動をあらわす用語を用いて記述します。

6 介護（実践）計画の実施

「介護（実践）計画の実施」とは、文字通り、介護（実践）計画を実施することです。実施には、利用者のWellnessを向上し、疾病や障害を予防して、健康を回復し、機能障害に対する対処能力を助長するために、介護者が行う活動全てが含まれます。

介護（実践）計画の実施の目的は、介護の目的と一致しており、利用者を援助して期待する健康上の目標を達成することです。介護（実践）計画の実施にあたっては、適切な情報提供のもとに利用者・家族の意志決定を尊重する、利用者の生活リズムや状態に合わせて行う、利用者の反応を確認しながら介護を進め、いくつかの関連のある介護を組み合わせて効率的に行うなどに留意し、利用者に提供する介護を安全・安楽に実施することが大切です。介護（実践）計画を実施する過程で介護者は、データ収集を継続的に行い、必要に応じて介護（実践）計画を修正し、実施した介護の経過を記録します。

介護者は、利用者と相互作用しながら、利用者の健康上の問題に対する反応と、基本的ニーズを充足するために必要な利用者の能力を考慮して、介護を実施します。特に介護実施の段階では、他部門の専門職者が利用者の介護に関連する選択的な局面に焦点を当てるのに対して、介護者は、利用者の介護（実践）計画全般に対する反応の仕方に関心を向けます。

① 介護の種類

介護は、利用者の健康上の問題を明らかにした計画に沿って実施して、利用者の反応を評価するという介護者の第一義的な機能を果たす行為です。しかし、実際に利用者に提供する介護者の介護には、3つの側面があります。

介護者は、「介護者が立案した介護」「他部門のサービスとの共同での介護」「医師の指示による医学的な介護」を実施します。

「介護者が立案した介護」とは、介護者が他部門の専門職者の指示や監督なしに独自に判断して実施する行為です。この介護には、介護者が立案して記録した介護（実践）計画（介護指示）に基づいて実施する行為の他に、日々、介護者が利用者のニーズについて情報収集した結果行う行為も含まれます。

「他部門のサービスとの共同での介護」とは、介護者と他部門の専門職者が連携して遂行する行為です。介護者が、利用者について独自の知識体系を活用し、かつ有能であるほど、他部門の専門職から信頼感が得られ共同作業に参加する機会が増加します。

「医師の指示による医学的介護」とは、利用者の全身状態によっては医学的な管理が必要で医師が処方した医学的な介護の指示を遂行する行為をいいます。介護者は、医師の指示でも介護者が実施する行為に対しては責任を負うこともありますので、疑問や不可解な指示に対しては全て確認作業をして実施する必要があります。

② 介護の調整

介護職の重要な役割の一つに、各専門職との調整役としての役割があります。それぞれの専門職者は利用者の別々の局面に関心があるので、様々な専門職者が利用者に関わると、利用者に提供される専門的介護は断片的になりやすい。しばしば利用者は、何がどうなっているのか、現在あるいは将来自分はどうなるのか、今行っていることはどんな効果があるのか、誰も自分のことを考えてくれないなどと訴えることがあります。また、ある分野の専門職者から出された指示が、他の分野から出された指示と相反するものとなり、逆効果を生むことがあります。したがって、介護者は、他部門の専門職と情報交換をしたり、利用者と関係のある様々な専門職者の方針などを確認したりすることが重要となります。その後も介護者は必要時、利用者と家族にそれぞれの専門職者の方針や所見を伝え、場合によっては、必要な専門職者を利用者・家族に引き合わせ、利用者が包括的な介護（実践）計画に最大限に関与できるようにします。このように、介護者は、利用者・家族、保健医療チームメンバー間の連絡役を果たし、利用者が包括的な介護を受けられるように調整する能力が大切となります。

7　介護（実践）計画の遂行

介護（実践）計画を遂行する場合、介護専門職は、①専門的な能力を駆使して、②利用者に必要な介護を判断し、③利用者のセルフケア能力を高め、④利用者が健康上の目標を達成できるように援助します。

1．専門的能力の活用（必須の援助技術）

介護（実践）計画を実施する場合、介護者は介護（実践）に必要な問題解決方法や人間関係などの基本技術の他に、介護に関する援助技術、福祉用具の利用等に関する援助技術を用います。介護者は複数の技術を身につけ、利用者のニーズを充足するために、各自の能力を発揮することが必要です。

① 「基本技術」

介護者は介護現象を、認知能力を用いて関連のある理論を応用しながら、批判的思考に基づき分析し、利用者の能力を活用して、問題を解決するための介護（実践）計画を立案して、利用者が最適健康を維持できる作業環境を作り出します。

また、介護（実践）計画の遂行にあたっては他者との相互作用が不可欠であり、利用者や家族とのコミュニケーションを通して、介護専門職としての利用者と―介護者との関係を形成するために必要な信頼関係を樹立することが必要です。そして、介護者は利用者・家族との信頼関係を基盤に、身体的介護やカウンセリング、教育・指導などを行います。

② 「生活行動の介護・援助技術」

生活行動や診療に伴う介護・援助技術は、利用者の日常生活に伴う基本的な介護に伴う単純なあるいは医学的な観察を実施する場合に活用されます。ここでは実務的能力が必要となります。実務的能力は、例えば、口腔ケアを行う、歩行を介助するなどの場合に、その行為に関する専門的知識に基づいて道具類（福祉用具・機器、資材、介護者自身の身体など）を適切に用い、かつ各々の技術に対する介護者の技能の高さが求められます。

2．介護の必要性の判断

多くの人々は、自分で基本的ニーズを充足できる能力を有するが、障害や介護に伴うストレスは、個々の日常的なセルフケア能力を障害する可能性があります。したがって、介護者は、利用者の基本的ニーズを充足する能力について、注意深く観察する必要があります。介護では、利用者に「今回は私が少しお手伝いしてみて、その後、……さんができるところについて話し合ってみましょう」などと愛情のこもった介護を提供し、利用者の自立を促していきます。一方で利用者に援助しすぎて、不適切な依存性を高めるようなことも起きています。介護者が介護（実践）計画を実施する際には、利用者の状態に合わせた介護方法を考え、利用者のセルフケア能力を妨げないようにすることが必要です。介護の実施プロセスでは、利用者の基本的ニーズの充足を支援しながら、利用者が承認されていると感じられるように、また利用者がセルフケアに対して最大限努力する意欲を高められるようにすることが重要です。

3．利用者のセルフケア能力の向上

Wellnessの向上、疾病と障害の予防、健康の維持・回復、機能障害への対処能力の助長などの学習活動には、利用者と家族が積極的に参加を希望し、利用者や家族が効果的なセルフケア行動を身につけることが重要となります。

利用者が学習して、自分自身の介護を主体的に管理することが必要であると感じている介護者は、計画段階でも、実施段階においても、専門的な利用者―介護者関係に基づいた相互作用を活用します。介護者は利用者の日常生活行動に関連する介護をしながら、継続的に利用者・家族に働きかけ、利用者・家族の知識や技術を啓発して、セルフケアができるように援助します。また利用者・家族を地域の利用者会や援助グループに紹介し、種々の社会資源について説明し、退院後も啓発した利用者・家族のセルフケア行動をさらに向上するように努めます。

4．利用者の生活障害の解決

介護の実施では、介護（実践）計画に詳細に記述された介護内容を実施します。介護（実践）計画が適切に構成されていれば、介護の遂行が介護者の重要な課題になります。利用者の目標達成を促進し、生活障害の問題を解決する目的で計画された介護は、介護事故などにつながらないように細心の注意を払って実施する必要があります。

介護の実施は、医師の指示による医学的な介護や関係する専門職による介護も少なくないが、介護者の独自の責任範囲を明確にし、介護業務を整理し、時間を有効に活用して一人ひとりの利用者と接する時間を最大限にすることが重要です。

利用者の清拭や体位変換は、簡単な介護として済ませることもできますが、重点的な追加情報を収集したり、利用者の不安因子を明らかにし、適切な教育・指導やカウンセリングをする機会とすることもできます。介護者が、ある利用者の居室で費やす短い時間をどのように活用するかは、介護者が利用者の目標達成をいかに効果的に援助するかに影響を及ぼします。

介護を実施する際の指針は以下の通りです。

① いかなる介護援助も、実施前に利用者の状態を観察して、実施する行為が適切であるか判断する。

② 介護の方法、実施する理由を明確にし、その行為によって引き起こされると考えられる利用者の苦痛を最小限にする。また必要な準備ならびに必要物品などを全て確認して確実に行う。

③ 利用者が理解できる言葉を用いて、介護内容について説明し、介護の実施中、利用者が体験していることへ関心を向ける。

④ 利用者の「発達的背景と心理社会的背景」「介護（実践）計画に参加する能力と積極性」「それまでの介護と目標達成への進度・経過に対する利用者の反応」などにより、介護（実践）計画を修正する。

⑤ 実施する介護の適正、また実践の法的・倫理的指針の範囲内にあるか確認する。

⑥ 実施する介護行為が、可能な選択肢全ての中で最良であるか否かを常に問い直す。他の方法を行った方が良いと思われる場合には、カンファレンスを行い、介護および関連文献を参考にしてその考えを裏づける作業を行う。

⑦ プラスであれ、マイナスであれ結果に影響を及ぼす要因となる変数に注意しながら、実施した介護の有効性を評価・判定する。

⑧ 熟練した介護のレパートリーを開発する。選択肢が多くなれば多くなるほど介護で成功する可能性も高くなる。

8　効果判定

「効果判定」は、利用者が目標を達成したかどうかを判定することです。利用者と介護者は共同で、介護（実践）計画で具体化した目標を、利用者がどの程度達成できたのかを判定します。そのうえで、利用者と介護者は、目標達成にプラスの影響を及ぼした変数や、マイナスに影響を及ぼした変数を明確化します。

効果判定の目的は、利用者の目標達成を支援するために、継続して、質的レベルの高い介護を提供することです。介護者は利用者と共に介護（実践）計画で具体化した目標をどの程度達成できたのかを測定し、介護（実践）計画に対する利用者の反応に基づいて、介護の終結、継続、変更のいずれかを判断します。同時に介護者は、利用者の目標達成に成功と失敗をもたらした変数を明確化し、必要に応じて介護（実践）計画を変更します（図2－4）。評価によって、介護（実践）計画を変更する必要性が明らかになった場合には、介護者は介護過程の前段階（情報収集、問題点の把握、計画立案、実施）を吟味します。

1．効果判定の視点

介護者は、介護支援メンバーとして、様々な評価に関与しています。介護者の基本的な関心事は、常に介護の対象である利用者です。介護者は介護を注意深く、創造的に、有能に遂行できるよう努力しますが、この介護行為が利用者の期待する目標達成に役立たなければ、無意味なものになります。介護の効果判定では、利用者が期待する目標を適切に達成したか、利用者の具体的な目標を達成するためにいかに効果的に援助できたのか介護者の力量を測定します。また、どのような変数が利用者の目標達成に影響を及ぼしているのかも明確にします。全ての介護効果判定の目的は、利用者の目標達成を支援するという質的レベルの高い介護の提供です。効果判定を行うことにより、介護に対する責任を引き受け、かつ継続してその責任を果たすことに関与します。したがって、介護者が遂行する評価では、利用者の目標達成度を利用者と共に判断するという行為が重要になります。

2．利用者の目標達成度の判定

介護者は目標達成度の判断をする場合、3種類の選択肢「目標を達成した」「目標を一部達成した」「目標は未達成」を判断します。目標を全達成した場合は介護を終結し、目標が部分達成や未達成の場合は、介護（実践）計画をさらに継続するか、変更することになります。

①評価に関する情報の収集

介護者は、利用者が期待する目標を達成したか否かを判断します。介護者は、介護に関する情報収集を行い利用者の健康上の問題を明確化したように、効果判定でもデータを収集して、利用者の健康上の問題が解決したか否かを目標に照らし合わせて判断します。

ここでいう情報とは、目標にあげた利用者の期待する結果や変化の行動を示す情報であり、具体的には、計画段階の観察項目であげた利用者の徴候や症状、反応などが含まれます。目標達成度を判定する目的で収集されたデータ群は、要約して記録する。

②効果判定記録

利用者の目標達成度を効果判定するデータを収集した後、介護者は効果判定記事を記録して所見を要約します。効果判定の記述には、

・目標をどの程度達成したのかという判断。
・前記の判断を支持する証拠となる利用者の行動やデータが含まれる。
・目標達成に成功・失敗の影響をもたらした変数を明らかにする。
・目標達成に至らなかった場合、介護（実践）計画再考のための提言も含める。

3. 介護継続の判断

「介護継続の判断」は、効果判定の結果を踏まえ、介護の継続・変更・終結を、利用者の介護に対する反応を検討し判断します。介護を変更する必要性がある場合には、利用者に対する介護診断、目標、介護（実践）計画の適切性を検討すると同時に、情報の正確性や完全性、関連性などを注意深く吟味し、変更を行います。

効果判定の結果、利用者が目標達成に向けてほとんど、あるいは全く変化していないことが明らかになった場合、介護者は介護の全段階の正確性を再評価することが必要となります。この作業では新たな情報収集によるデータが必要であり、その結果、問題点の追加や変更、目標の変更や修正、介護（実践）計画の変更、効果判定を頻繁に行うなどの可能性があります。

介護者は、利用者の目標達成を阻害している要因を明確化すると、介護（実践）計画の効果判定記事に、必要な提言を記述することができます。

介護では、個々の介護者が行う利用者の目標達成度の効果判定と、それに伴う介護の充実・改善に留まらず、全体の介護の質的レベルを向上させるための方法の開発、品質保証プログラムや介護監査などの構築が求められており、質的レベルの高い介護に関心が向けられるようになってきています。

［効果判定］＝［目標は　全達成／部分達成／未達成］＋［証拠］＋［提言］

図 2-4　効果判定に必要な項目

表2-1　介護プロセス評価のための「確認リスト」

情報収集

- □情報源は、介護歴（既往歴）と身体診査、他部門の情報から収集する
- □情報（データ）を記述する
  - □正確性：利用者の事実、妥当化したデータ
  - □完全性：利用者固有の問題を明確化するデータ
  - □関連性：関連あるデータとないデータの識別
- □重点な情報（データ）は利用者の問題毎に記述する
- □情報収集と記録を継続的に行い、利用者の状態の変化に対応する

問題点の把握

- □問題点を仮説化する
- □仮説化した問題は介護で予防や解決が可能な利用者の顕在的・潜在的問題であることを確認する
  - □問題点の把握は手がかり情報を妥当化して情報源から引き出す
  - □利用者の何が問題なのか、何を変化させようとしているか明確化する（目標を示唆）
  - □問題の要因を明確化する（介護を示唆）
  - □症状や徴候を明確化する（評価を示唆）
- □問題点の把握を定式化する
  - □問題点の種類「顕在性」「危険性」「可能性」「wellness」のルールに合わせる
  - □法的に妥当な用語を使用する
- □問題点の把握を妥当化する
  - □これまで開発されている定義、要因、定義上の特徴と一致している
  - □利用者の同意が得られている

介護（実践）計画の立案

- □優先順位化した問題点リストを介護（実践）計画に記述する
- □長期目標を記述する
- □短期目標を記述する
  - □問題記事から引き出す
  - □問題記事の直接的解決法を必ず一つ入れる
  - □利用者・家族が理解可能
  - □現実的
  - □観察・測定が可能（利用者の行動）
  - □一つの目標には利用者の行動一つとする
- □目標の評価日、達成日を記述する
- □介護（実践）計画を記述する
  - □問題の要因から引き出す
  - □施設の介護基準と一致させる
  - □介護行為を明確・簡潔に記述する（4W1H）
  - □観察計画、治療計画、教育計画に整理する
  - □利用者・家族の意向を反映させる

介護の実施

- □介護を実施する
  - □専門的能力を活用する
  - □利用者のセルフ介護能力を高める
  - □確実、慎重、創造的に実施する
  - □利用者の反応を確認する
- □介護の経過を記述する
- □継続的にデータを収集する
- □利用者と介護チーム間の調整をする

介護の効果判定

- □目標を評価する
  - □介護に対する反応を継続的に記述する
  - □評価データを収集する
  - □目標達成度を測定する
  - □介護の終結、継続、変更を判断する
- □目標が達成した場合、介護（実践）計画から除去する
- □目標が未達成の場合、介護過程の前にくるステップを再評価する
- □目標達成を阻害している原因を明らかにし、必要な提言をする
- □判定日に効果判定記事を記述する
  - □達成度
  - □証拠となる利用者の行動
  - □提言

第3章◆生活障害の介護

「介護」は、日常生活に支障を有する利用者に対し、日常生活において何が欠落しているか、その状態がなぜ発生しているのかを判断して、できないところを補完し、生活障害を改善し、生活の営みができるようにしていく包括的・創造的援助であるといえます。

様々な理由により、目的とする動作ができない利用者に対し、単にその動作を利用者の代わりに行う、または介助して行っているのを多くの介護の場面で目にしますが、はたしてこれは本当の支援といえるのでしょうか？　利用者のできない原因を適切に知り、対処方法を探ることが日々の介護実践では重要です。

専門職の行う介護実践は、介護を行おうとする動作について利用者の能力を最大限に発揮させて行うことが求められます。さらに利用者の身体機能をはじめとする能力改善の可能性を探求し、介護を必要とする動作が本当に改善できないのかを判断することも求められます。

介護には、日常生活動作の介助、福祉用具の導入および使い方の指導、家屋改造などのいろいろな手段があり、個々の利用者に合わせて用います。正常な基本動作を理解し、異常な動作に対してどのように対応を行うかを考えます。利用者の身体的状況のほか、家庭環境・社会環境などを考慮して進められます。利用者によっては運動・動作を行うことを難しくする因子をいくつか持ち合わせている場合もあり、それらを改善あるいは解決しなければ最良の結果は得られないことも多く、チームで取り組むことになります。

I　日常生活動作と基本動作について

排泄や入浴に関する動作を考えると、いざる、あるいは這うことができなければ、自分でトイレや浴室にまで移動することはできません。また起きあがることができなければ、便器に座ることも浴槽につかることも不可能です。寝返りができなければ、おむつを使わざるを得なくなります。このように排泄や入浴に関わる動作をどのような方法で行うかは、「姿勢の変換」「姿勢の保持」「移動」という3つの基本動作の可否により影響を受けます。

食事でも同様で、食卓につくには寝ている姿勢から起きあがり坐るという姿勢の変化があり、次いで座るという姿勢の保持が必要です。食卓までは、いざる、這うなどにより移動していくということが必要となります。

このように、日常の生活動作を行うためには、その目的とする動作に必要な基本動作が必要となります。急性期の機能回復訓練の多くは、この基本動作の習得に費やされます。

介護専門職員が利用者とはじめて接するとき、利用者は寝ている、座っている、立っている、いずれかの姿勢をとっています。それを観察し、利用者がその姿勢を自分で保持できているのか、支持が必要なのか、さらに高いレベルの姿勢が可能であるのか、移動は可能かなどを観察し、介護の程度を判断しています。高齢者施設などでは「基本動作」は、機能回復訓練において理学療法士または作業療法士が担うことが多く、介護専門職はほとんど関与しないのが現状のようです。しかし利用者の日々の生活における動作の観察や指導は、介護職員が全面的に行っています。介護職員は日々の生活の観察・支援を通して、実際の日常生活に改善の必要性があるかないか、またその可能性を見出す立場にあるといえます。当然、日々の生活のために必要な基本動作が十分できているかどうかの確認は可能なはずです。日常生活動作は日々の生活で、必ず行わなければならない動作です。利用者ができなければ誰かが介護を行います。実際の場面では利用者を含め、その場にいる誰しもが日常生活の改善について考え、より効果的に改善する手段として、日常生活動作だけでなく基本動作まで考えることが必要といえます。

Ⅱ　現在行われている介護の実態

専門職が行う介護は、利用者に提供しようとしている動作の介護が、できない理由を明確に理解し、改善することができないのか否かを常に考えながら提供する必要があります。

目的の動作ができない介護を必要とする利用者を前にして、どのように介護を進めていくかということを考えなければなりません。現在行われている介護量決定に関する評価プロセスは、図３－１のようになります。しかし介護の程度を決めるためには、利用者に目的とする動作を行ってもらい、どの程度まで動作が可能であり、できない部分がどこなのかを理解し、介護の程度を決めなければなりません。そのプロセスは、図３－２となるはずです。

専門職は、目的とする動作が利用者自身でできるか否かを日々の観察やその他の情報をもとに遂行する際に、どの程度の介助量（全介助・部分介助・見守り・自立）が必要かを判断し、介護を行っています。身体機能等に著しく状態の変化が認められれば介助量の変更が試みられます。しかし多くは要介護認定の再認定および認定後の新たな介護（実践）計画まで続けられることが多いようです。

Ⅲ　介護実践の視点

介護の程度を決めるために目的とする動作を行ってもらい、どの程度まで動作が可能であり、できない部分がどこなのかを理解し、介護の程度を決めるというプロセスチャートは先に示す図３－１のようになります。

しかし、専門職の行う介護には、日々の介護おいて介護者には利用者の状態に応じた対応が求められ、さらに「現在の状況への対応」「機能改善の可能性の探求」「介護量軽減の探求」を常に考えた介護が行われなければなりません。介護量決定のためのフローチャートは図３－２のようになります。

１　現在の状況への対応

できないところを補完する「現状への対応」は多くの施設で実践されているものの、利用者の機能改善や介護量を軽減していくという視点での介護サービスの提供はなされているのでしょうか？

2　機能改善の可能性についての探求

目的とする動作を細目動作に分解し、分解した各動作を観察し、その動作ができない場合は、何が原因でできないのかを考えなければなりません。そして同時に、それを克服すべく専門的指導が行われる必要があります。例えば、寝返りのできない脳血管障害による片麻痺者が、麻痺側の上肢を操れない場合、筋力低下や肩関節の可動域制限が考えられます。筋力低下であれば強化に努めることになります。

3　介護量軽減の探求

基本項目の確認の段階で問題があり、利用者に目的とする動作の獲得が困難と判断した場合は、目的とする動作（寝返り、起きあがりなど）の自分で行わせる目標を修正し、環境整備による現状の改善を行う必要があります。また、専門家による指導や介護を重ねても、身体機能的なものが影響していることもあれば、失行、失認などの原因により改善が望めない判断をせざるを得ない場合があります。そのような場合、現状を少しでも改善する介護（量）負担軽減の方策検討が必要です。在宅の場合であれば、介護者の介助量の軽減により在宅生活を続けている方々も数多くおられます。介護上のあらゆる介護を図り、可能な限り効率よく介護できるよう指導が必要となります。

目的とする動作の評価

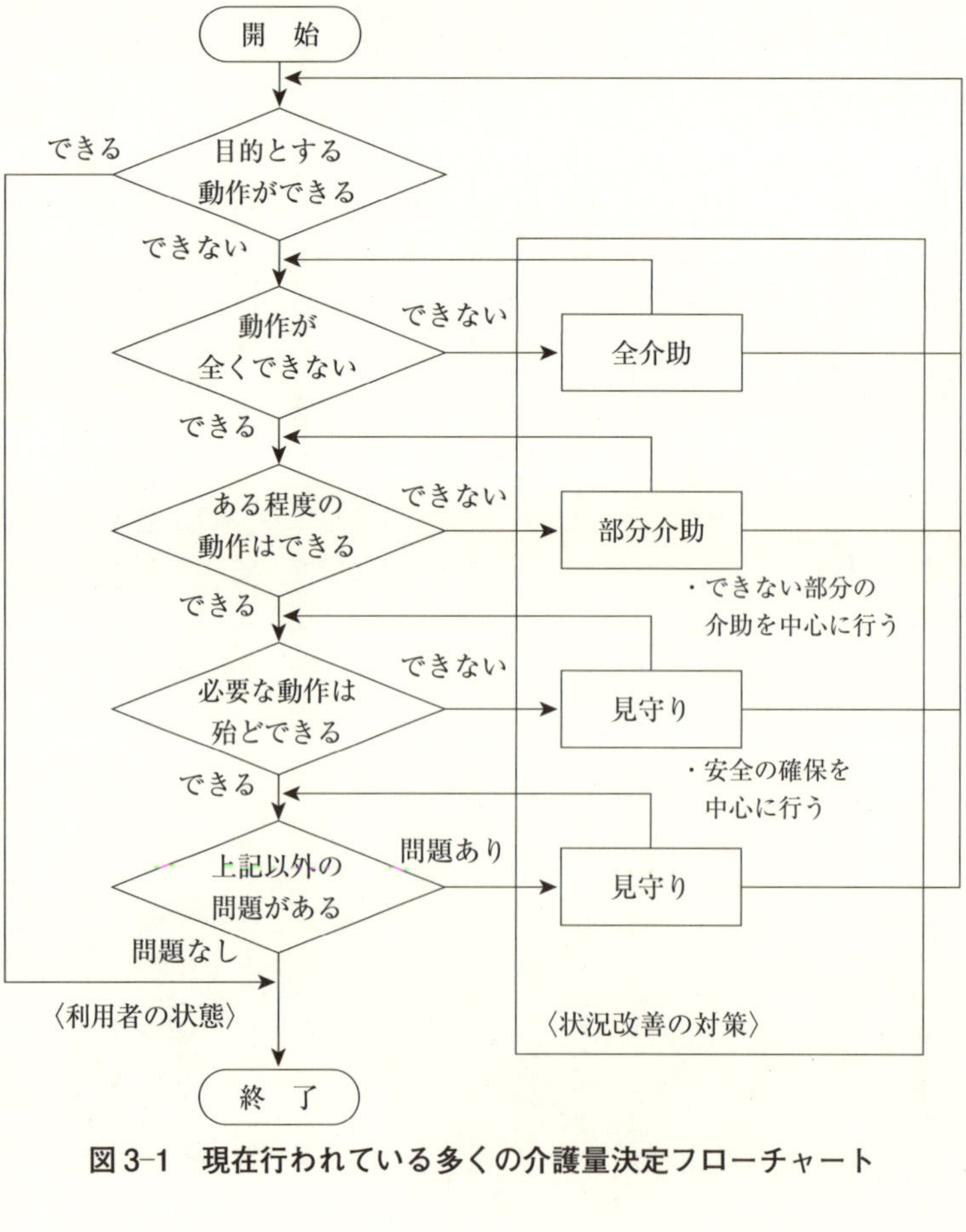

図 3-1　現在行われている多くの介護量決定フローチャート

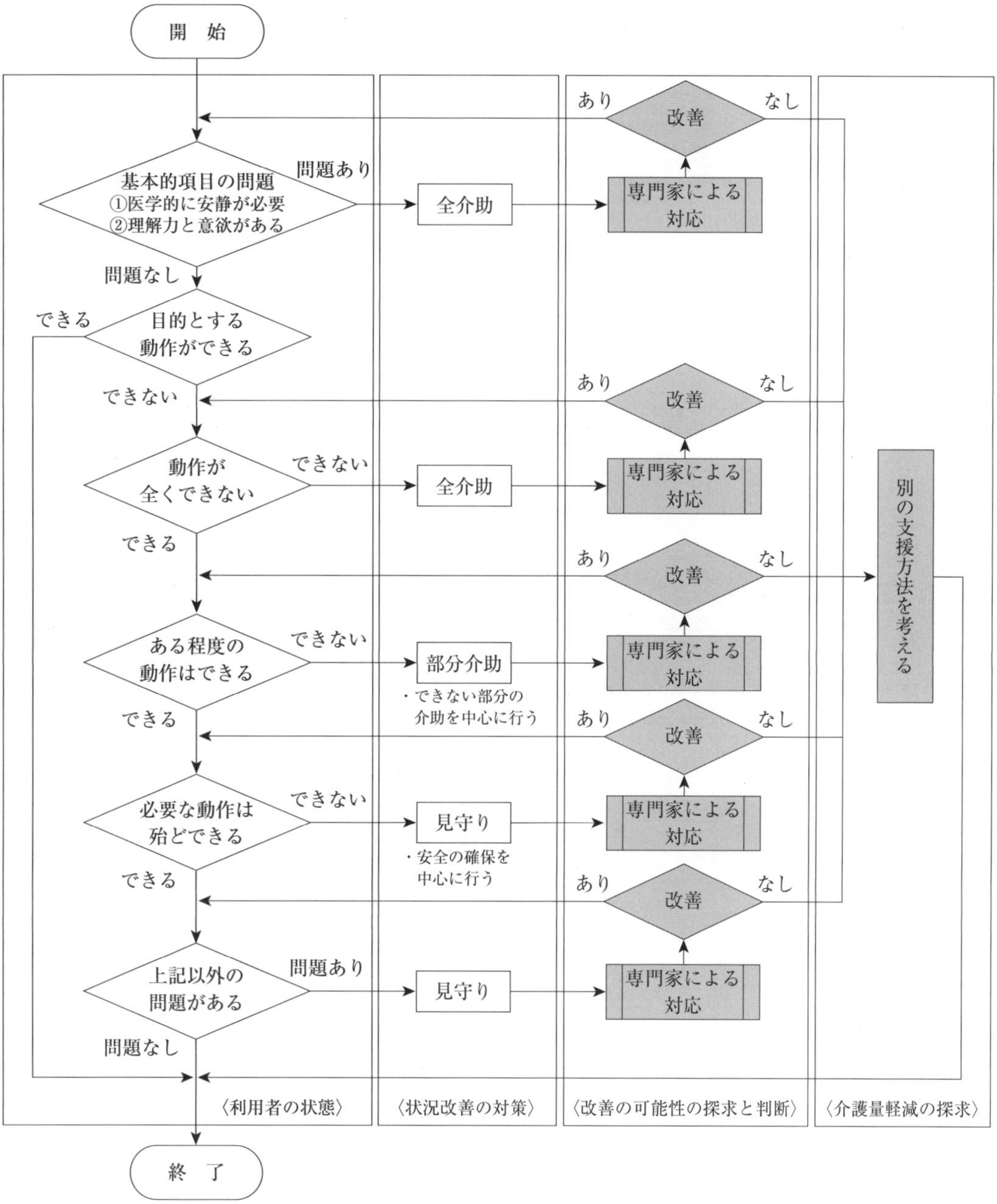

図3-2　介護実践のための評価

Ⅳ 介護（量）負担軽減のための介護
～介護実践のプロセス～

利用者に対する介護は、先に述べたごとく「現状に対する改善」のみでは介護専門職の介護とはいえず、また改善はもとより、介護量の軽減は望めるどころか、いずれ介護量は増大することになります（要介護度の悪化）。常に提供している介護サービスの効果を考えながらサービスの提供を行うのが専門家としての務めです。

1 基本項目の確認

目的とする動作の改善や日々の生活の改善を行う際に、全身状態に問題があり、医学的処置が必要な場合は、基本動作であっても許されないことがあります。医学的処置や安静の必要性について、担当医の診察を受け、指示を受けることが大切です。その他に確認しなければならない項目としては、次のようなものがあります。

① 全身状態が医学的に問題はないか

医学的にみて、安静の必要性の有無の判断を仰ぎ、利用者自身が目的とする動作を行うことにより、身体機能その他に悪い影響を及ぼすことがないかを確認する必要があります。

② 理解力と意欲はあるか

介護専門職が指導する内容を理解し、協力してくれるかどうかを判断する（知る）ことは大切です。理解力や意欲に問題のある利用者に対して、目的とする動作指導を行い、動作獲得を目指すには、困難が予想されます。

③ 目的とする動作を構成する関節運動や動作が行えるか

動作は、いくつかの関節運動および動作によって構成されます。目的とする動作を行う際に必要とされる関節運動や動作が可能であるかどうかの判断は重要です。例えば、起き上がり動作を行うのに寝返り動作は必要不可欠の動作です。

④ 環境要因に問題はないか

動作を行うための空間や場所が適当であるか、家族の協力が得られるかどうかも重要となります。

これらのことは、基本項目として、どの動作の評価を行う際にも確認しなければならないことであり、介護を必要とするすべての利用者に共通します。問題がある場合は、その動作については全介助で行うことになります。その際に気をつけなければいけないことについて、医師をはじめ他の専門職種との連携が必要となります。それと同時に改善の可能性についても他職種との連携を行い、判断しなければなりません。

2 目的とする動作の確認と細目動作の確認

基本項目に特に問題がない場合、目的とする動作ができるか否かの確認を行います。目的とする動作が、うまくできないようであれば、目的とする動作を幾つかの動作に分割し、各動作の確認を行います。これを細目動作の確認といいます。寝返り動作を例にとると、頭の挙上（頸部の屈曲）、頸部の回旋、上肢の屈曲・内転、体幹の回旋、骨盤の回旋などが確認項目としてあげられます。

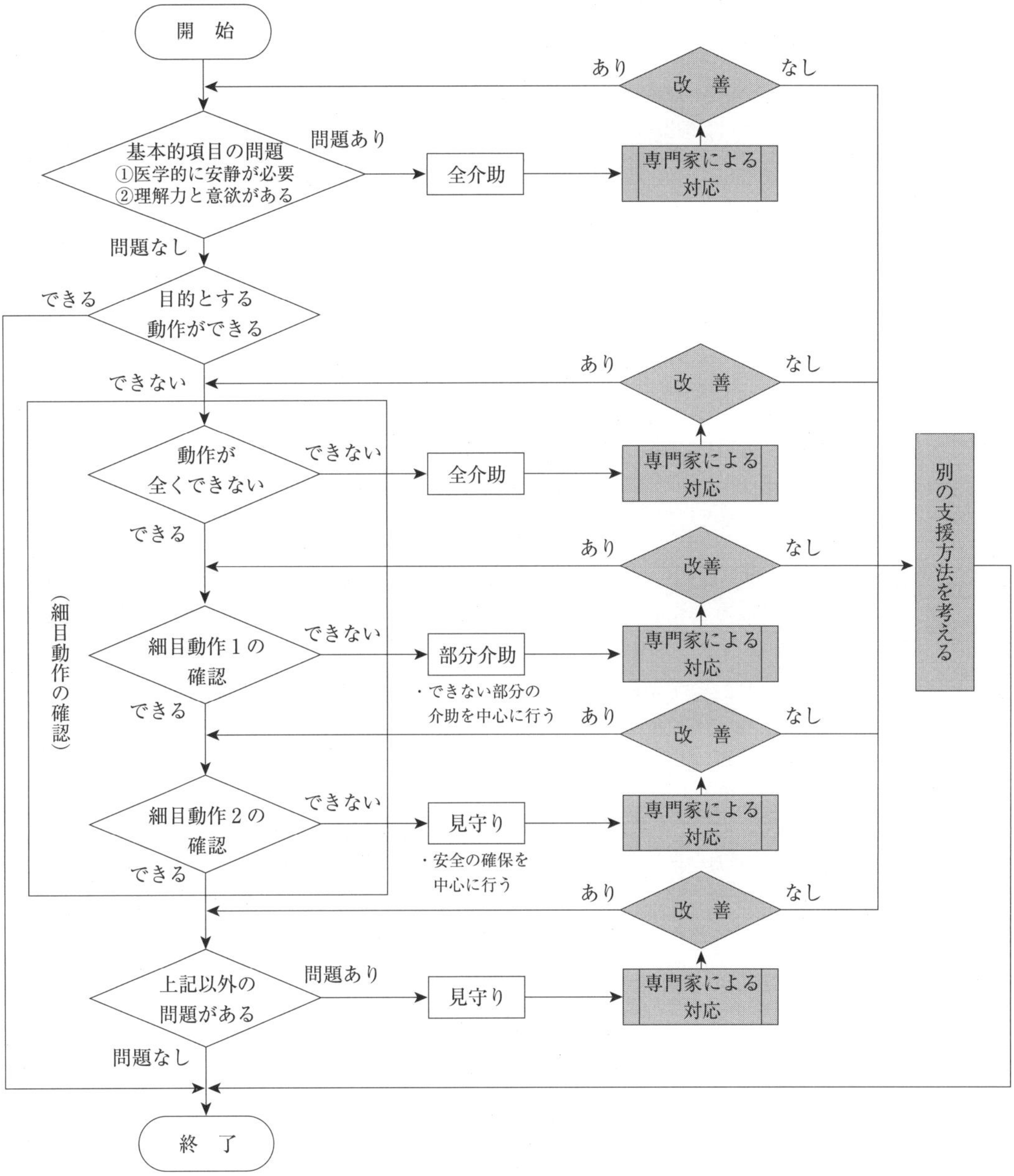

図 3-3　介護を行う際のフローチャート

目的とする動作を構成する動きを確認することにより、どの動作がうまくいかないのか、どの様な動きが必要なのかがわかります。介護においては、できない細目動作について介護を行い、その他の動作については利用者が行うことにより維持は可能となります。各細目動作は目的とする動作を行うために必要な動作であるため、細目動作の一つひとつは、目的とする動作を行うための基礎練習項目となります。したがって細目動作ができないときは、これらの動作が行えるように、くり返し行うことが、日々の練習となります。また、細目動作を一つひとつ達成することにより利用者の〝やる気〟をおこさせることにも役だつと考えられます。

3　可能性の判断

細目動作ができる可能性を探るということになります。つまり、いったい何ができれば、目的とする動作が可能となるのか、また利用者自身が目的とする動作を行うには何ができなければならないのかを考え、その確認がなされます。このプロセスは介護において大切なポイントになります。

4　できない原因の究明と対策

細目動作で、できないものがあれば、なぜそれができないのか、それができなければ、なぜ困るのかを考えます。

細目動作では、何のためにその確認をするのかという必要性を考え、「できない原因の究明と対策」では、それができないときの原因は何かを推定しその対策を考えます。

例えば筋力低下や関節可動域制限が原因で細目動作が行えないのであれば、反復練習や専門家による筋力強化や可動域訓練を行い問題解決を図ります。

5　目標とする動作の指導

目標とする動作の指導は、順序だてて行うことが重要です。可能性の確認項目がほぼ満たされたならば、目的の動作に挑戦します。うまくいかないときはどこができないのかをよく観察し、できないところを重点的に練習・指導することになります。各細目動作がすべて行えても、連続して行う際に協調性がなければ目的の動作を行うことができないことも少なくありません。

6　介護量軽減へのアプローチ

細目動作が困難で、目標とする動作の習得が不可能であると判断しなければならない場合があります。このような場合でも、福祉用具の活用による介護量の軽減や住宅改修による環境整備により目標とする動作が可能となることがあるので、その方法を検討します。それでも解決が困難な場合には、利用者および介護者の状態に応じた、介護技術の開発を行い介護者の介護量の軽減を図ります。

第4章◆起居・移動動作の指導と介護

食事を行う、排泄を行うという日々の生活で行われる動作には、次の基本的な動作が必要です。

① 姿勢を保持する
② 姿勢を換える
③ 移動する

これらの動作を「起居・移動動作」あるいは「床上動作」といいます。

介護を必要とする要介護者は、基本動作のうちのいずれかがうまくできない利用者だといえます。言い換えれば、立ち上がることができ、安定した立位を保つことができ、しかもうまく歩くことができるのならば、基本動作の指導や支援は不要です。

介護の対象となる利用者は、寝返りができない、自分で起き上がることができない、立ち上がることができない、うまく歩けないという利用者です。寝返りを行う、起き上がる、立ち上がるといった「姿勢を変える」動作は基本動作の基礎となるもので、日常生活には欠かすことができない重要な動作です。

姿勢は、「臥位」「坐位」「立位」の順で難易度は高くなり、それぞれの姿勢における「姿勢の保持」「姿勢の変換」「移動」の順でおおむね難易度が高くなります。臥位には「仰臥位」「腹臥位」「側臥位」があり、これら姿勢の変換は「寝返り」となり、移動は「這う」「転がる」「いざる」となります。

基本動作を身体機能レベルで示すと次のようになります。

① 姿勢変換が困難で、保持できる臥位姿勢も限られている。
② 姿勢変換は困難であるが、どのような臥位姿勢も保持できる。
③ **寝返りができる。**
④ 自分で起きることはできないが、支えがあれば座れる。しかしADLには結びつかない。
⑤ 自分で起きることはできないが、支えがあれば座れる。坐位でのADLはかなりの部分で可能。
⑥ **背もたれなどの支えなしで坐位保持が可能。**
⑦ 臥位から坐位への姿勢の変換が自力で可能。
⑧ 物につかまるか、介助によりベッドまたは椅子から立ち上がることができる。
⑨ **安定した支えにつかまれば、立位保持が可能。**
⑩ 手すりや机など固定したものの支えがあれば歩行ができる。
⑪ 多脚杖等を用いての立位保持が可能。
⑫ 多脚杖等を用いての歩行ができる。

まずは臥位から坐位への姿勢変換が自力で可能かどうかが重要な判断基準となります。

なんらかの障害を有する場合、順調にステップアップができないこともありますが、少しでも上位の動作ができるような取り組みや工夫が必要となります。

表 4-1　基本動作

<table>
<tr><th></th><th>姿勢の保持</th><th>姿勢の変換</th><th>移動</th></tr>
<tr><td rowspan="2">臥位</td><td rowspan="2">仰臥位（背臥位）
腹臥位（伏臥位）
側臥位（右側臥位・左側臥位）</td><td>寝返り</td><td rowspan="2">這う、転がる、ずる</td></tr>
<tr><td rowspan="2">起き上がり</td></tr>
<tr><td rowspan="2">坐位</td><td rowspan="2">坐位、腰かけ</td><td rowspan="2">いざる、車いす</td></tr>
<tr><td rowspan="2">立ち上がり</td></tr>
<tr><td>立位</td><td>起立位</td><td>歩く、走る</td></tr>
</table>

Ⅰ　寝返り

「寝返り」動作の解説

寝返りは、顎を引いて、寝返る側に顔を向け、体幹から骨盤を回していく一連の動作によって行われます（図４－Ⅰ－１・２）。

寝返りが行えないと、褥瘡、関節拘縮、筋廃用萎縮、心肺機能低下、深部静脈血栓症などの廃用症候群の予防をはじめ身のまわりの動作すべてに介護が必要となります。

仰臥位では、コップや湯飲みで水を飲むことは容易ではなく、人の手を借りなければなりませんが、側臥位になることができれば、人の手を借りなくとも水を飲むことが可能になります。また寝返り動作を連続で行う転がりにより移動や腹臥位になることで這うなどの移動手段を獲得することも可能となります。これらの動作は和室などの畳の部屋での生活であれば自分の力で移動することができるという意味のあることであるといえます。

寝返りによる姿勢変換は、褥瘡や沈下性肺炎などの廃用症候群の予防になるのはもちろん、介護者の介護量の軽減になります。

寝返り動作に必要な動きができないために「寝たきり」の状態にある利用者も多く、適切な介護や指導により寝返りが可能になることも少なくありません。まずは、図４－Ⅰ－３に示す寝返りの評価に従って各項目を確認します。

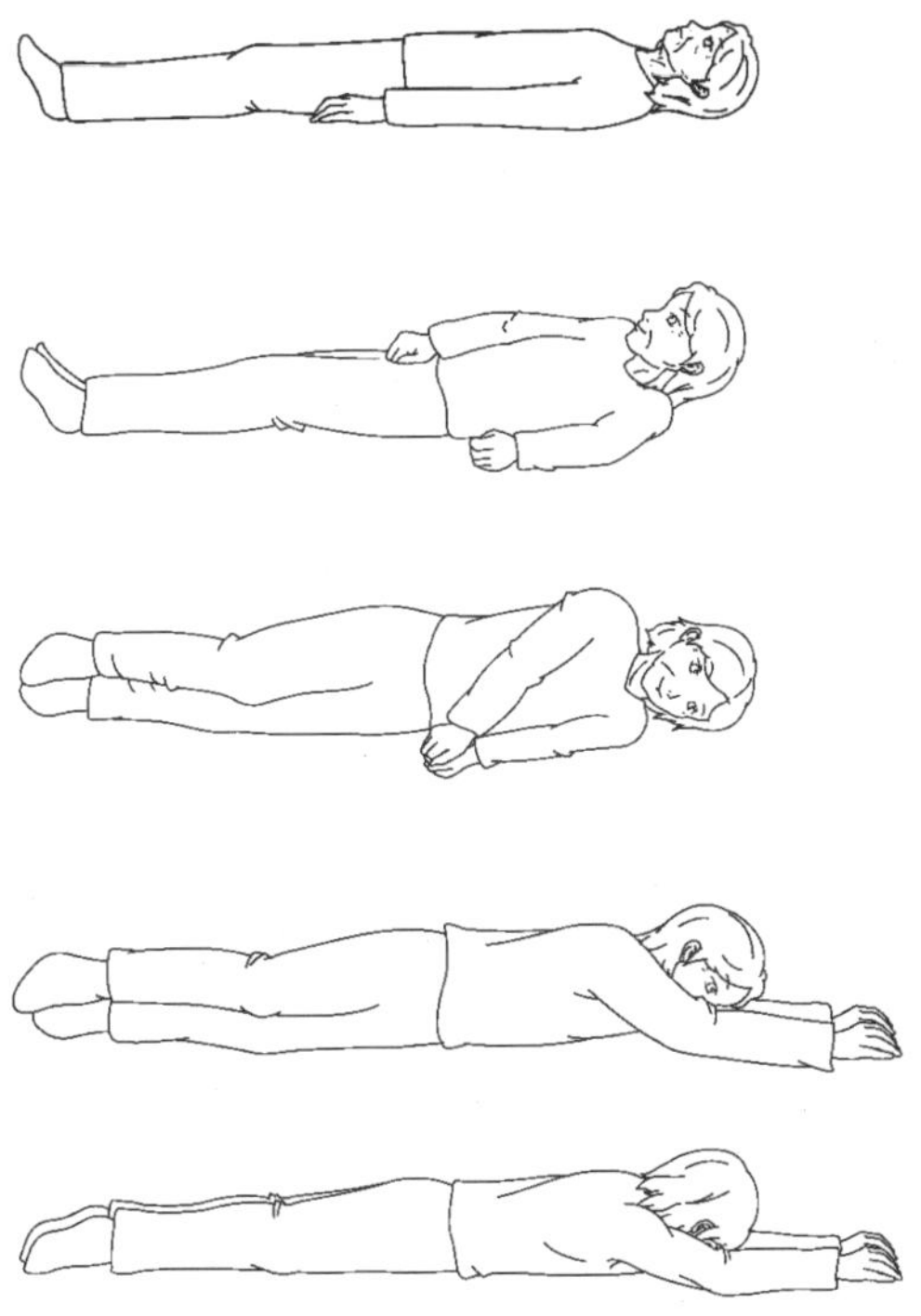

図４－Ⅰ－１　寝返り動作

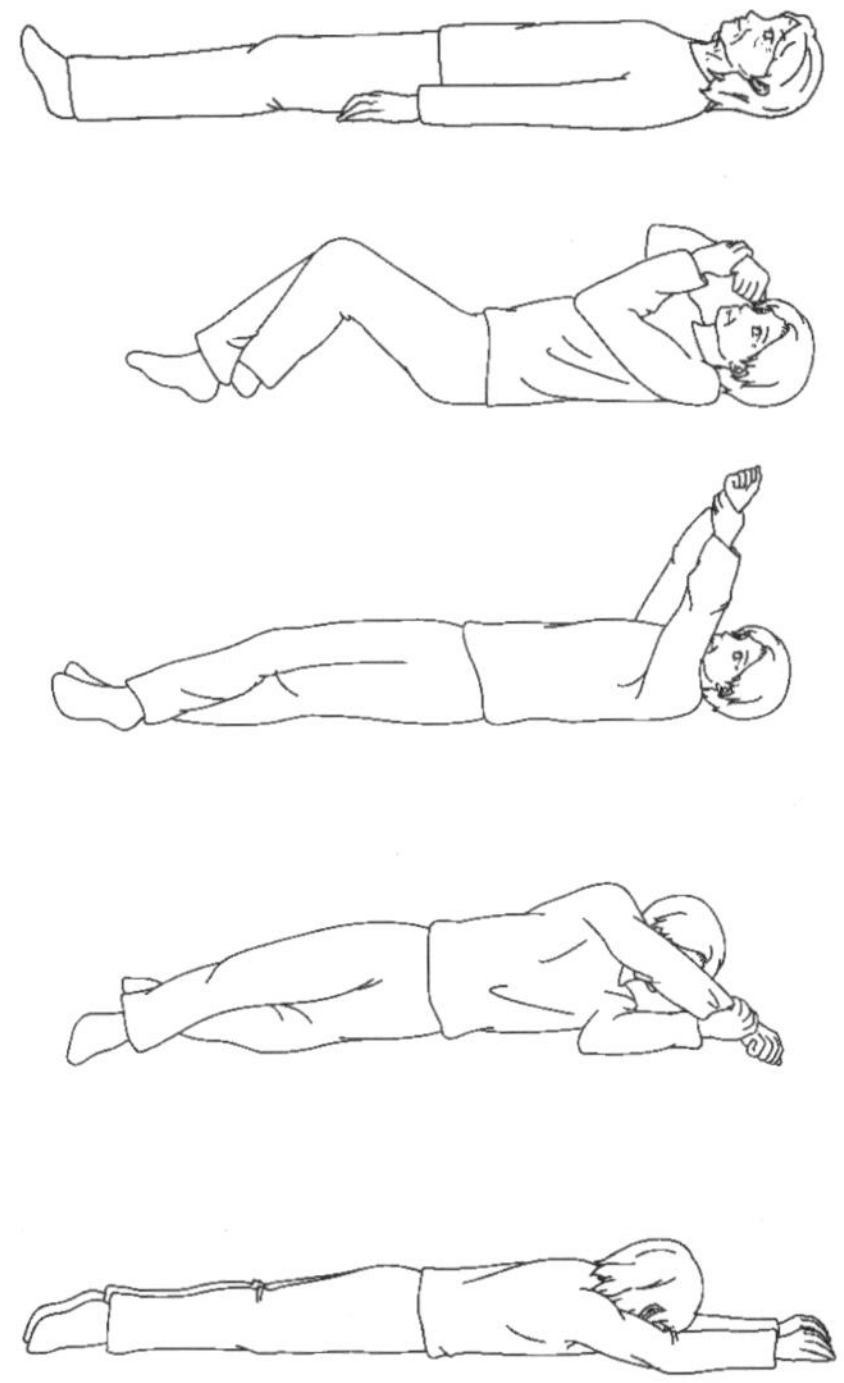

図４－Ⅰ－２　脳血管障害による片麻痺者の寝返り動作

基本事項の確認

骨折や創傷などの治療により局所および全身の安静が必要である場合や生死にかかわるような重篤な状態である場合などを除き、寝返り動作を制限する必要は殆どありません。しかし長期臥床により寝返りをはじめとする基本的な動作を行っていない利用者の場合、何らかの問題があるのかもしれませんので、現在の症状、悪化の可能性についての確認が必要でしょう。再発症や状態悪化後などの急性期の場合は必ず全身状態に問題がないかどうかについて、担当医の診察を受け、指示を受けることが大切です。

但し寝返りを行うことが許可されないほどの状態は医学的管理および処置が必要な状態であるといえます。

1　医学的安静が必要な状況ではないか

症状の悪化や再発など全身状態が安定していない、生死にかかわる重篤な疾病を有している、心肺機能の著しい低下や合併症がある、骨折の整復のための牽引療法などの場合、医学的処置としての安静が必要となり、寝返り等は禁忌となります。

① 骨折部位や創部の治癒段階で局所あるいは全身の安静が必要な場合
② 症状の増悪や再発の場合
③ 心疾患などの合併症に対する厳重な全身状態の管理が必要な場合
④ 椎体圧迫骨折などに伴う激しい腰痛がある場合
⑤ 骨折、褥瘡、関節拘縮などによる激しい痛み等がある場合

痛みがある場合、不用意に動かし、激しい痛みを経験させてしまうと痛みに対する不安が増大してしまい、全身状態はそれほど悪くはないのに痛みを訴え身体を動かさなくなる利用者もいますので、注意が必要です。

2　理解力と意欲に問題はないか

利用者が介護者の言うことが理解できない場合や利用者本人に動くという気持ちが全くみられない場合、動作の遂行は困難となります。このような利用者には、以下のことが考えられます。

① 全身状態が安定しておらず不良な状態
② 意識障害がある
③ 知能・認知能力が低下している
④ 言語、視力、聴力の障害などコミュニケーション手段に問題がある
⑤ 超高齢　等

また、寝たきりの状態を強いられていることも少なくありません。このような場合には、全面的な介護もやむを得ず、介護者の介護量の軽減を図る方策を考える必要があります。

3　寝返り動作を構成する関節動作および姿勢保持が行えるか

寝返り動作は、仰臥位から側臥位または腹臥位への体位の変換あるいはその逆の動作ですので、目的とする姿勢が保持できることが必要となります。つまり、側臥位や腹臥位の保持ができない状態であれば、寝返りは困難です。

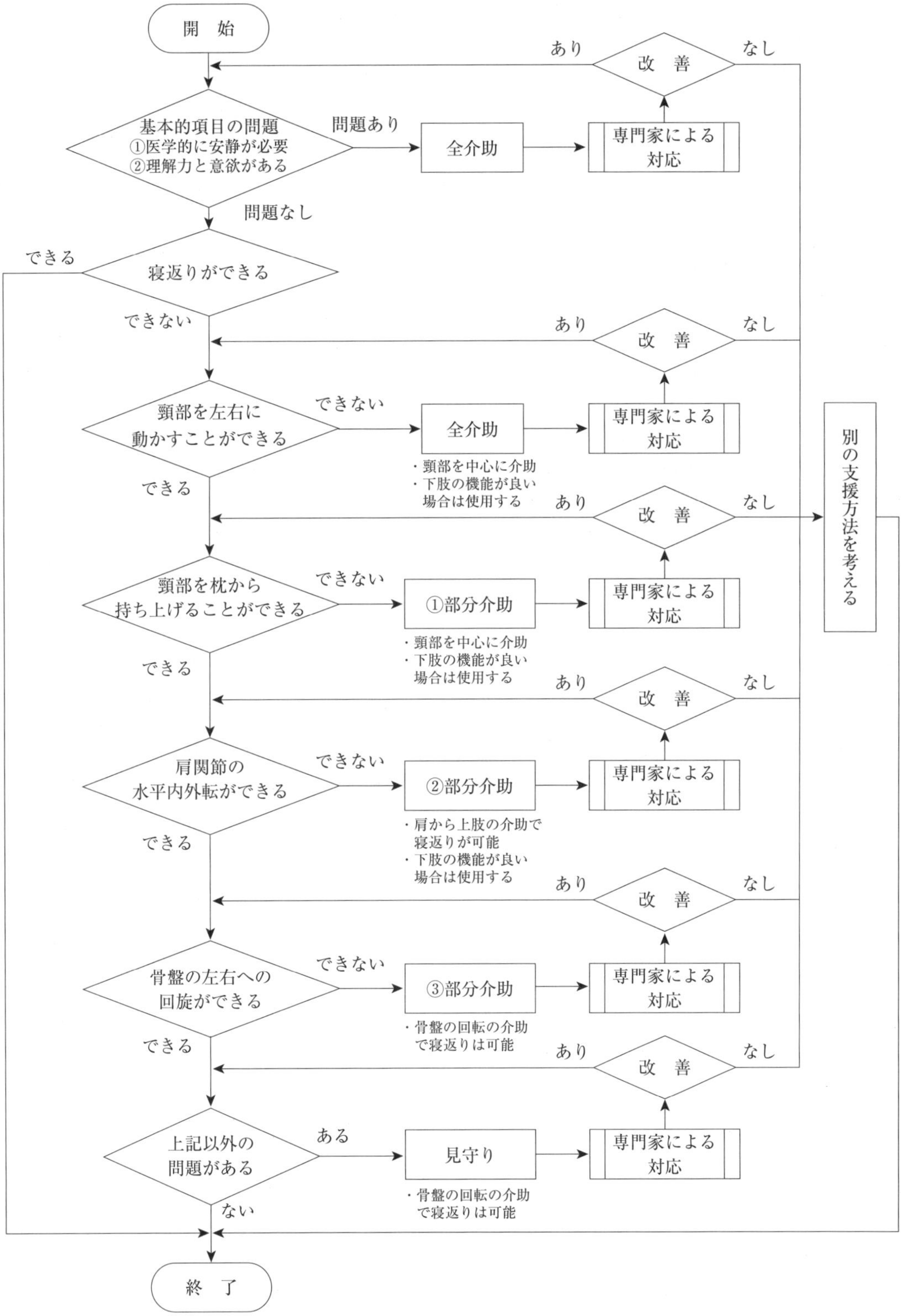

図4−Ⅰ−3　寝返り動作の評価

4　家族や主介護者の協力が得られるか

寝返り動作は基本的な動作ですが、これまで寝返りを行うことのできない利用者にとってみれば容易なことではありません。しかし反復練習と指導により習得することは可能です。寝返りができない利用者は、どちらかというと活動性は低下し、積極的ではないことが多く、たえず刺激をあたえる必要があります。家族をはじめ介護者等の果たす役割は重要です。周囲の人々の協力なしでは、現状の改善は望めないといっても過言ではありません。介護者の苦労を理解し、介護負担の軽減を図る介護方法を考える必要があります。

利用者にやる気があっても、やり方の知識がない、やり方を指導する介護者がいない等の周囲に問題がある場合は、利用者の意欲を押えこんでしまうということにもなります。家庭や介護者に対する教育指導が大切な所以といえます。

できない原因の究明と対策

～寝返り動作を構成する動きおよび姿勢保持の確認～

寝返り動作は、頸部屈曲、頸部の回旋、体幹の回旋、骨盤の回旋の連続の動きによって行われる動作（図4－Ⅰ－1・2）ですが、脳血管障害による片麻痺のある場合は、体幹の回旋が充分に行われないことが多く、頸部屈曲、頸部の左右への回旋、健側上肢による麻痺側上肢の操作、一側下肢による麻痺下肢の挙上、体幹の回旋の連続動作（図4－Ⅰ－2）によって行われます。ここでは脳血管障害による片麻痺者の寝返り方法を含め細目動作を確認を行います。

1　頸部を左右に動かすことができるか

寝返りは、頸部を寝返りする側に回旋する動作から始まります（図4－Ⅰ－4）。頸部の十分な可動性は、他の動作においても絶対に必要な条件となります。長期臥床により頸部の可動域制限のある利用者の場合は、自力での寝返りは困難となります。

比較的容易な動作であることを利用者に理解してもらい行います。2～3回くり返し、左右どちら側でも、顔が横むきになるまでスムースに行えるようであれば問題はありません。痛みがある場合や十分に行えない場合の原因としては、「強度の頸椎の関節拘縮」「頸部の筋力低下」「頸部筋のパーキンソン様症状である固縮」などが考えられ、それぞれの原因への対策が必要となります。

加齢とともに頸部の動きが悪くなることは十分に考えられます。通常では著しく動きが悪くなることは考えにくいのですが、長期臥床による不動により関節拘縮や筋力低下による動かしにくさは考えられま

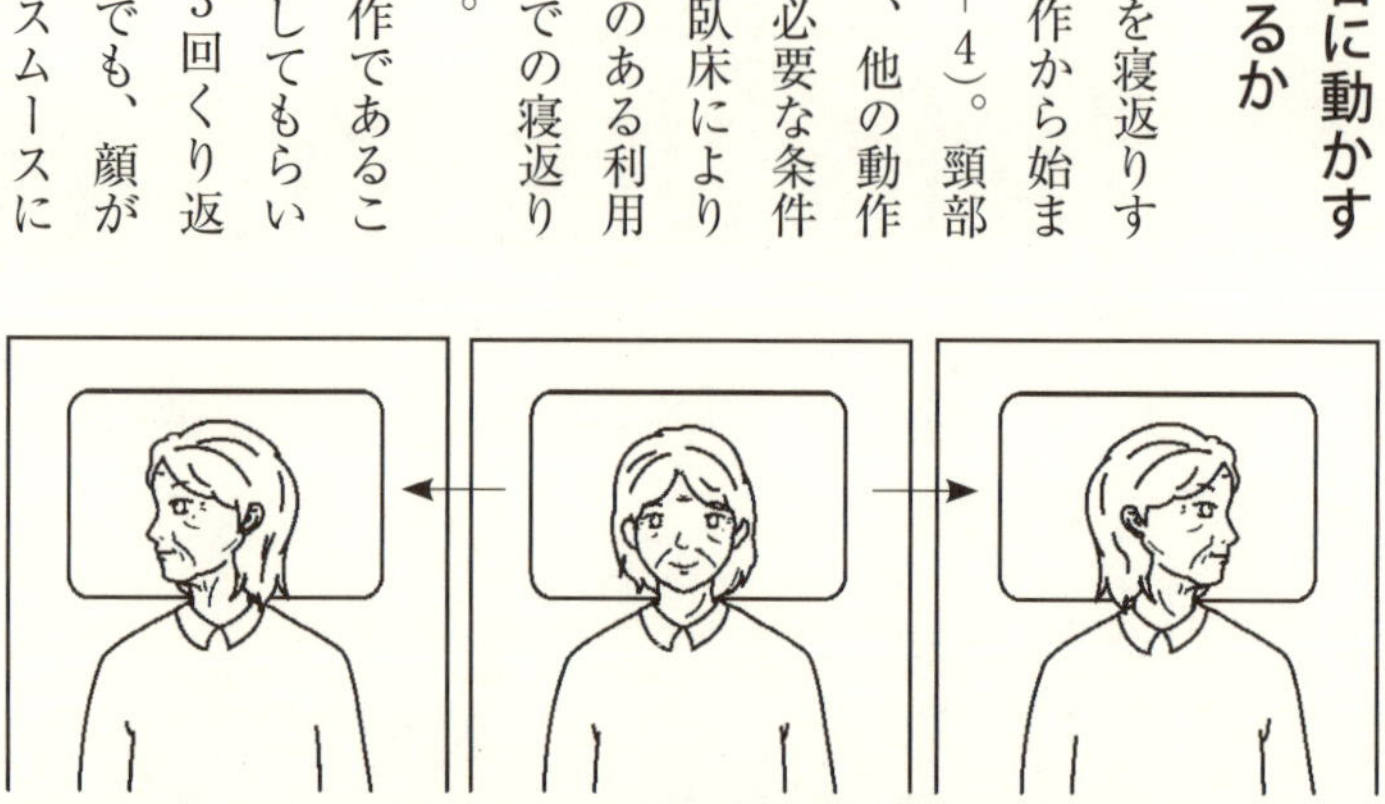

①　仰臥位に寝て、顔をまっすぐ天井に向けた姿勢をとる。
②　頸部をゆっくり右側に向ける。向き終わったら、もとにもどす。
③　左側も同様に。ゆっくり向ける、もとにもどす。
これを左側、右側それぞれ2～3回くり返す。

図4－Ⅰ－4　頸部の動きの確認

す。頸部の動きは基本動作の最も基本となる動作になります。利用者の意志で頸部を自由に、しかも十分に動かせるように可動域の維持・拡大に心がける必要があります。

2　頭部の挙上・頸部の屈曲ができるか

寝返りを行うには、頸部の回旋だけでなく、頭を挙上することも必要となります（図4－Ⅰ－5）。それには腹部や頸部の筋力がある程度必要となります。脳血管障害による片麻痺の場合、躯幹筋の筋力が頭を挙上できないほど低下することは考えにくいです。はじめは無理であっても、練習を重ねることによって、利用者の多くは可能になります。

単純な動作ですが、頸部の回旋とは異なり、頸部と腹部の筋力が必要となります。手や足の反動を使わずに頭を挙上し、保持するだけの筋力が必要となります。枕は低めのものを用意し、5～6回できる程度を目安に動作の獲得を行います。頭部を挙上することはできても、保持することが困難でドスンと落ちてしまう利用者や頭部を全く挙上できない利用者では、頸部周囲筋の筋力低下とともに頸椎の関節拘縮などが考えられます。

筋力低下のために頭部を挙上できない利用者が多いようです。頭部を挙上できないことは必ずしも寝返りの際の絶対条件ではないものの、その他の動作によっては制限要因になり得ます。筋力低下が原因であれば、この動作をくり返し行うことにより筋力強化が図れます。

頸部周囲筋の筋力強化や頸椎の可動性の改善方法には、仰臥位以外での方法もあります。背もたれ等を使い坐位保持が可能な利用者であれば、ただ座っているだけでも抗重力筋である頸部周囲筋の筋持久性・耐久性の強化になります。坐位保持のまま頸部を前後・左右に動かすことができれば、さらに効果的です。

パーキンソン様症状のある場合、頸部周囲筋の固縮が強く、頭を枕から浮かすと、なかなか頭をおろすことができない利用者もいます。かなり強い固縮の場合では改善の可能性は少ないこともありますが、ゆっくりとした動作を行うように指導し、様子をみましょう。

3　肩関節の水平内・外転（水平屈曲・伸展）ができる

肩甲帯を持ち上げ、体幹の回旋、骨盤の回旋を行う連続動作の基点となる最初の動作を確認します。

脳血管障害等による片麻痺がある場合には、健側上肢で他側上肢を操り、同様の動作ができるかを確認します。片麻痺がある利用者が寝返りを行うには、片側上肢で他側上肢を操ることが必要となります（図4－Ⅰ－6）。麻痺があると上肢は重く感じます。そのため健側上肢には麻痺側上肢を操ることができる筋力が必要となりま

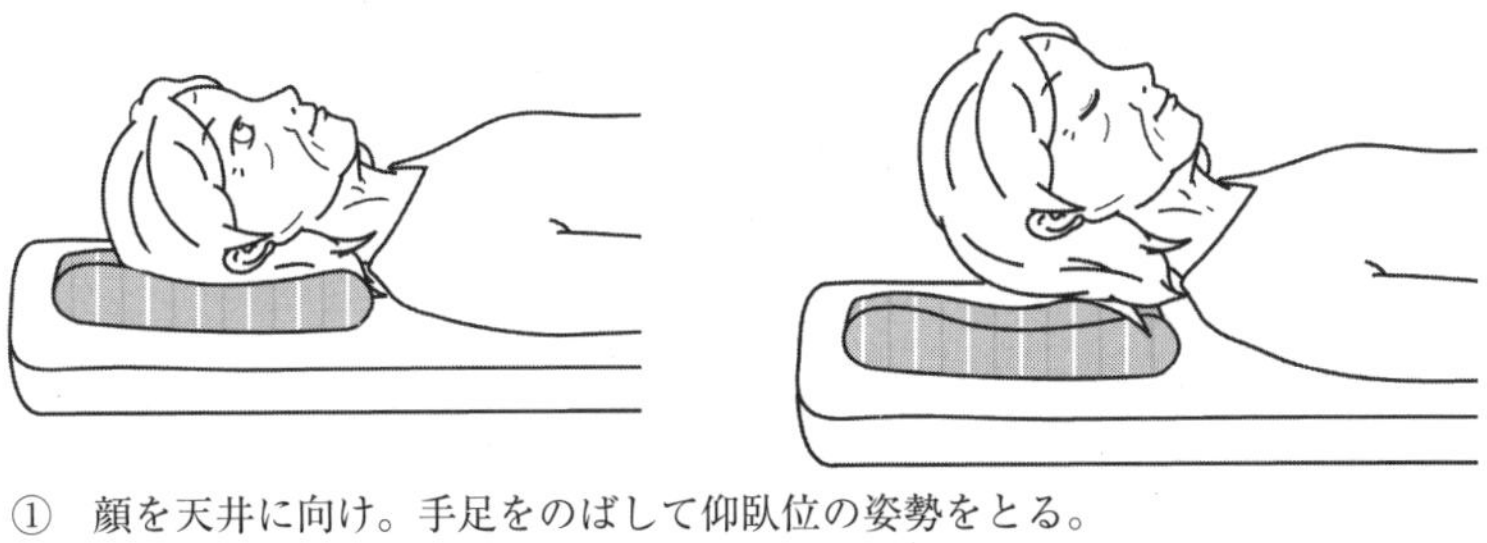

①　顔を天井に向け。手足をのばして仰臥位の姿勢をとる。
②　頭をゆっくりと1呼吸くらいかけてもちあげ、枕から浮かせたら、1呼吸くらいかけ、ゆっくりもとにもどす。これを5～6回くり返す。

図4－Ⅰ－5　頭部の挙上・頸部の屈曲の確認

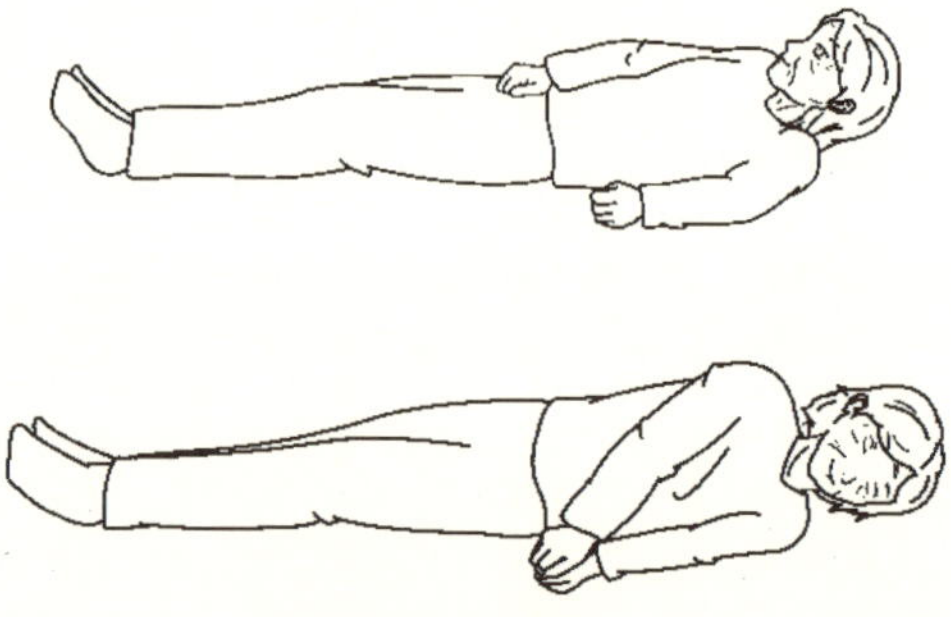

図4－Ⅰ－6　肩関節の水平内・外転（水平屈曲・伸展）動作の確認

す。

健側上肢の手で、麻痺側の上肢を操るようになれば、麻痺側の肘、手首、指の関節の運動は、介助を必要とせずにできるようになります。

指を組んで、両上肢を上下・左右と自由に動かすことができれば特に問題はありません。できるだけ指を組んで動かす努力が大切ですが、筋力が低下している場合などは、健側上肢で麻痺側の手首を把持すると動かしやすいでしょう。

麻痺側上肢を健側上肢で自由に操れない原因としては、重度の肩関節の運動制限や肩・肘関節周囲筋の筋力低下が考えられます。

①　重度の肩関節の運動制限

上肢を挙上することができないのは、肩関節の可動域制限が考えられます。脳血管障害等による片麻痺者の場合、麻痺側だけでなく、健側の関節にも可動域制限が生じます。また、動作を行うには、関節の動きとともに筋力が必要です。このいずれに問題があると、動作はスムースにできません。

②　上肢の筋力低下

健側上肢で麻痺側上肢をあつかうには、肩関節周囲筋や上肢の筋力がfair（3）レベル以上なければなりません。つまり、仰臥位で上肢を垂直に保持できるだけの筋力に相当します。十分に行えないようであれば、仰臥位から上肢を垂直に保持する動作をくり返すことにより、筋力強化になります。目安としては連続して10回程度できる筋力は必要です。

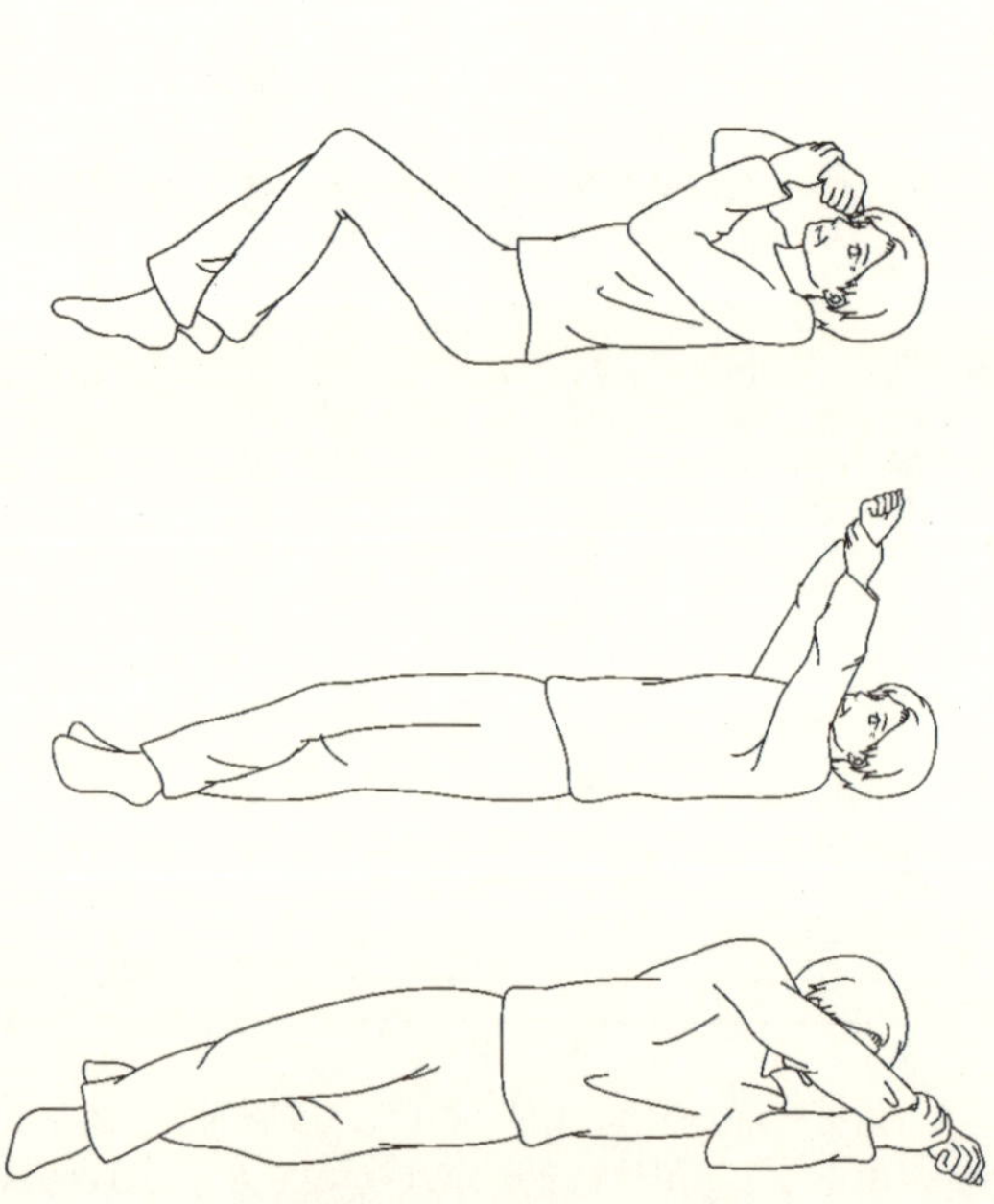

図4－Ⅰ－7　片麻痺者の肩関節の水平内・外転（水平屈曲・伸展）動作の確認

4　下肢の動きに問題はないか（股関節屈曲、内転が可能または骨盤の回旋が可能か）

（一側下肢を反対側下肢の下に入れ、（瞬間的でも）一緒に持ち上げられるか）

寝返りを行うには、一側下肢で反対側下肢を操り、健側の方向に体

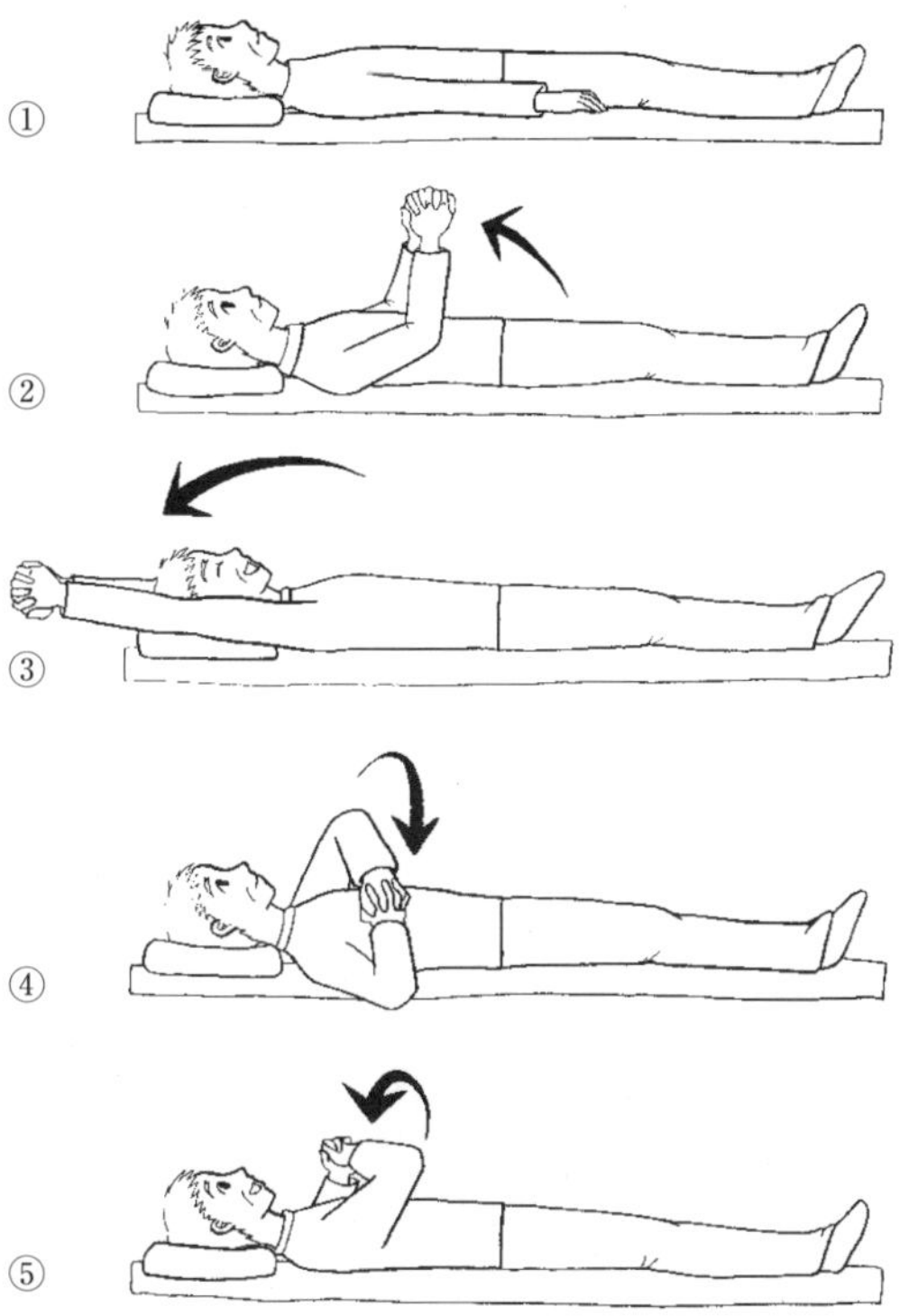

①　上・下肢をのばして。仰臥位の姿勢をとる。

②～⑤　指を組んで（できない場合は手首をもって）天井の方向に真すぐ上げる。ついで、頭の上の方に伸ばす。肘は少々曲ってもよい。

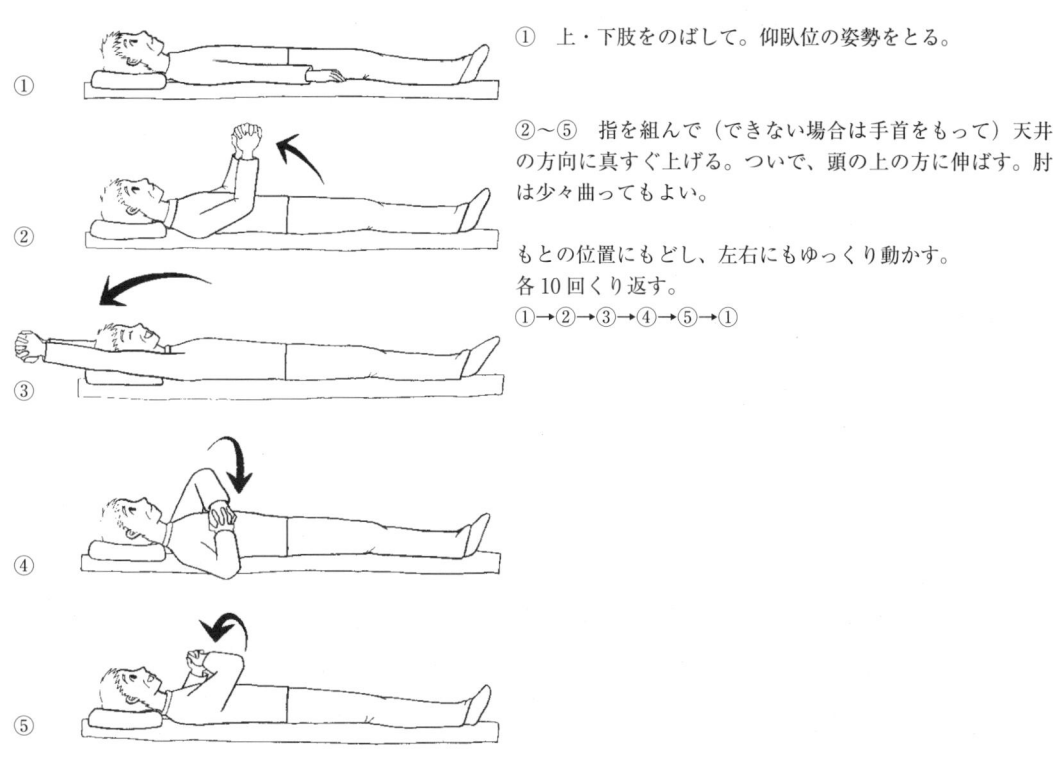

もとの位置にもどし、左右にもゆっくり動かす。
各10回くり返す。
①→②→③→④→⑤→①

図4－Ⅰ－8　肩関節の水平内・外転（水平屈曲・伸展）動作の練習

幹を回旋します。それには、健側下肢の筋力とともに頸部から腹部にかけての筋力を必要とします。

両下肢を一緒に持ち上げるのは瞬間的でもかまいません。また、それほど高くあがらなくても問題はありません。通常であれば十分可能な動作ですが、長期臥床により身体を動かさずにいた利用者にとっては、困難な動作となります。一側下肢で反対側下肢を操るのは基本的な動作ですので、これができないと寝返りは困難となります。

この動作は、寝返り動作において、最も筋力を必要とする動作です。全身の力を集中し、一気に持ち上げるようにします。

連続して3回程度可能であれば特に問題はありません。比較的容易に持ち上げられるようであれば、寝返り動作は困難ではないと考えられます。

実際に動作を行い、筋力が不足して動作が困難であると考えられる場合には、筋力強化を図る必要があります。十分にできない原因としては以下のようなことが考えられます。

①　股関節の可動域制限

股関節の屈曲制限がある場合には、この動作は困難となります。股関節の可動域改善を最優先に行います。寝返りを行うだけであれば股関節の可動域制限は特に問題はありませんが、起きあがり動作を考えると60度以上の屈曲可動域が必要となります。

②　下肢の筋力低下

一側下肢で反対側の下肢を一緒に持ち上げるには、大腿四頭筋、腹筋、腸腰筋にある程度の筋力が必要となります。股関節の可動域に問題がなければ、この動作をくり返し練習することが筋力強化になります。また、普段から膝関節を伸展したまま一側下肢を挙上する運動を行うことも大切です。寝たままできる初歩的な筋力強化方法といえます。

③　マットレスや敷布団が必要以上に柔軟すぎる

マットレスや敷布団が柔軟すぎると寝返り動作は困難なものになることが多く、ことにエアマットを使用している場合は特に注意が必要です。マットレスや敷布団が柔らかすぎると寝ているだけでも殿部が落ちこみ、股関節が屈曲した状態になるため、股関節は屈曲拘縮をおこします。一般的にマットレスの厚さは5センチ程度で、その上に同じ厚さの敷布団を敷く場合が多いようですが、ベッドのマットレスには敷布団は用いないように硬さが設定されています。

　身体全体を動かす動作の際、マットレスや敷布団が柔らかい場合、骨盤が安定しないため余計に力が必要となり、動作が拙劣になることもあります。また痙性がある場合には、共同運動などの不随意的な運動を誘発することもあります。

「寝返り」の指導

寝返り動作は、頸部屈曲、頸部の回旋、体幹の回旋、骨盤の回旋の連続の動きによって行う動作です。脳血管障害等により片麻痺がある場合は、頸部屈曲、頸部の左右への回旋、健側上肢による麻痺側上肢の操作、一側下肢による麻痺下肢の挙上、体幹の回旋の連続動作によって行われます。

　頸部の左右への回旋、頸部の挙上（頸部の屈曲）、健側上肢の挙上、一側下肢での麻痺側下肢の挙上、という寝返りに必要な細目動作を組み合わせれば、そのまま寝返り動作は可能となります。

　これまで長期臥床にあった利用者が行う場合、最初からうまくできないのは当然です。2～3回でうまくできないからといって、諦める必要はありません。最初のうちは介護者が体幹の回旋を介助するなどの手助けも必要です。何度か同じ動作をくり返すうちにできるようになります（図4－Ⅰ－9）（図4－Ⅰ－10）。

　何ができて何ができないのかをよく観察し、そこを重点的に練習や介助を行うなどの配慮を行い、理学療法士などの専門家に相談することも大切です。

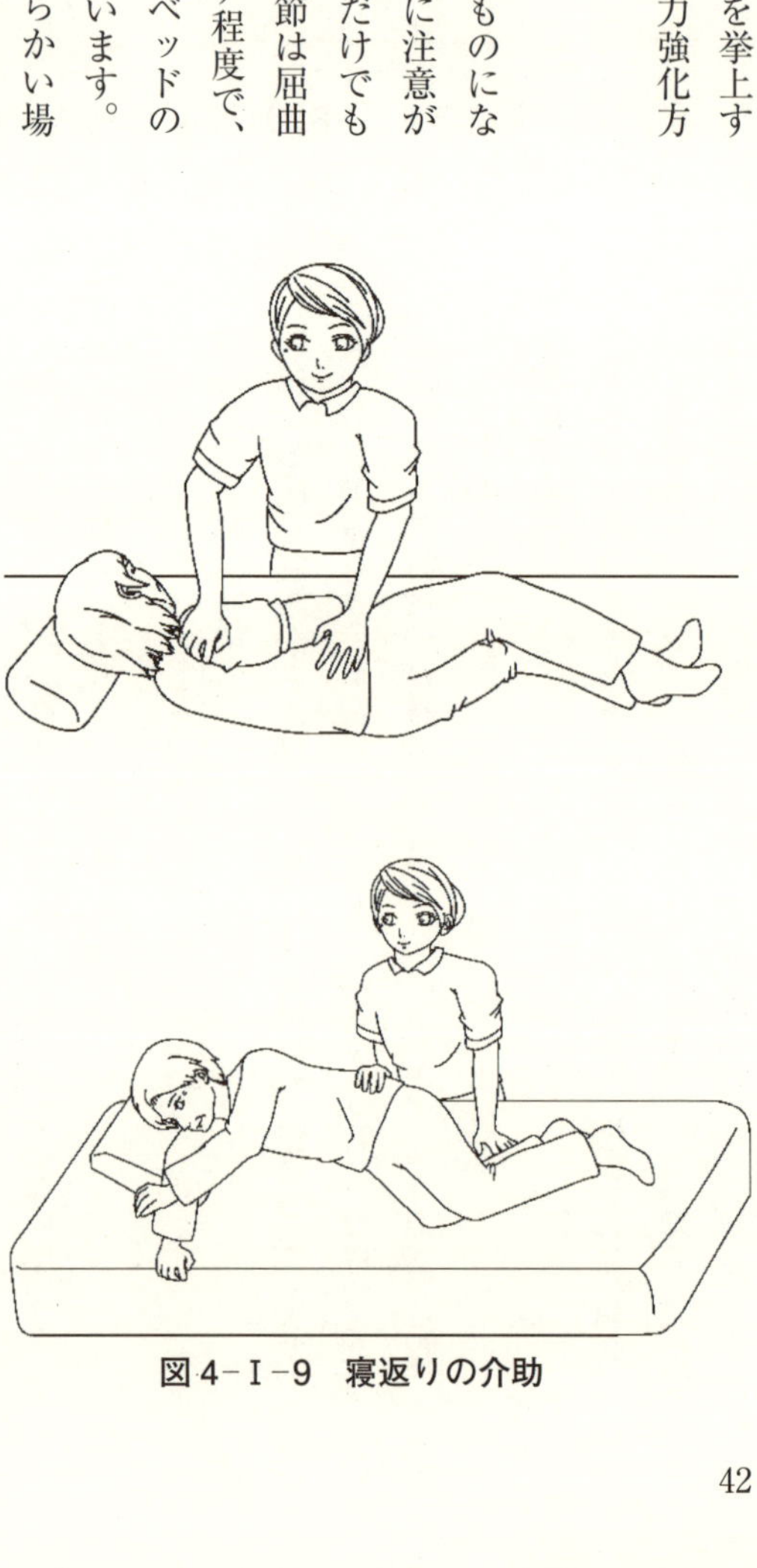

図4－Ⅰ－9　寝返りの介助

「寝返り」動作の獲得をあきらめざるを得ない場合

基本項目の確認や細目動作の確認の結果により、自力での寝返りをあきらめざるを得ない場合もあります。その場合には、利用者の努力や能力によらない現状を少しでも改善する方法を見いだす視点も必要です。介護者の苦労と負担の軽減を図ることが大切です。一般的なこととしては、次のようなことに気をつけて、合併症の予防や介護方法の検討を行います。

1　良肢位の保持

長期臥床は関節拘縮をきたす最大の原因です。股関節の外旋位拘縮、膝関節の屈曲拘縮、足部の内反尖足などを引き起こします。これらには普段から良肢位の保持が有効です。良肢位は、関節に拘縮や強直が起こり、可動域制限が現れたとき、その関節が日常生活で機能的に最も便宜である肢位をいいますが、基本的には可動域制限は好ましくありません。良肢位には、仰臥位の場合や側臥位の場合で姿勢は異なります（図４－Ⅰ－11）。

仰臥位の良肢位は、①肩や腰を水平にする、②足先は足底板で支え、踵は布団から浮くようにする、③麻痺側下肢が外旋位拘縮にならないように、バスタオルなどを巻いて固定する、④麻痺側上腕の下には枕などを置き、手にタオルを丸めて握らせておく等の注意が必要です。側臥位（横むき）の場合も同様にタオルや枕を上手に使って、関節の変形を防ぐことが大切です。良肢位保持を行えば動かさなくてよいということではなく、関節可動域の保持は介護を行うにおい

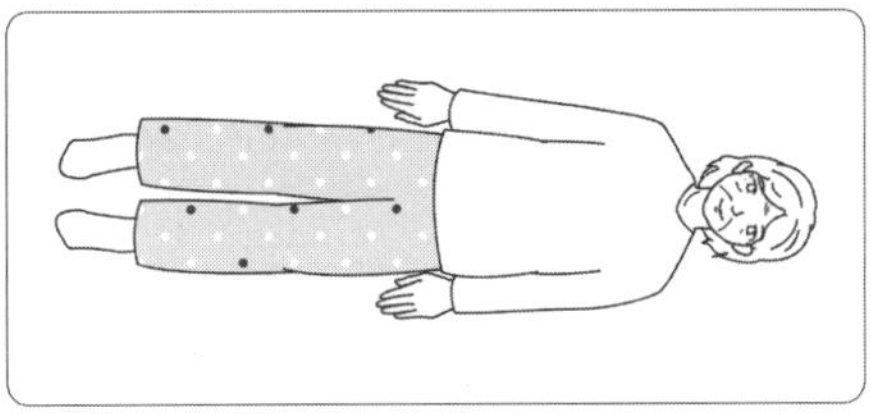

①　これから寝返ろうとする側を少し広くあけ、仰臥位に寝る。

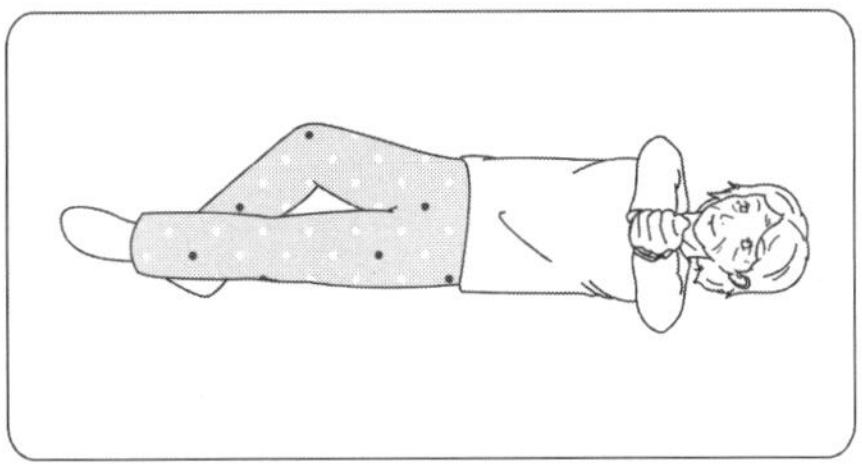

②　顔を寝返る側に向ける。片側の膝を曲げ下肢を反対側下肢の下に入れる。ついで片側手で反対側の手を握り、顔の上あたりに持ちあげる。

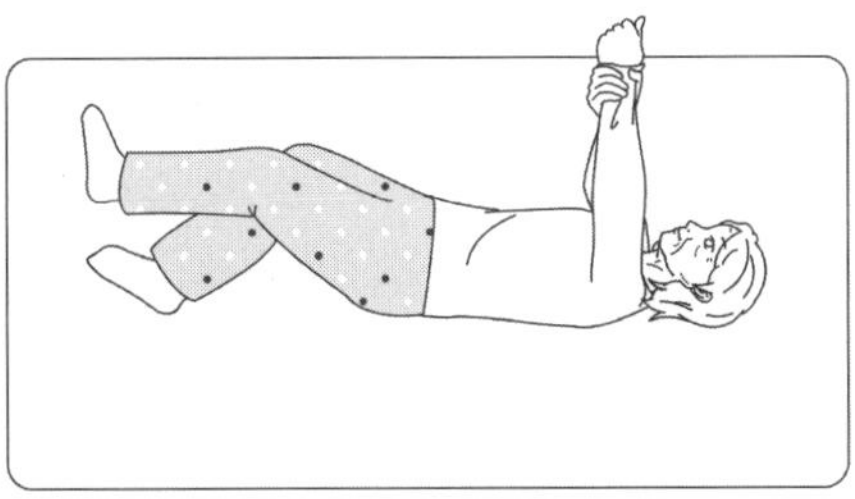

③　一側下肢をふんばり、全身を寝返るほうにひねり横向きになる。

逆の順序でもとにもどる。
①→②→③→②→①

図４－Ⅰ－10　脳血管障害による片麻痺者の寝返りの指導

ても重要です。

2　関節の可動域の保持

関節拘縮予防や、すでに発生している拘縮を改善するには、日常的に関節を動かすことが大切です。特に肩・股関節は、様々な方向に動く関節（球面関節）であるために、軽度の制限であっても動きにくくなりなります。

拘縮により痛みのあるときは、暖めたタオルなどで関節を包みこむようにして、温熱療法を行い、少し痛みを訴える範囲までゆっくり動かし、痛みのない範囲を除々に拡大していきます。入浴時や入浴後の更衣動作の際に行うのも効果的です。改善を目的とする場合、問題（痛みの訴え）のない側の関節を動かしてから問題のある側を動かすほうが利用者は安心するものです。可動域制限のある関節には、重点的に行うのも効果的です。肩・膝・股関節の拘縮防止には他動運動を少なくとも1日に1回は行う必要があります（図4－Ⅰ－12・13・14）。

3　介助による寝返りを左右どちらでも行えるようにする

長期臥床は、褥瘡や肺炎の原因にもなります。これらを防止するためにも2～3時間ごとの体位変換が重要です。体位変換は難しいことはなく介助による寝返りです。体位変換ができない場合は、褥瘡の好発部位に除圧マットなどで除圧する工夫が必要になります。（図4－Ⅰ－15）

4　褥瘡（床ずれ）の予防

褥瘡予防には、頻回の体位変換と皮膚の清潔保持が重要です。最近では、体位変換器、エアマットによる除圧や褥瘡予防マットなどもありますので活用を検討しましょう。褥瘡部が軽症の場合は、除圧マットなどを用いて圧迫を防ぐこともできますが、深くて化膿している場合は、医学的な処置が必要となります。

5　日常生活の指導

在宅での寝たきりやそれに近い状態で生活している利用者には、寝間着・シーツ交換の手順、排泄、食事、洗髪、洗顔など基礎的な生活動作についての指導は大切です。それぞれの状

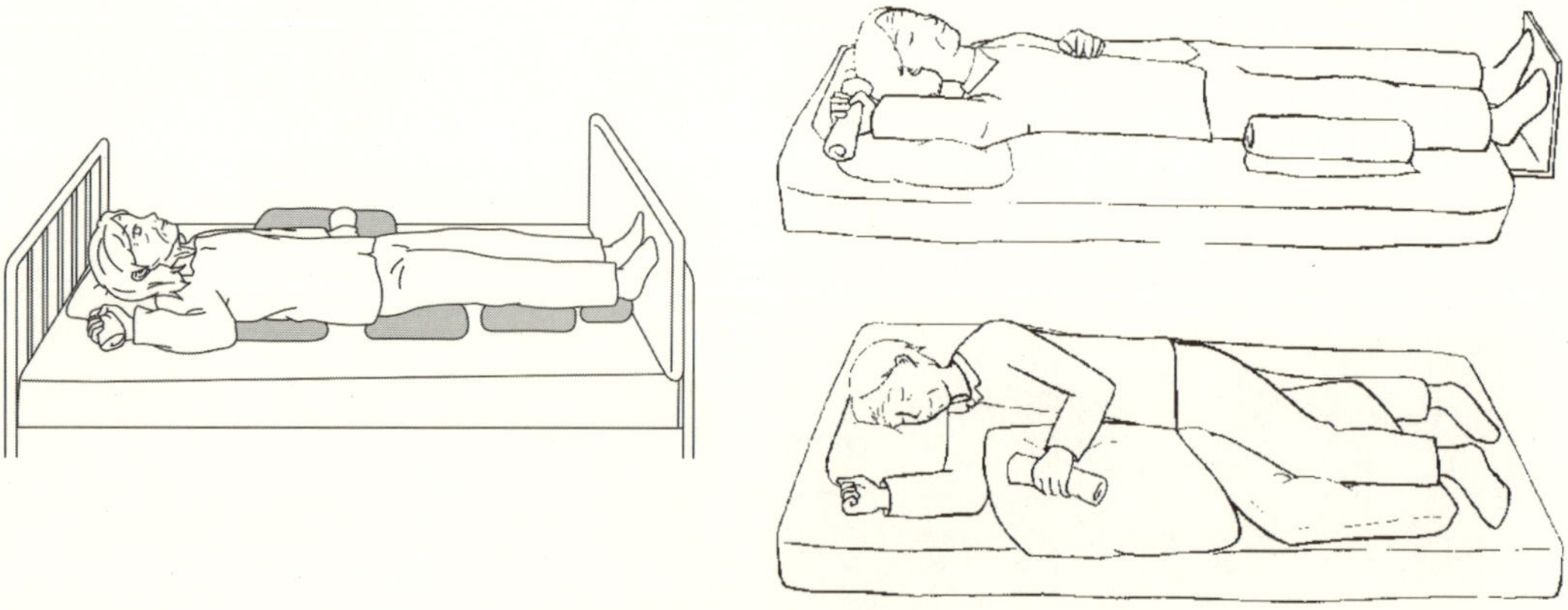

図4－Ⅰ－11　良肢位

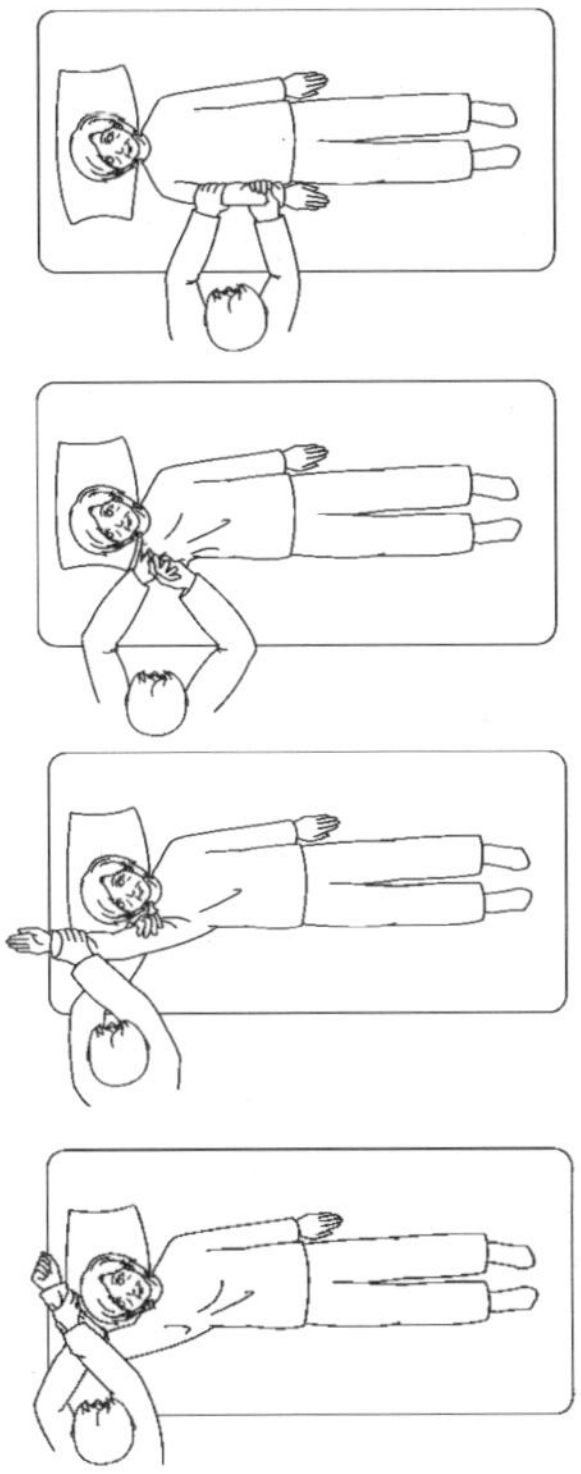

①　介護者は一方の手を利用者の肘関節におき、他方の手で利用者の手首を持つ。

②　利用者の肘関節を伸ばしたまま、手の先が天井に向くまで上にひきあげる。手掌が常に頭の方向にむくようにする。

③　そのまま、利用者の腕が布団につくまで頭のほうにおろす。

③′　利用者の腕がベッドにつかえるときは、肘をまげた状態で腕を布団につける。この運動を利用者の状態に応じて連続2～3回。最低１日１回行う。

①→②→③（③′）→②→①

図４－Ｉ－12　肩関節の他動運動（屈曲・伸展）

況にあわせた適切な方法を考え、指導を行う必要があります。

6　利用者に対する家族の態度

家族や周囲に問題があり、利用者の意欲が低下している場合もあります。介護者の態度としては、次のようなことが大切です。

①　利用者に対する愛情をできるだけ具体的に態度で示す（注目・関心）。
②　利用者の言動や訴えをまずは受け入れる。
③　利用者の失敗を責めず、できること、できるようになったことを褒める。
④　利用者を子供扱いせずに、一人前として人格を認める。
⑤　利用者に家庭のなかでの役割をもたせる。

介護者は、家族が利用者に接する態度を観察し、これらに欠ける点がないかどうかを注意すべきでしょう。

7　家族介護からの一時解放

在宅生活で介護者がひとりの場合は、介護期間が長期になればなるほど、介護者の介護負担は大きくなります。ときには短期入所、デイケアなどの社会資源の有効活用により家族の介護からの解放を考えることが重要であり必要です。また、そのような家族同士が集まり、介護上の工夫や情報を交換したり、悩みを相談したりできる家族会などの紹介も大切です。

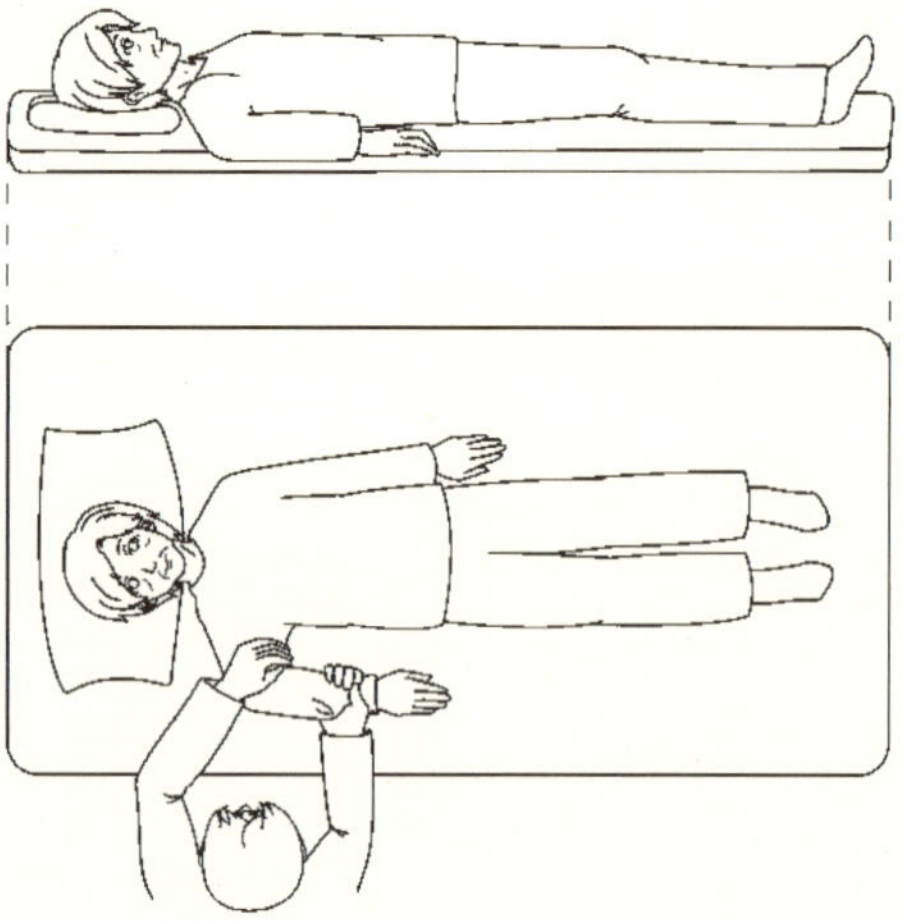

① 介護者は利用者の上腕に一方の手をおき、肘をまげさせてもう一方の手で利用者の手首を把持する。

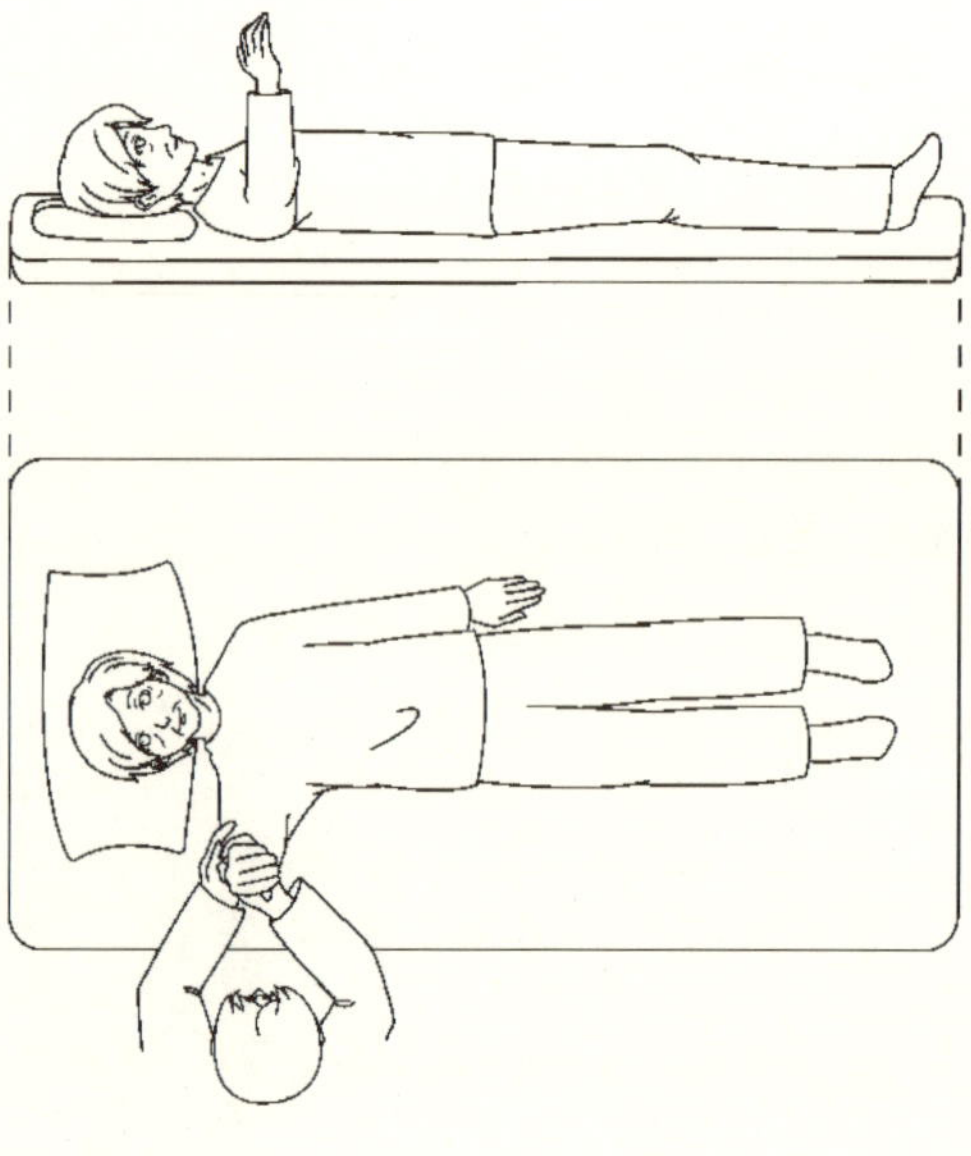

② そのまま腕を上にひきおこす。

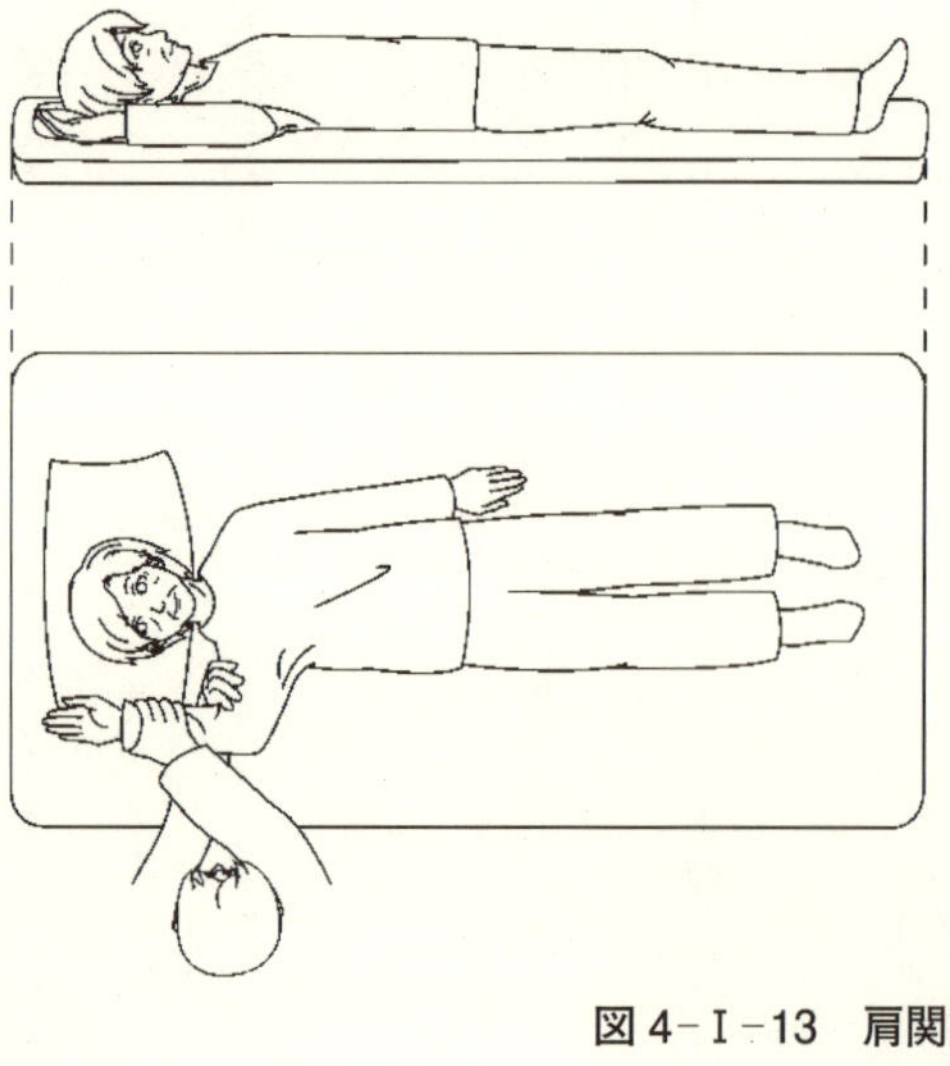

③ 利用者の手の甲が布団につくまで腕を頭のほうにゆっくりひきたおす。

この運動を利用者の状態に応じて連続2～3回。最低1日1回行う。

①→②→③

図4-Ⅰ-13 肩関節の他動運動（内旋・外旋）

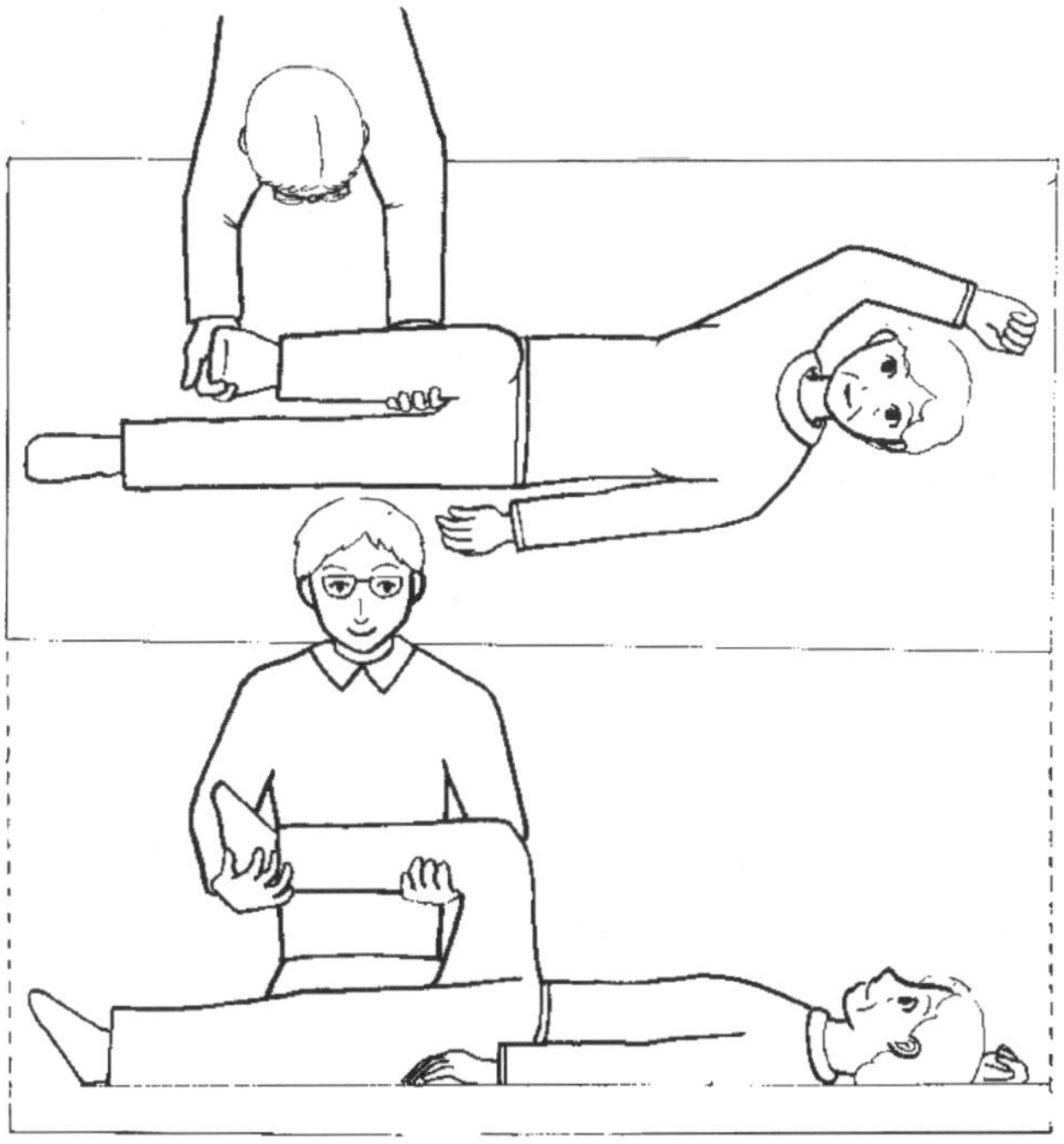

①　介護者は一方の手で踵を、他方の手で大腿の下を支えて。股・膝関節を直角にまげる。

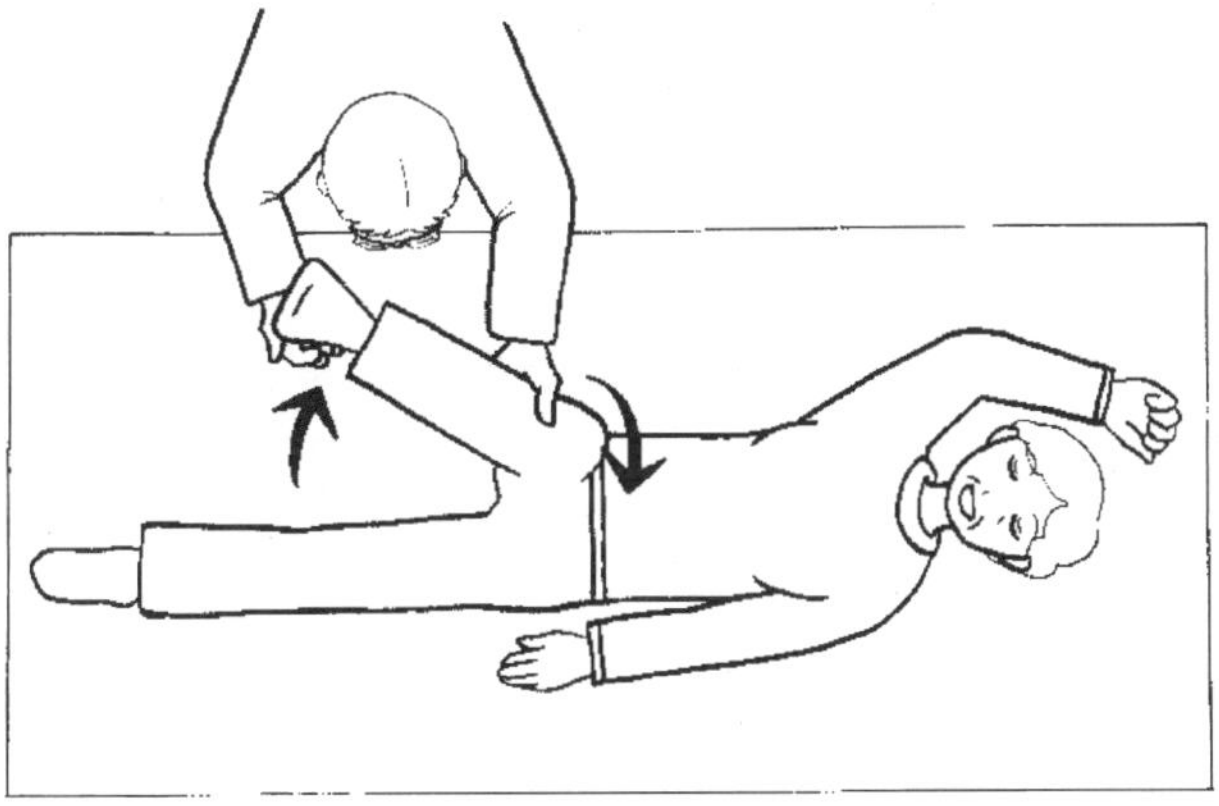

②　踵を持ったまま手を手前に引き、大腿を内側にまわして（内旋)、①の姿勢にもどす。

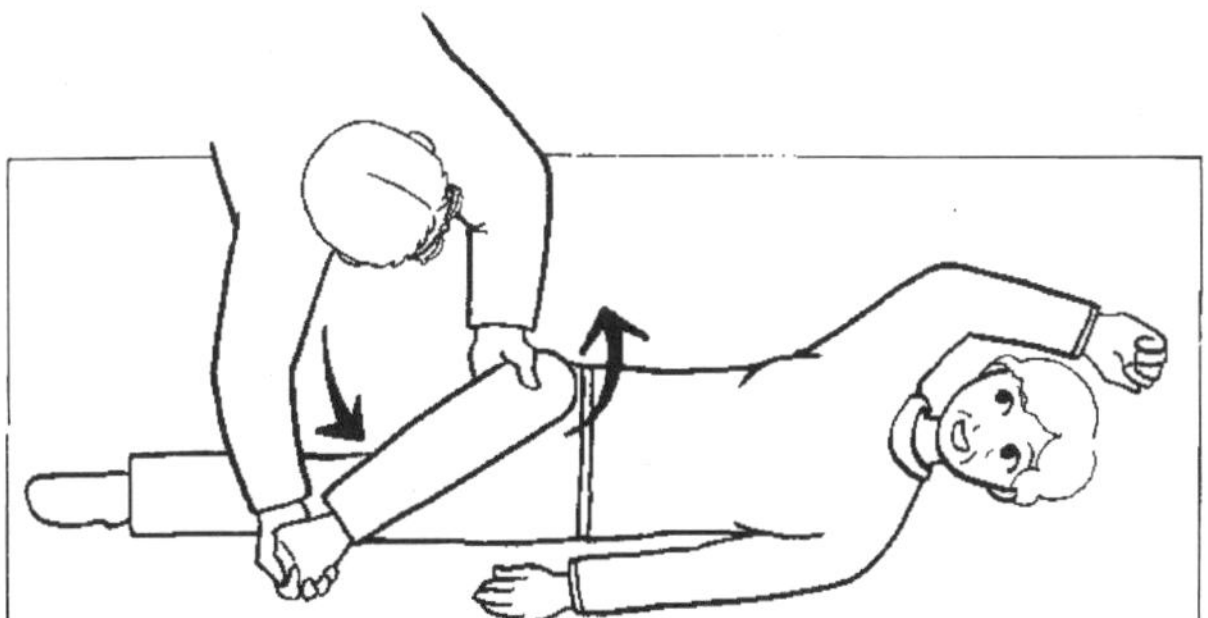

③　踵を介護者と反対の方に押し、大腿を外旋し。①にもどる。この一連の動作を、利用者の状態に応じて、連続２〜３回を、最低１日に１回行う。
①→②→①→③→①

図４－Ｉ－14　股関節の他動運動

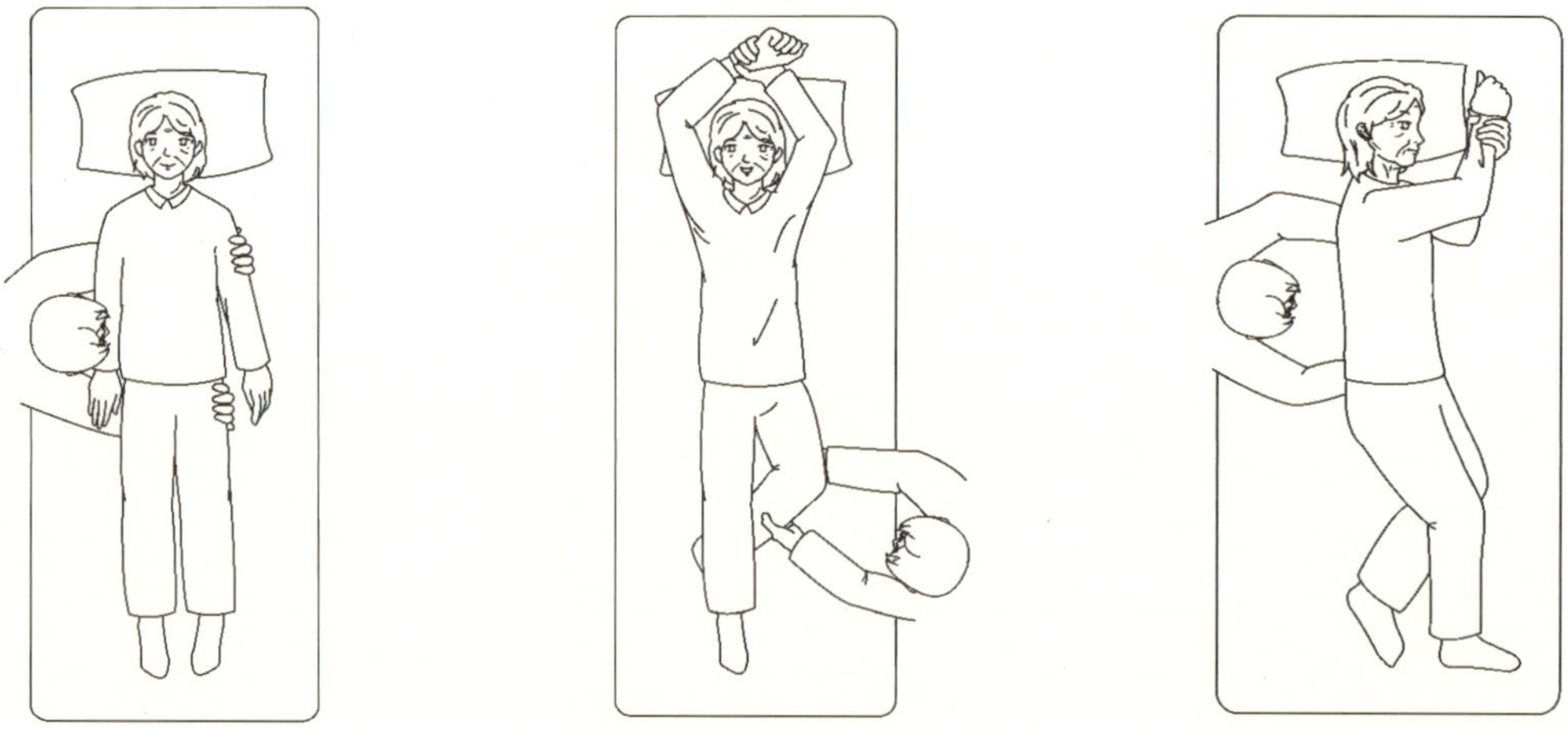

① 利用者の肩と腰の下に手を入れ、体を支えながら布団の片側に引きよせる。

② 健側の手で麻痺側の手首を握らせたまま頭の上方におかせ、ついで一側下肢を麻痺側下肢の下に入れてやる。

③ 一側下肢を踏ん張らせて寝返る方向にひねらせる。利用者の力が不足している分は、介護者の力で回転を助ける。

図4－Ⅰ－15　他動的寝返りの方法

Ⅱ　坐位保持

「坐位保持」動作の解説

ここでの坐位保持は、背もたれのない状態で、殿部によって身体を支える姿勢をいいます。ある程度の時間その姿勢を保持することができ、無理のないリラックスした姿勢で、頭が正中に位置し、まっすぐ背筋の伸びた左右対称的な姿勢のことをいいます。日常生活のなかで多くを占める姿勢であり、坐位が保てると、身の回りの多くの動作が可能になります。ベッドでの生活の場合、坐位保持ができるか否かで介護者の負担も大きく異なるため、坐位保持の獲得は重要です。また坐位保持ができると、テレビを観るとき、人と話をするとき等、目線があわせやすくなる利点があります。また腰掛けが可能になったら、腰掛けている時間を延長すると同時に車いすに移乗させます。車いすに乗ることは、寝たきりでいる生活から自立した生活への分岐点でもあり大変重要です。

坐位の種類と選択

坐位は現代社会において日常生活の中の大部分を占める肢位で、正坐、あぐら・長坐位・横座り・椅坐位・ベッドの端に足を垂らして座る端坐位などがあり、仕事や家庭での生活場面でよく用いられます。

① 長坐位は、下肢をなげだした坐り方で安定性があります。両下肢なげだし、片脚なげだしがあります。ただし、なげ出す側の下肢

の股関節屈曲が60度以上できなければ、この姿勢保持は困難となります。また、膝関節の伸展制限（屈曲拘縮）があると下肢なげだして坐ること（長坐位）は困難となります。この場合は、あぐら坐位がよいでしょう（図４－Ⅱ－１）。

② あぐら坐位は、片脚をなげだしたかたち（片あぐら）でもいいでしょう（図４－Ⅱ－２）。

③ 股関節の屈曲、外旋、外転の可動域が不十分であぐら坐位もできないようであれば腰かけ坐位を考えます。腰かけ坐位では、両側股関節と膝関節の屈曲が60度以上でなければ保持しにくく、腰かけ坐位の時に滑り落ちる危険があります（図４－２－３）。

ベッド上での坐位は、長坐位、あぐら坐位、腰かけ坐位になります。安定性からみて長坐位、あぐら坐位、腰かけ坐位の順で習得していくのが比較的容易でしょう。しかしどの坐位保持を行う際にも、ある程度の**股関節の可動域が必要**となります。股関節や膝関節の可動域制限の有無により長坐位やあぐら坐位が困難な場合もあります。目安としては次の通りです。

両下肢のＳＬＲ（下肢伸展挙上）が60度以上であれば長坐位を選択します。

両下肢のＳＬＲが60度未満の場合、膝関節を曲げた状態で股関節の屈曲が60度以上であれば腰かけ坐位を選択します。

大腿骨頸部骨折などなく股関節の外旋に痛みや制限がないようであればあぐら坐位を選択します。

基本事項の確認

坐位保持は立位に比べ、エネルギー消費が少なく、長時間にわたり保持ができる姿勢とされていますが、長期臥床の利用者が坐位保持を行う際には、全身状態に問題がないかどうか、医学的処置の必要性の有無について、担当医の指示を受けることが大切です。

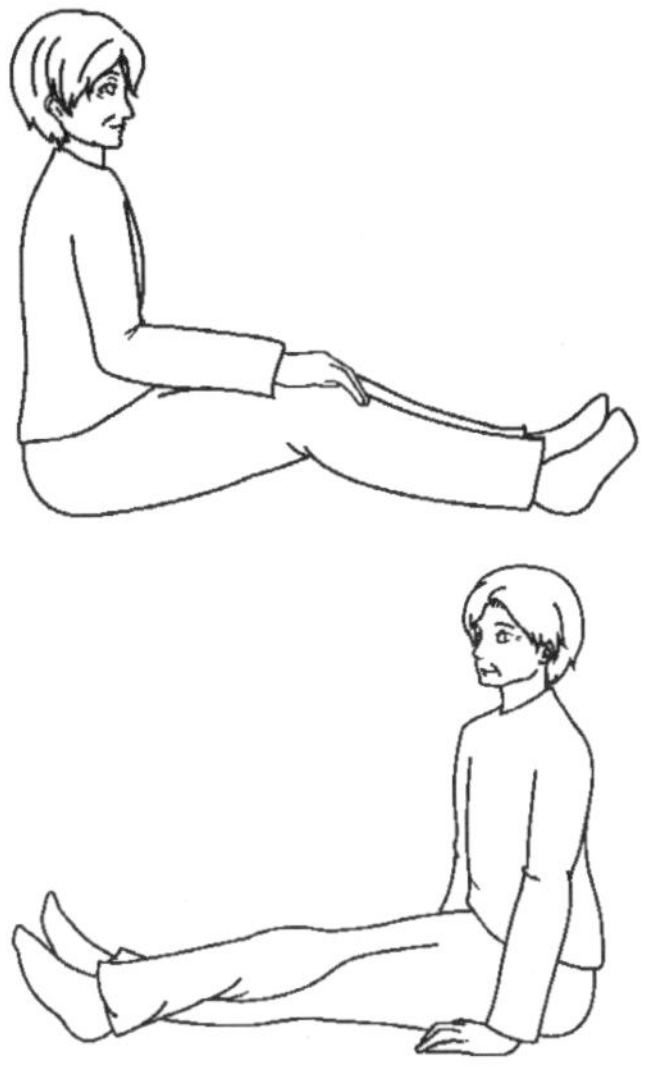

図４−Ⅱ−１　長坐位

図４−Ⅱ−２　片あぐら

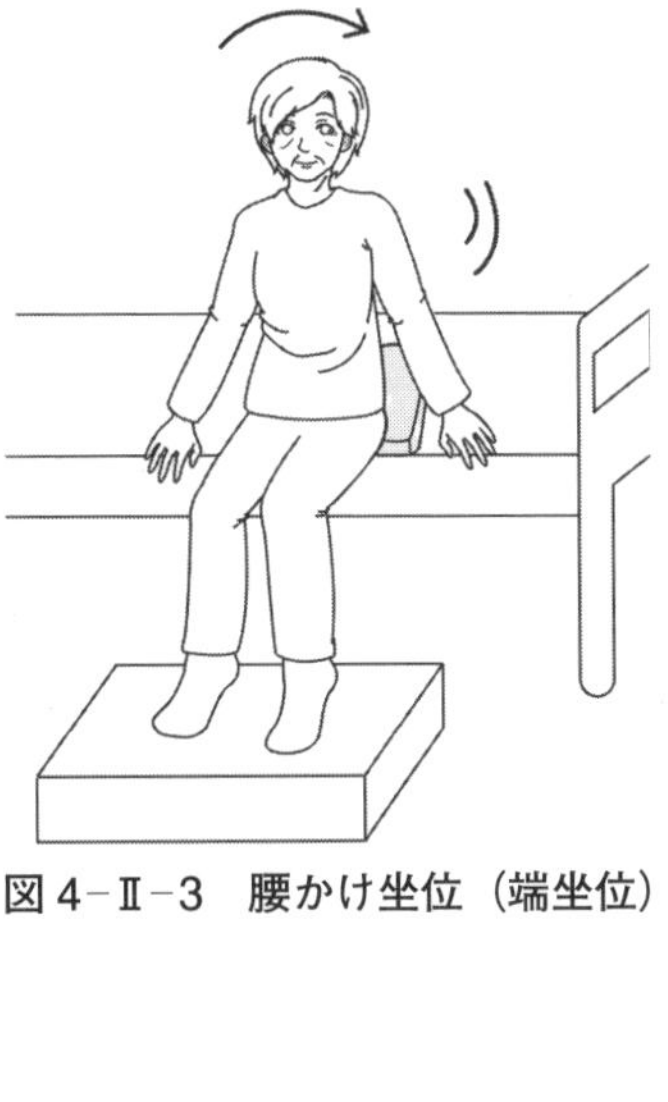

図４−Ⅱ−３　腰かけ坐位（端坐位）

1　医学的に安静が必要な状況ではないか

「臥位」と「坐位」では、心肺機能への負担が異なります。呼吸循環等の既往のある利用者の場合は、勝手な判断をせず、担当医の指示を得ておきます。長期臥床の利用者の上半身を起こした際に、ふらつく、眩暈がする、気分が悪くなる、吐きけがするという症状を訴えることがあります。その多くは軽度の脳貧血である起立性低血圧です。少しずつ慣らすことで改善できますので、担当医の指示に従い、あまり神経質になることはないでしょう。自分で起き上がろうとする意欲のある利用者の場合は特に問題はないでしょう。

全身状態に問題があるとされるのは、寝返り動作の項目と同様に以下のようなものが考えられます。

① 急性期で安静が必要な場合。
② 心肺機能の著しい機能低下や合併症がある。
③ 重篤な疾病がある。
④ 骨折の治療で牽引を行っている。
⑤ 激しい腰痛、褥瘡、関節拘縮などによる疼痛により動かせない。

ちなみに、急性期の機能回復訓練において、坐位保持訓練を開始する時期の基準は次の通りです。

① 麻痺等の神経症状の進行が停止していること。
障害（意識障害、運動障害、ＡＤＬの障害）の進行が止まっていること。
② 意識レベルが1桁以下であること。
③ 全身状態が安定していること（重篤な循環器疾患などがない）。
④ バイタルサイン（血圧、脈拍など）が安定していること。

2　理解力と意欲に問題はないか

基本的な動作の坐位保持は、立ちあがりや歩行のために欠かすことのできない姿勢です。これまで坐位保持を行うことのできない利用者にとっては容易なことではありませんが、反復練習と指導により習得することは可能です。その必要性を十分に理解してもらい、積極的に活動できるよう支援していくことが重要です。

坐位保持ができない利用者は、意欲の低下などにより積極的ではないことが多く、たえず刺激をあたえる必要があります。家族をはじめ介護者等の果たす役割は重要です。

3　両股関節の可動域が屈曲60度未満ではないか

（両方の股関節を十分に曲げられるか）

坐位には正坐、あぐら・長坐位・横座り・椅坐位・ベッドの端に足を垂らして座る端坐位などがあります。いずれの坐位でも両股関節の可動域が屈曲90度以上あるのが理想的ですが、60度以上であれば腰椎前弯等により代償することができますので、両股関節の可動域が屈曲60度以上であることを確認します。股関節の可動域が屈曲60度未満の場合、外科的な治療も含めた検討が必要となります。

できない原因の究明と対策

坐位での姿勢は個人差があるものの正常であれば、ある程度の時間その姿勢を保持することができ、無理のないリラックスした姿勢で、

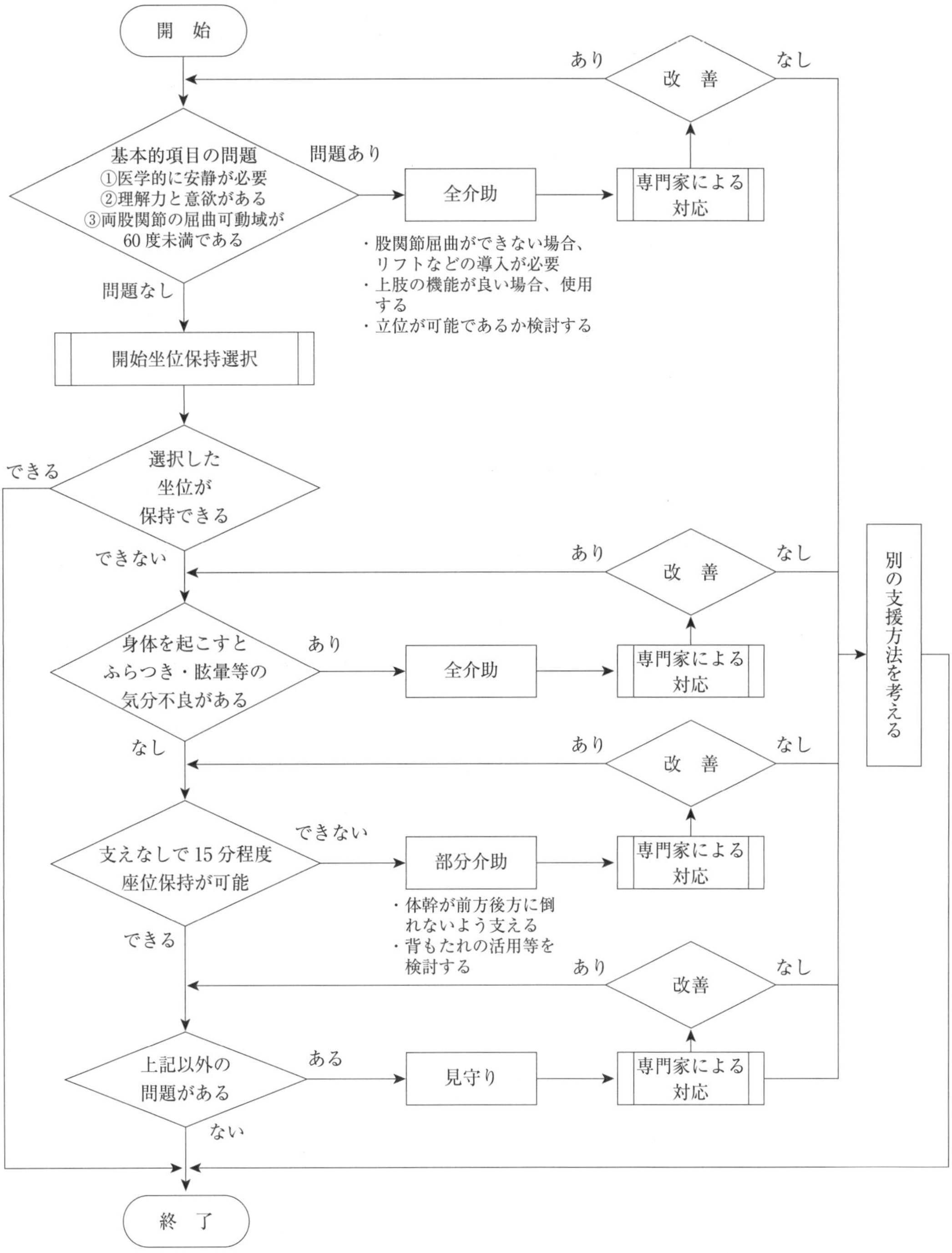
開　始
改　善
あり
なし
基本的項目の問題
①医学的に安静が必要
②理解力と意欲がある
③両股関節の屈曲可動域が
60度未満である
問題あり
全介助
専門家による
対応
・股関節屈曲ができない場合、
リフトなどの導入が必要
・上肢の機能が良い場合、使用
する
・立位が可能であるか検討する
問題なし
開始坐位保持選択
できる
選択した
坐位が
保持できる
できない
あり
改　善
なし
身体を起こすと
ふらつき・眩暈等の
気分不良がある
あり
全介助
専門家による
対応
別の支援方法を考える
なし
あり
改　善
なし
支えなしで15分程度
座位保持が可能
できない
部分介助
専門家による
対応
・体幹が前方後方に倒
れないよう支える
・背もたれの活用等を
検討する
できる
あり
改善
なし
上記以外の
問題がある
ある
見守り
専門家による
対応
ない
終　了

図4-Ⅱ-4　坐位保持動作の確認

頭を正中に位置して、まっすぐ背筋の伸びた左右対称的な姿勢となります。

1　背もたれを用いての坐位保持ができるか

背もたれを用いての坐位保持ができない場合、端坐位や長坐位などの坐位保持は困難です。坐位でふらつく、眩暈がする、目の前が暗くなる、吐きけがする等の症状が見られる場合、血液循環が坐位姿勢に順応していない起立性低血圧と考えられます、徐々に改善していくことが大切です。

起立性低血圧は、交感神経の障害により血管収縮反応が欠如し、麻痺域である下肢や腹部臓器などの血管収縮機能も障害されます。急に仰臥位から坐位や立位への姿勢変換をすると、血液が麻痺域、特に腹部の血管床に停滞し、そのために心抽出量も減少し低血圧をきたします。気分不良を訴えたり、顔面蒼白となったりして、ひどい場合には失神をきたします。ギャッジアップ訓練や、ティルトテーブルでの耐久性訓練を行うことで徐々に慣らします。また、腹帯や下肢に弾性包帯を使用します。コントロールが困難な場合には薬物療法も行われます。低血圧時には、ベッドがあれば移動して臥位をとらせます。

まず水平より10度くらいベッドをギャッジアップして様子をみます。血圧、脈拍、顔色など状態に異常がなければ、さらに10度くらい上げるというようにします。長期間寝たままであればあるほど身体の状態が寝ている姿勢に順応しています。そのため急激に起こすと起立性低血圧の症状（眩暈や気持ちが悪くなる）がでたりします。また長く寝ていると座ったり、立ったりするための筋力も衰えていることがあります。また体を起こすことに強い不安を持っている場合もあります。そこで徐々に日数をかけて体を起こすことに慣らすようにします。

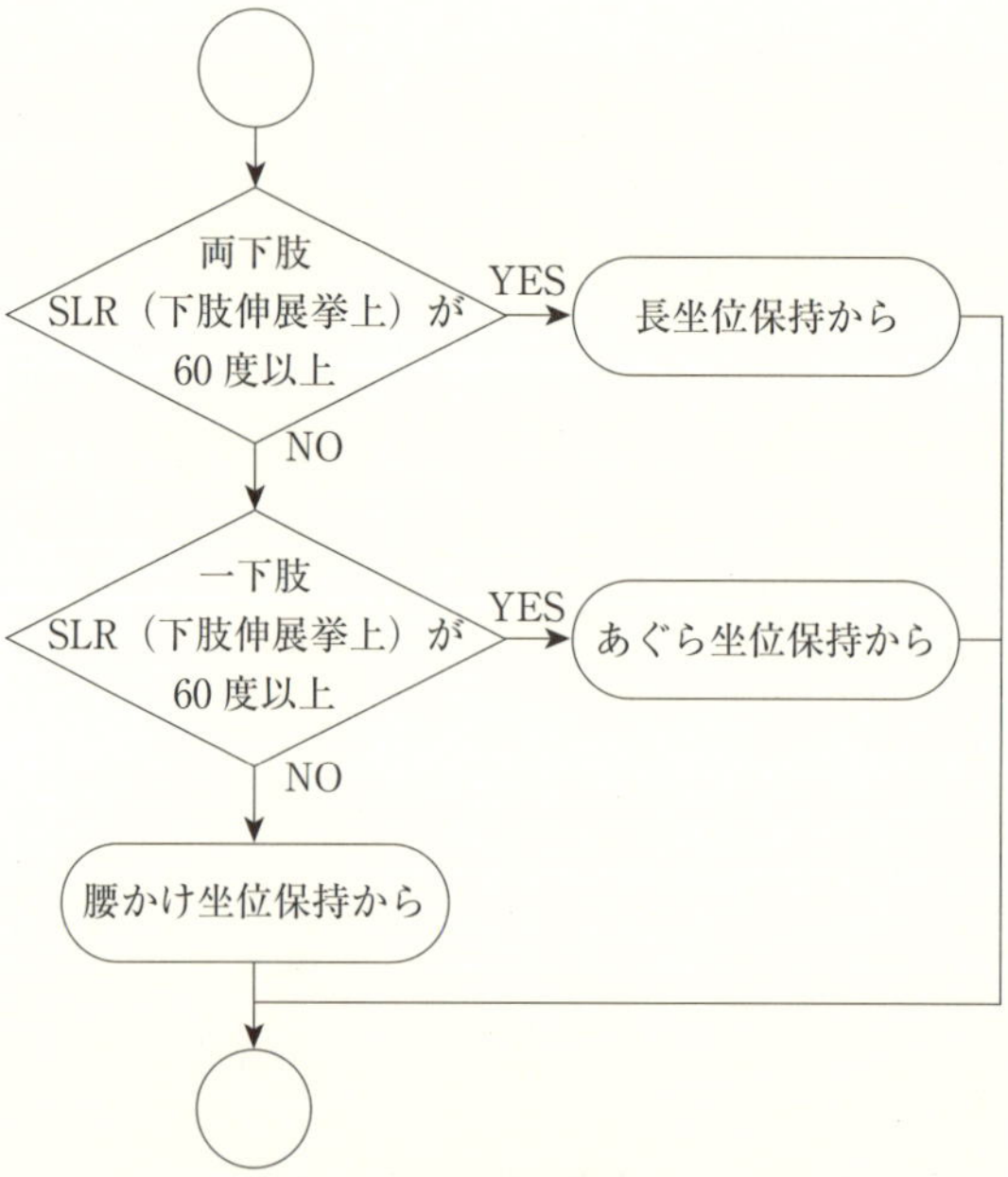

図4-Ⅱ-5　開始坐位選択フローチャート

全身状態が安定してきたら、可能な限り早期からの坐位保持を行うことが大切です。血液循環が早くこの状態に適応することで、起立性低血圧による眩暈や吐きけなども最小限にとどめることができます。

起立性低血圧の改善方法には、次の2つの方法があります。

1．毎日、少しずつ背もたれ（バックレスト）角度を上げていく

背もたれ角度の増加のやり方は利用者の状態により異なり、背もたれを2日に15度くらいが目安です。起こしておく時間は1回に30分程

度、これを1日3回くらい行います。あくまでも一つの基準ですので、利用者の状態にあわせて臨機応変に実施します。長期臥床によりこれまで起きあがりの経験がない利用者には、この方法が安全です。

坐位耐性訓練の施行基準（図4－Ⅱ－6）

①開始前、直後、5分後、15分後、30分後に血圧と脈拍を測定する

②30度、45度、60度、最高位（80度）の4段階とし、いずれも30分以上可能となったら次の段階に進む

③まず1日2回、朝食・昼食時に施行し、安定したら食事ごと、とする

④最高位で30分以上可能となったら車いす坐位訓練を開始する

坐位耐性訓練中止の基準

①血圧の低下が10mmHg以上の時は5分後の回復や自覚症状で判断、30mmHg以上なら中止

②脈拍の増加が開始前の30％以上、あるいは120／分以上

③起立性低血圧症状（気分不良など）がみられた場合

2．一度に起こす（図4－2－7）

背もたれ角度を徐々に増やす方法ではなく、一度に起こす方法もあります。自分で手足を動かせ、頭を枕から挙上できる利用者であれば、この方法が早く坐位に慣れるようです。ゆっくりと起こし、背もたれ、座椅子、布団などでしっかりと坐位を支えます。開始当初は長時間の保持は困難ですが、徐々に坐位保持の時間を延長していきます。

いずれの場合も、利用者の状態に注意し、気分不良、顔面蒼白、あくび、冷や汗などの症状がみられたら、すぐにもとの姿勢にもどします。寝かせるときは、枕をはずして頭を低くし、脳の血液循環の改善を図ります。血圧を計測しながら行うのが最良ですが、利用者の訴えを聞き対応できれば危険性は少ないでしょう。当面は、背もたれなどの支えを使い30分程度、支えなしで15分程度の坐位保持が目標です。気分が優れなくなった場合は、我慢しないですぐに言うように説明しておきます。

2　支えなしで15分程度の坐位保持が可能

支えなしでの坐位保持ができないと、起き上がれてもその姿勢を保つことができません。「起きあがる」という動作の前提には、坐位保持が可能であることが前提です。眩暈等なく15分程度、坐位保持が可能であれば、「起き上がり」の練習は可能ですが、短時間の坐位保持は可能でもすぐに姿勢が崩れてしまう場合、バランス不良が考えられ

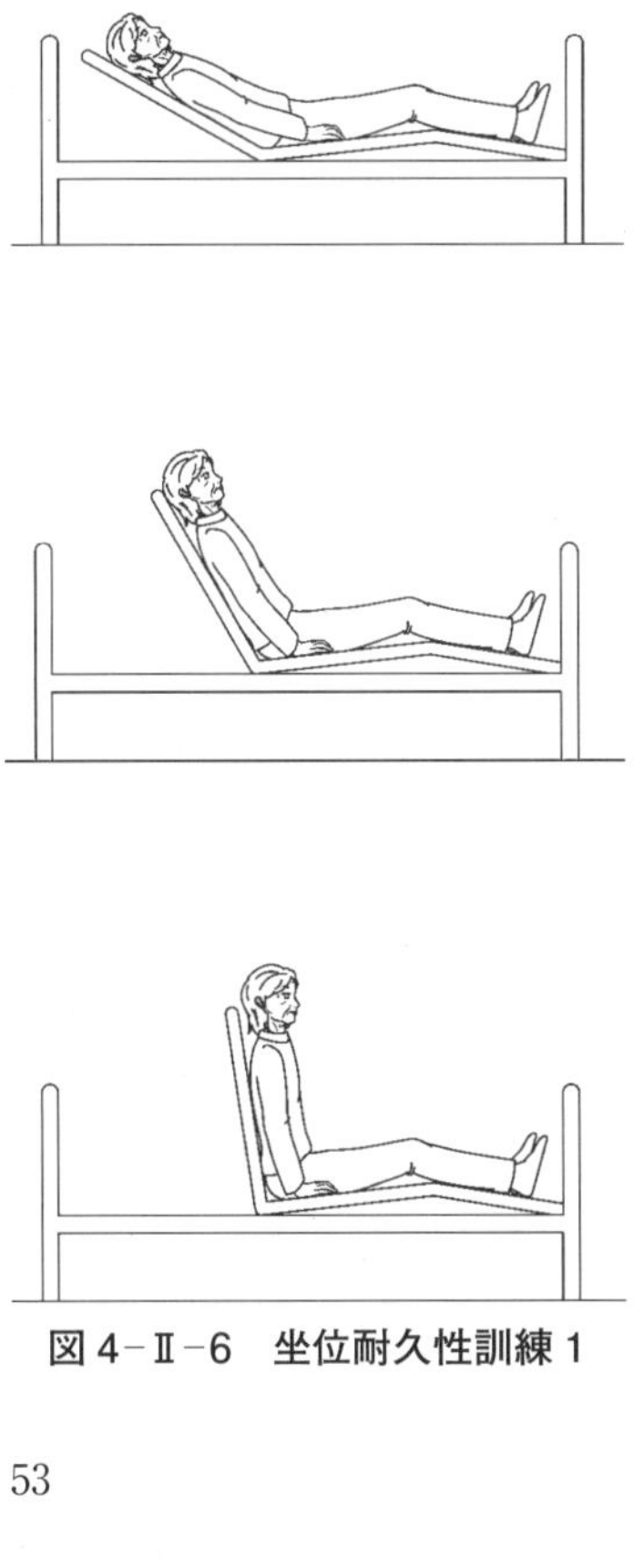

図4－Ⅱ－6　坐位耐久性訓練１

① 介助者は利用者の麻痺側で、一方の手を利用者の背中にあて、利用者の手を介助者の首に抱きつくようにさせる。利用者にも起き上がる努力をさせながら、ゆっくりと体幹を起こす。

② 体幹が起きたら。介助者は利用者の横か、後ろにまわり、体幹が倒れそうな場合以外は介助をせずに観察する。そのまま15分間の坐位を行う。
　臥位にする際は、この逆の手順でゆっくりと体幹を倒していく。

図4-Ⅱ-7　坐位耐久性訓練2

ます。バランス不良で左右どちらかに傾く、あるいは前後に倒れそうになるのは、躯幹筋の筋力低下か平衡感覚の障害や失認などが原因で姿勢を保てないことが多いようです。背もたれなどを用いて坐位保持を行い、できるだけ自分の力で姿勢を保つようにします。前方に鏡を用いて、自分で矯正させることが有効です。

　支えなしで短時間でも坐位保持が可能になれば、日を追って改善されてくるものです。姿勢が安定してきたら、自分で身体を前後・左右に動かし、介助者に揺らしてもらうなどして、バランスを強化します。片麻痺のある場合は麻痺側に倒れやすいので転倒などの事故に気をつけましょう。

　安定性の面を考えると、長坐位で行えることが理想ですが、あぐら坐位でも、片脚のなげだしの姿勢でも問題はないでしょう。

3　股関節の屈曲の可動域が十分あるか？

（膝関節伸展位で下肢を他動的に60度以上の挙上が可能か）

股関節の屈曲の可動域が十分でないと、起き上がりや、坐位保持はできません。ことに、膝関節伸展位で下肢を挙上すること（ＳＬＲ）が、長坐位になるための必須条件です。ここではＳＬＲによって、股関節はどのくらい動くか、膝関節の伸展可動域はどうかを観察します。（図4-Ⅱ-8）

　左右どちらの下肢のＳＬＲが悪くても、長坐位は困難となります。多少の可動域制限であれば、背中をまるめ前かがみにする骨盤の後傾をともなうあぐらの姿勢で補うことができますが、ＳＬＲが60度未満であるとこれも困難となります。坐位を楽に保てることが、起き上がりから長坐位にいたる動作の前提となりますので、両下肢のＳＬＲの確認は重要です。右（左）下肢のＳＬＲを行うと、他方の下肢が浮き上がる利用者がいます。その場合、下肢が上がるまでの角度で判断します。

　両下肢のＳＬＲが膝関節を屈曲することなく60度以上できれば問題はありません。膝関節の伸展ができない、ＳＬＲが60度に満たないときは、股関節に屈曲制限、膝関節に伸展制限、ハムストリングの短縮が原因と考えられます。

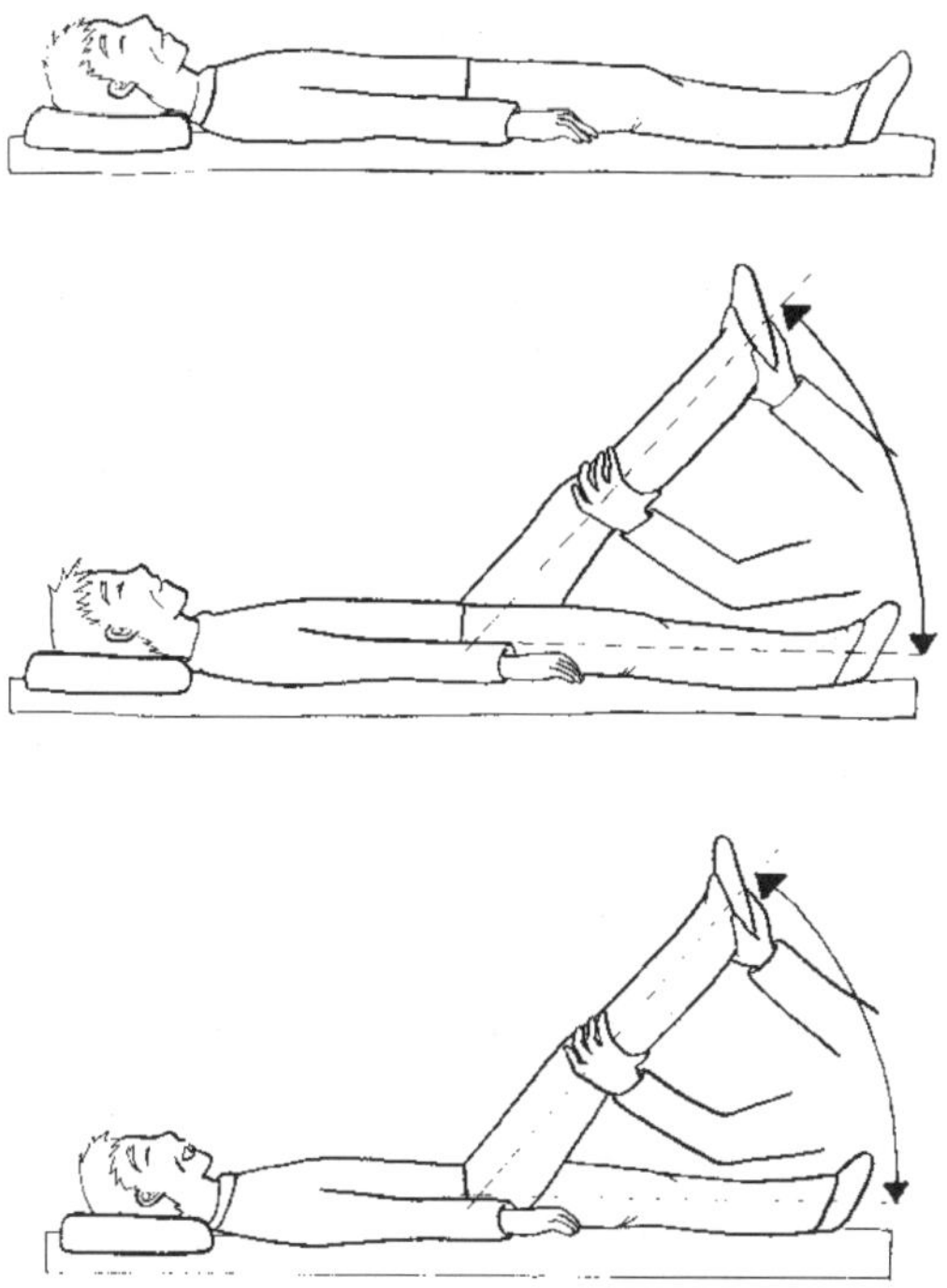

①　仰臥位で両下肢をまっすぐに伸ばす。

②　一方の手で膝関節が屈曲しないよう膝蓋骨に手をあて、他方の手で踵を持ってゆっくりと持ち上げる。上げた状態で1呼吸くらい保ち、ゆっくりもとにもどす。

③　反対側についても同様に行う。

①→②→①、①→③→①

図4−Ⅱ−8　下肢伸展挙上の方法

端坐位の場合、股関節の屈曲の可動域が十分あることが必要条件となり、この細目動作では、あまり問題になりませんが、60度以上あると長坐位から端坐位への動作が容易となります。

1．股関節に屈曲制限がある

股関節の可動域制限があると、長坐位は困難です。股関節の可動域制限の有無について調べるには、膝関節を十分に屈曲し、大腿前面を腹部に押しつけるようにします。屈曲制限がなければ、股関節は大腿前面が腹部に接するくらい屈曲できます。

股関節の屈曲制限の原因は、①関節自体の拘縮、②異所性の骨化、③変形性股関節症などが考えられます。このうち、異所性の骨化と変形性股関節症はX線診断が必要になります。従って、あまりにも屈曲が改善できないようであれば、医師の診察を受けた方が良いでしょう。多くの場合は関節の拘縮によるものです。

2．膝関節に伸展制限（屈曲拘縮）がある

膝関節の伸展制限（屈曲拘縮）の有無は、仰臥位で膝関節の裏を布団に押しつけてみるか、足首を持ち、膝関節を伸展させ少し持ち上げてみるとわかります。若年者の場合は、過伸展となりますが、高齢者の場合では、もともと制限があり、十分に伸展できないこともあります。左右を比較し判断を行いましょう。

膝関節に強度の屈曲拘縮があると、膝関節伸展は十分に行えません。この場合、①関節自体の拘縮、②異所性の骨化、③変形性膝関節症などが考えられます。

異所性骨化と変形性膝関節症は、股関節の場合と同様にX線撮影に

よる診断が必要です。膝関節の異所性骨化は、反対側と比較すると異常な固い腫れがみられます。

関節症は、長期臥床で進行することはありません、病前の様子を聴取することである程度の判断は可能です。

膝関節を伸展しようとして、ちょっとさわっても下肢がはねかえるような動きがあり、膝関節を伸展しても、手を離すと屈曲してしまうのは、筋の痙性や固縮が強いことが考えられます。このような場合は神経ブロックや屈筋腱の切離術などの外科的処置が必要となります。

これらができない場合は、膝関節の伸展保持は困難となり、長座位は難しくなります。以上のような症状がある場合には、担当医師の診察を受けることが必要となります。

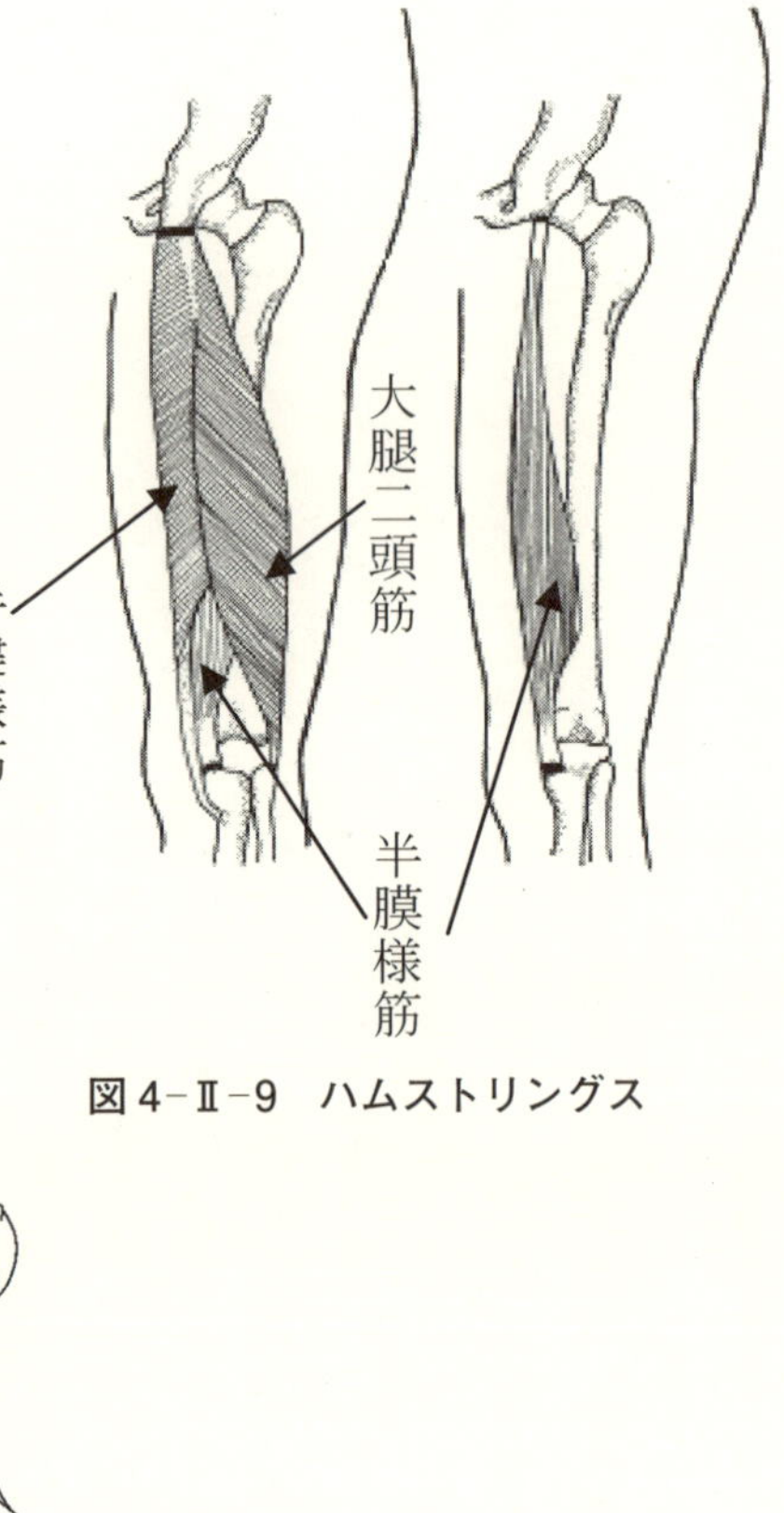

図4－Ⅱ－9　ハムストリングス

3．ハムストリングの短縮

下肢伸展挙上（SLR）で、股関節と膝関節の動きを調べ、股関節・膝関節の両関節の可動域に制限がなく、膝関節伸展位で下肢が挙上できない場合は、ハムストリング（図4－2－9）の短縮が原因と考えられます。ハムストリングの短縮は要介護状態の利用者のみならず健康な人にも見られます。ハムストリングの短縮があると長座位の際、躯幹が後方に倒れやすくなり、坐位を保持することが困難となります。

短縮したハムストリングをストレッチ（伸張）するには、SLRが有効です（図4－Ⅱ－10）。この際に利用者自身にも可能な限り下肢を挙上するよう努力させることが大切です。日々の練習により少しずつ改善します。大腿後面部分が張り、少し痛く感じられるくらいまで膝関節の伸展を繰り返し行います。長期臥床は健側のハムストリングの短縮の原因ともなります。予防のためには、日頃の他動および自動運動を心がけます。なお、坐位が少しでも可能となれば、片方をあぐら坐位にして躯幹の前屈を行い、背中を前に押すことにより、動作的な下肢伸展挙上と同じ効果となります。

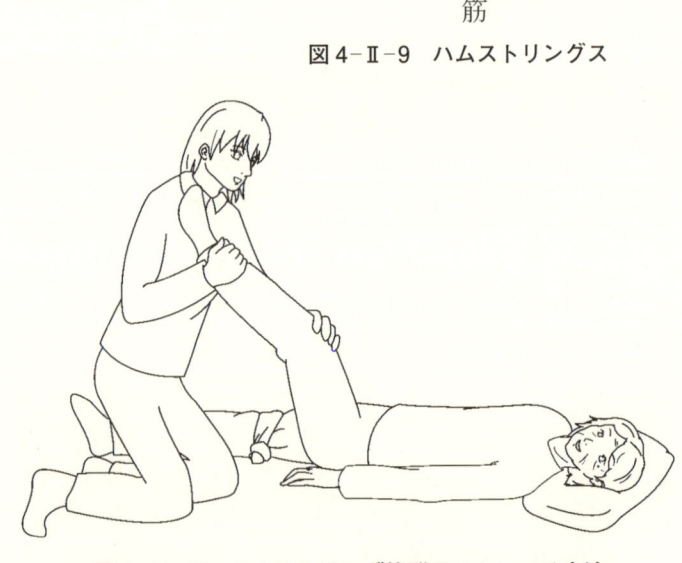

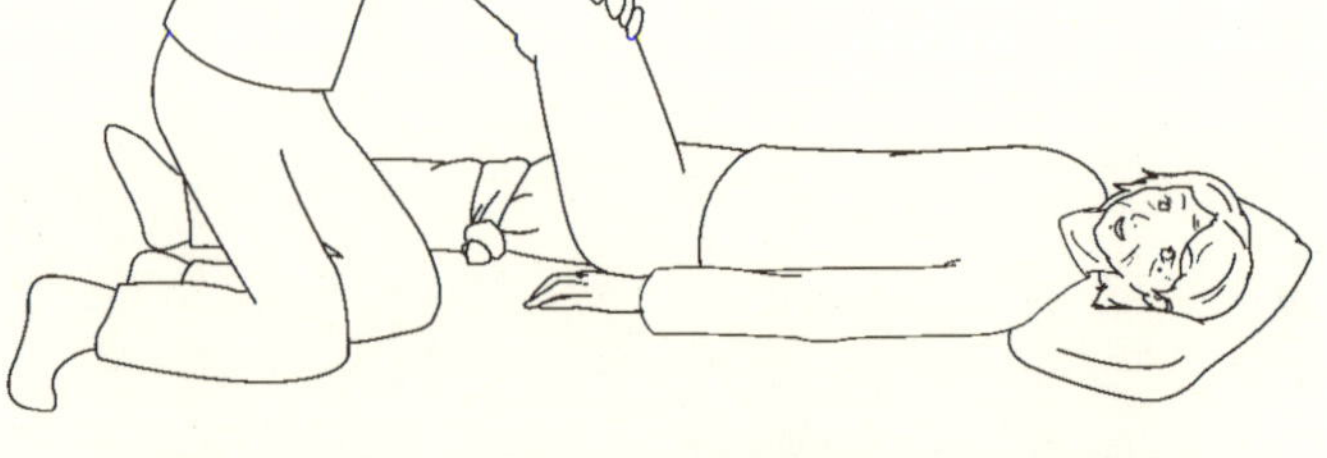

図4－Ⅱ－10　ハムストリング筋群のストレッチ方法

4 「坐位保持」の指導

端坐位を指導する場合、安定性が悪い場合、ベッド柵をもたせる。坐面が高く床に足が届かない場合は、足台を用いて足部を床につけて安定を得るとともに、介護者が健側または前方に位置し、転落などに十分注意します。

安定性が改善すれば、支持なしでの坐位を行います。そして、徐々に下肢を交互に上げたり（基底面積を狭くする）、体幹を前後左右に傾けたり、回旋させたりしながら、より積極的な坐位バランスの習得へと進めます。これらの練習は、徐々に介助量を減らし、自力での動作が可能になるように指導します。

1．一人で坐位保持が難しい（利用者）

片麻痺のある利用者の場合、介助者は利用者の麻痺側を支え、利用者が不安を感じない程度に身体の位置を横方向や前後にゆっくりと傾け刺激を加えて、身体の傾きを直す動きを促します。足を過剰に突っ張るのであれば足を押さえることや、足を接地させないで行います。

2．頭は上がっているが背中が曲がり、身体が全体的に後ろに傾いている利用者に、背筋を伸ばすよう指示すると後ろに倒れそうになる（利用者）

身体を前に起こしながら、伸展傾向の股関節を屈曲させ、後ろに弯曲している腰を伸ばすように体幹を伸ばします。姿勢が整ったら腰を伸ばしたり曲げたりさせ、伸ばした時の姿勢を覚えてもらいます。

坐面高と同程度の台などを利用して、両手をつき、前に動かしながら体幹を前に傾け、骨盤の前傾を保ちつつ行い、骨盤の傾き、反応をみながら身体を動かします。坐位能力により固定した台から動きのあるキャスターいすなどを利用します。

3．肩の筋の緊張が低く、手が垂れ下がっている（利用者）

片麻痺のある利用者に対して坐位や立位訓練を行う際は、肩の緊張が低下している時は亜脱臼の予防に注意する必要があります。

亜脱臼は肩関節の固定筋である棘上筋や三角筋の低緊張と大胸筋の痙性などにより容易に起きます。保護的な対処としてアームスリングの装着や三角巾を使用します。使用時には肩の可動域の維持が重要で特に肩関節の内旋、内転の制限に注意して可動域の訓練を継続します。また坐位訓練、ＡＤＬ動作の中での麻痺側上肢の運動や肩の外転運動を取り入れ、肩の固定筋の緊張が確認できたら早めに保護的な装具を外します。

4．坐位保持の筋緊張による上肢の屈曲パターンがみられ他動的に伸展すると肩の痛みのある（利用者）

可動域訓練後、緊張を抑えることを目的に、肩伸展外転外旋位、肘伸展を行い、手指を伸ばし手全体を平らに坐面上に置き、少しずつ身体の重みを乗せ、身体を伸張します。この時麻痺した足の動きにも注意します。

肩の痛みは、連合反応に伴う筋緊張の増加以外にも、肩手症候群、防御的な筋収縮など原因に合った対応が必要となり、可動域についても原因により保存的か、維持的か慎重に行います。

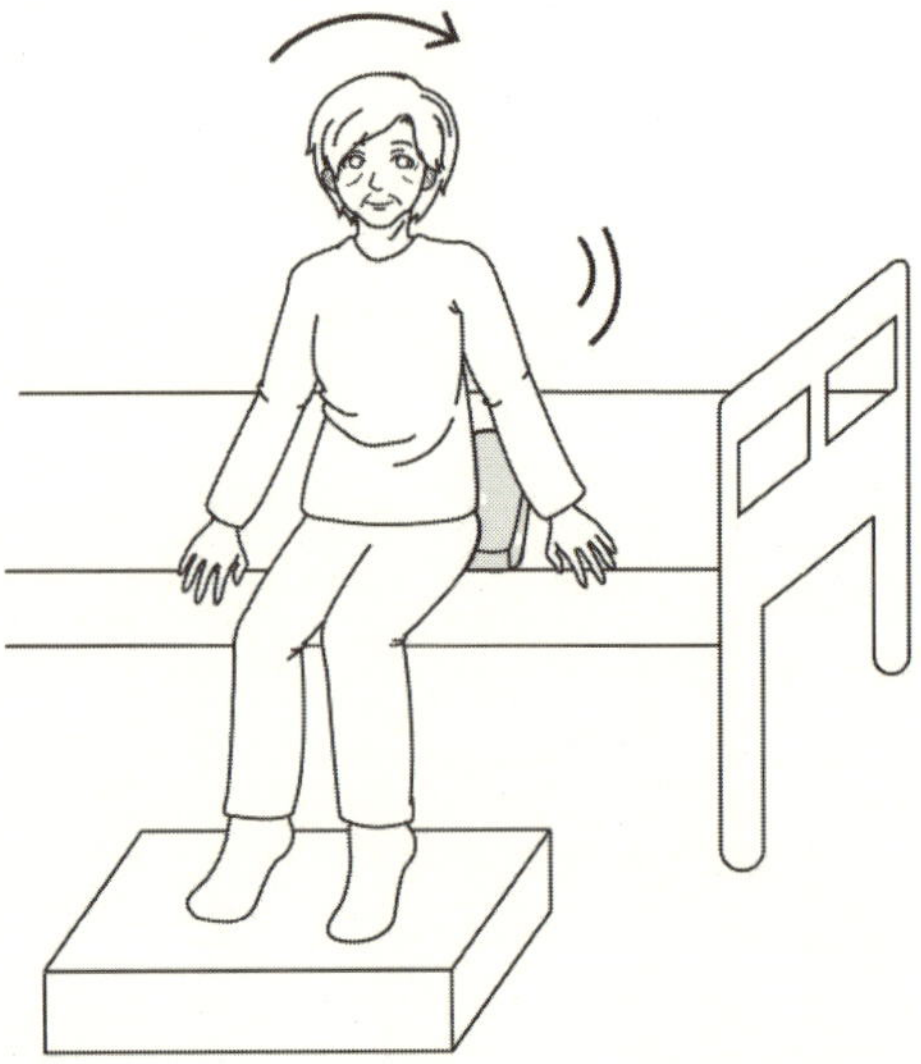

図 4－Ⅱ－11　クッションによる骨盤位の補正

5．坐位を保っている時に常に片側に重心の偏りがみられ不安定

身体の側屈を促す運動として、足を床から離した坐位で、横方向へのバランスの練習を行います。

側方の立ち直りを改善するために、側方へのバランス運動を介助しながら両方向に誘導しますが、麻痺がある場合、手を上げていることができないので下から支えて側方に誘導し、身体の側屈と頭の立ち直りを除々に促し、その範囲を広げていきます。

体幹だけの動きでもある程度姿勢を立て直すことができます。体幹だけの動きでは倒れてしまう場合には手や足が自然に出て倒れるのを防ごうとします。しかし長く寝ていたり、脳血管障害などで脳になんらかの障害がある場合にはそれらがうまくできないことがあります。じっと座っているだけでも姿勢が不安定な人には、くさび状のクッションを使用し、姿勢の安定性を図ります。自分の力で腰掛けていられるように、くさび状のクッションを使用して倒れないように坐位の練習をします。

後ろ方向に倒れやすい人には図のようにお尻の下に薄い方を中に差し込むようにクッションをはさみます。横方向に倒れやすい人には倒れる側のお尻から大腿部にかけて薄い方を中に差込むようにクッションをはさみます。

この腰掛け訓練をする際には足底が床にしっかりと着くようにするか、または足台を置いて足部が着くようにします。

「坐位保持」の獲得をあきらめざるを得ない場合

基本項目の確認や細目動作の確認の結果により、坐位保持をあきらめざるを得ない場合もあります。その場合には、現状を少しでも改善しようとする視点が必要です。介護者の苦労と負担の軽減を図ることが大切です。ギャッチアップによる坐位保持もできない場合は、「寝返り」の断念の項と同様に以下のことに気をつけて、合併症の予防や介護方法の検討を行います。

端坐位の保持はできなくとも、ギャッチアップなどの背もたれのある坐位保持は、常に状態と相談しながら行う必要があります。

ギャッチアップなどの背もたれや支えがあれば坐位保持ができるのであれば、車いすでの日常生活動作（ＡＤＬ）の拡大、ベッドから車いすでの移乗方法の介護指導として、次のようなことに注意する必要があります。

1　良肢位の保持

長期臥床は関節拘縮をきたす最大の原因となります。股関節の外旋位拘縮、膝関節の屈曲拘縮、足部の内反尖足などがおこります。これらには普段から良肢位の保持が有効です。良肢位は、関節に拘縮や強直が起こり、可動域制限が現れたとき、その関節が日常生活で機能的に便宜である肢位をいいます。良肢位は、仰臥位の場合や側臥位の場合で姿勢は異なります。

仰臥位の良肢位は、①肩や腰を水平にする、②足先は足底板で支え、踵は布団から浮くようにする、③麻痺側下肢が外旋位拘縮にならないように、バスタオルなどを巻いて固定する、④麻痺側上腕の下には枕などを置き、手にタオルを丸めて握らせておく等の注意が必要です。側臥位（横むき）の場合も同様にタオルや枕を上手に使って、関節の変形を防ぐことが大切です。良肢位保持を行えば動かさなくてよいということではなく、関節可動域の保持は介護を行う際にも重要です。

2　関節の可動域の保持

すでに発生している拘縮の改善や拘縮予防には、日常的に関節を動かすことが大切です。特に肩・股関節は、様々な方向に動く関節（球面関節）であるために、少しの制限があると動きにくくなります。

拘縮により痛みがある場合は、蒸しタオルなどで関節を包みこむようにし、温熱療法を行い、少し張りを感じる範囲までゆっくり動かす。そして痛みのない範囲を除々に広げていくようにします。問題のない関節側から動かしてから反対側を動かすほうが利用者は安心します。可動域制限のある関節には、重点的に行うのも効果的です。肩・膝・股関節の拘縮防止には他動運動を少なくとも1日に1回は行う必要があります。更衣や入浴の介助の時や清拭の時に行うと介護者の負担は軽減できます。

3　介助による寝返りを左右どちらでも行えるようにする

長期臥床は、褥瘡や肺炎の原因にもなります。これらを防止するためにも2～3時間ごとの体位変換が重要です。体位変換は難しいことはなく介助による寝返りです。体位変換ができない場合は、褥瘡の好発部位に除圧マットなどで除圧する工夫が必要になります。

4　褥瘡（床ずれ）の予防

褥瘡の予防は、頻回の体位変換と皮膚の清潔保持が重要です。最近は、除圧マットや褥瘡予防マットなどもあり、活用方法を検討します。褥瘡部が軽症の場合は、円坐などを用いて圧迫を防ぐことも考えられますが、深くて化膿している場合は、医学的な処置が必要となります。

5　日常生活の指導

在宅での長期臥床やそれに近い状態で生活している利用者には、ねまき・シーツの交換手順、排泄、食事、洗髪、洗顔など基礎的な生活動作についての指導も大切です。それぞれの状況にあわせた適切な方法を考え指導を行う必要があります。

6 利用者に対する家族の態度

家族や周囲に問題があって、利用者がやる気をなくしている場合もあります。介護する側の態度としては、次のようなことが大切となり、観察が必要です。

① 利用者に対する愛情をできるだけ具体的に態度で示す（注目・関心）。
② 利用者の言動や訴えをまずは受け入れる。
③ 利用者の失敗を責めたりせず、できたことを褒める。
④ 利用者を子供扱いせずに、一人前として人格を認める。
⑤ 利用者に家庭のなかでの役割をもたせる。
⑥ 介護者は、家族が利用者に接する態度を観察し、これらに欠ける点がないかどうかを注意すべきです。

7 家族介護からの一時解放

在宅生活で介護者がひとりの場合は、介護期間が長期になればなるほど介護者の介護負担は大きくなります。ときには短期入所、デイケアなどの社会資源の有効活用により家族の介護からの解放を考えることが重要であり必要です。また、そのような家族同士が集まり、介護上の工夫や情報を交換したり、愚痴を言ったりする家族会の紹介等も大切でしょう。

ベッド上で無理のない姿勢で食事がとれるようになったら、ベッドに腰掛けるようにベッドから足を垂らして座る練習を始めます。この時もギャッジアップした時と同様に全身状態を観察しながら行います。ここで気をつけることは足のむくみです。腰掛けて時間が経つにつれ足がむくむ場合は、腰掛けている時間を急激に延ばさないで2分、3分、5分間と徐々に延ばしていき、ベッドで横になったら足が少し高くなるようにします。

足が床にしっかりと着いていることも重要です。床に足が届かない場合は応急的には台を足の下に置くなどして対応できますが、今後、歩いたり、車いすに乗り移ったりするにはベッドは高すぎますので、ベッドの高さを調節する必要があります。

車いすに乗せるにあたっては、利用者が不安に思ったり、拒否感を持ったりしないように、身体を確保して移乗させます。

同時に介助者にとっても自分の健康を守るために決して無理をしないことが大切です。体重の重い利用者は二人がかりで移乗させるようにしたいものです。

Ⅲ 起き上がり

「起き上がり」動作の解説

起き上がりは、重力に逆らう動作となり、日常生活に関する動作の基本となります。それだけに利用者自身で起き上がりが可能になることは療養上の最初の目標といえます。不幸にして寝たきりとなっている利用者も、まずは自分で「起き上がって坐る」ことができるようになることは重要です。

片麻痺患者などでは、体軸回旋運動ができないために、この姿勢がとれない場合があるが、この起き上がり動作に伴う、体幹を回旋させることは、日常生活上のいろいろな動作を獲得していくうえで、大切なことである。たとえば、寝返り、起き上がり、立ち上がり、車いすへのベッドからの移乗動作などには、この体幹の回旋運動が不可欠である。高齢者では、体幹が硬くなって、このような体幹の回旋運動が低下してくるので、いろいろな動作が困難になり、不能になってしまう。

基本事項の確認

基本的には、臥位から坐位へと姿勢を変えますので、医学的な注意事項は坐位保持の時と同じですが、手や肘および肩で体重を支える、体幹の回旋（ひねり）などの動作が必要となりますので、運動時の関節などの痛みの有無やリスクに関して、担当医または専門家に相談し、指示を得ることは重要です。

1　医学的に問題はないか

全身状態に問題があるとされるのは、「寝返り」「坐位保持」の項目と同様に以下のようなものが考えられます。

①　急性期で安静が必要
②　心肺機能の著しい機能低下や合併症がある
③　重篤な疾病がある
④　関節運動の際に痛みがある（骨折、激しい腰痛、褥瘡、関節拘縮など）

2　理解力と意欲はあるか

言葉のうえで多少通じあえないことがあっても、ここでの動作の指導の妨げにはなりません。適切な介助方法で起き上がりを何回かくり返しているうちに、起きあがりの方法を理解し、やがて自分で起きあがることができるようになります。この段階では、理解力というよりは、むしろ意識レベルが問題になります。

意欲については、「起きようとすれば起きられるのに」と思われる人が寝たきりになっているのをよく見受けます。これは人間性にかかわる大きな問題です。「本人にやる気がないのだから……」という前に、何か周囲の努力で解決できることがないか考えるべきでしょう。過保護による利用者の意欲の低下を引き起こしたり、逆に介護者にまるで意欲がないということも少なくありません。このような場合は、介護者に対する指導から始めねばなりません。

3　前提となる動作が行えるか

起き上がりは、仰臥位あるいは側臥位から坐位になるまでの一連の動作をいいます。起き上がりの手順には、仰臥位からそのまま坐位になる方法（図４－Ⅲ－１）と仰臥位から寝返りをして側臥位（図４－３－２）となり、側臥位から上体を起こし坐位に移行する方法があります。本節では後者の方法について解説を行います。

①　側臥位までの「寝返り」が行えるか

側臥位までの寝返りが自分自身で行えないようでは、起き上がる

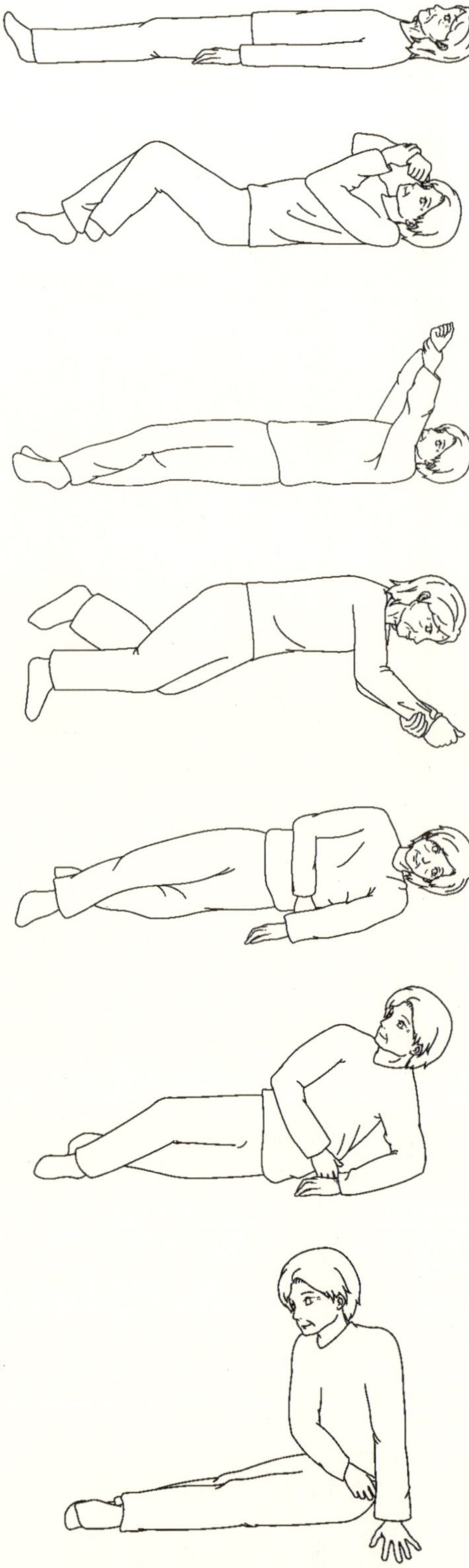

図 4-Ⅲ-2　片麻痺者の起き上がり

図 4-Ⅲ-1　対麻痺者の起き上がり

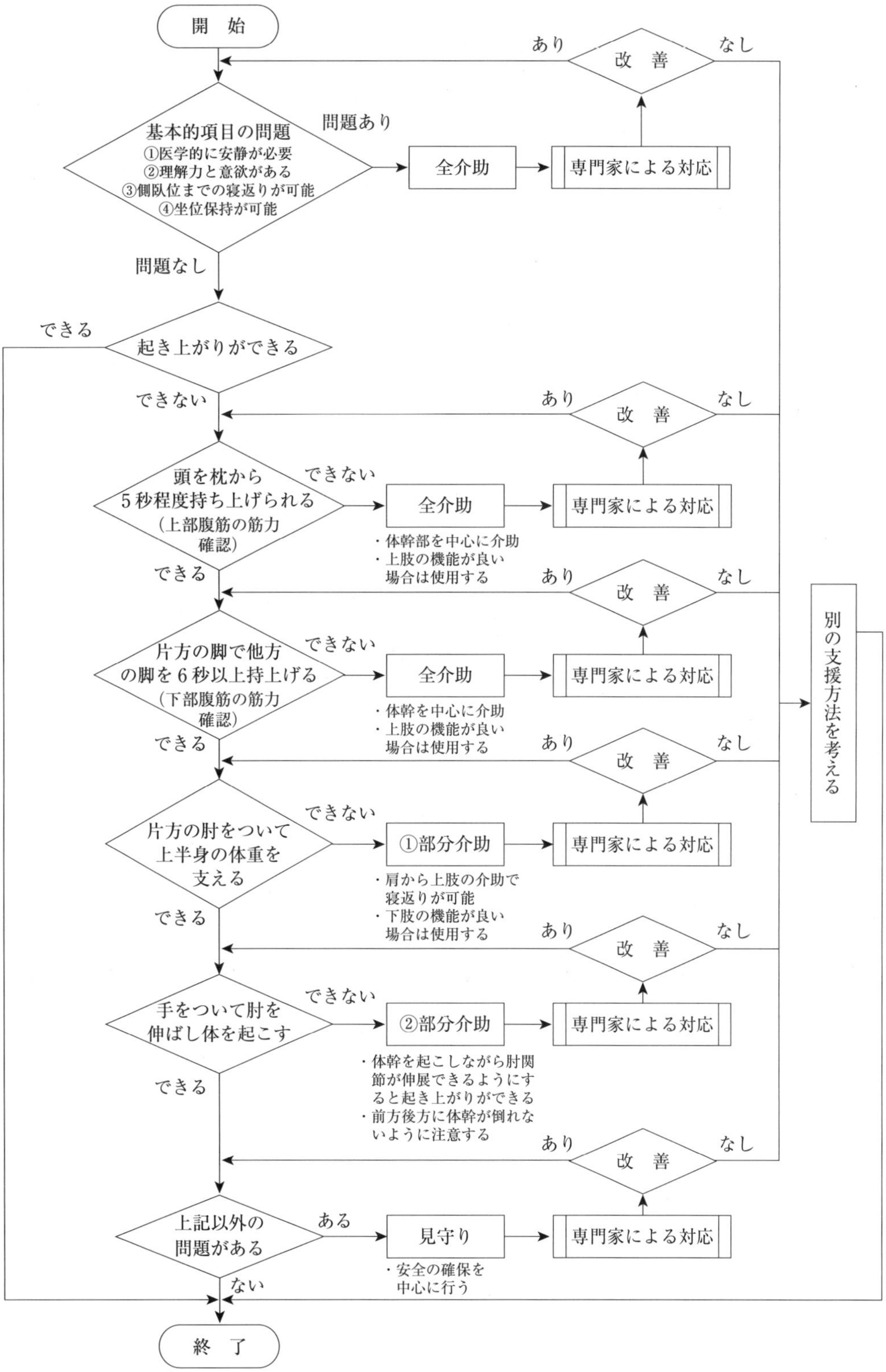

図4-Ⅲ-3　起き上がり動作の評価

動作は不可能です。「寝返り」にもどり、利用者自身で寝返りができることが必要です。

②「坐位保持」ができる

起き上がり動作における最終保持姿勢である坐位保持ができなければ、起きあがる動作は完成しません。「坐位保持」にもどり、利用者自身で坐位保持ができることが必要です。支持なしで坐位保持までできることが理想的ですが、上肢での支持や背もたれを使用しての坐位保持までもかまいません。

できない原因の究明と対策

仰臥位からの起き上がり動作は、頸部の屈曲により頭を挙上しながら、起き上がる方向に頸部を回旋し、側臥位になります。片側の肩を床面より上げながら上半身を捻りながら片肘立て位となります。片肘に体重を乗せながらさらに上肢（肘関節）を伸展しながら上半身を起こし、上半身を反対に捻りながら両足を伸ばし、長座位を保持する一連の動作です。この一連の動作ができない場合は、次に示す動作が可能であるかどうかの確認を行います。

1　頸部を屈曲し、頭を枕から5秒程度の挙上することができるか（十分な上部腹筋の筋力の確認）

起き上がり動作は抗重力的であり、ゆっくりした動作で、「寝返り」とは異なる立体的動作です。しかも瞬間的なものでなく、ゆっくりした動作となるため、重力に逆らう抗重力的な力と筋もゆったりと力強く収縮することが要求されます。この動作では、頸部の屈筋と起きあがるときの原動力となる腹筋に、ある程度の筋力が求められます。

「寝返り」の細目動作と同じ動作ですが、ここでは、頭部を挙上した位置を保持できるかどうかが重要になります。5秒程度挙上していられれば問題ありません。頭をあげた位置を保てない場合は、以下の原因が考えられます。

1．頸部屈筋と腹筋の筋力低下

瞬間的に挙上することが出来ても、そのままの姿勢を保持することは容易ではありません。5秒程度その位置を保持できない原因としては、頸部屈筋や腹筋の筋力低下が考えられます。

腹筋の強化には、一側下肢で他側下肢を挙上するのも方法の

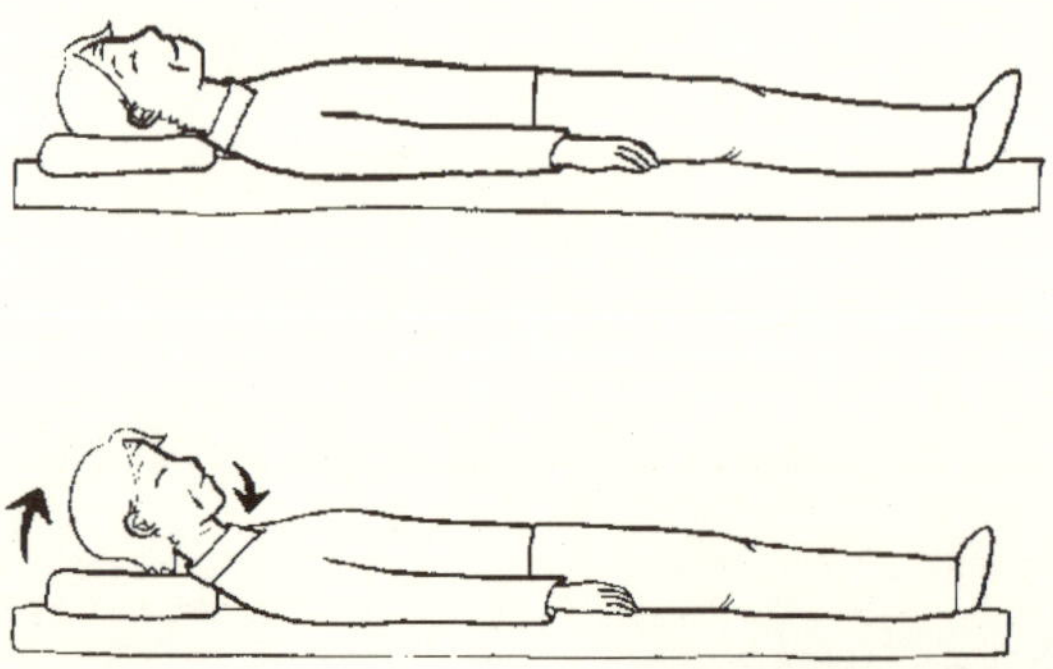
① 臥位に寝て、両下肢をまっすぐのばす。
② あごを引き、ゆっくり頭をあげていき枕から浮かす。そのまま5つ数えゆっくりもとへもどす。
①→②→①　これを2～3回くり返す。

図4-Ⅲ-4　頸部屈筋と腹筋の筋力確認

ひとつです。頸部屈筋の強化には、仰臥位で膝を立て、顎を引くようにして頭を挙上する練習をくり返します。このとき、足首をしっかり固定しておかないと効果がありません。さらに、そのまま体幹を起こし加減にして、肩を床から離す練習をすれば、腹筋の強化にもなります。時間を徐々に長くしていくのも、よい方法です。

2　十分な上部・下部腹筋の筋力の確認

（一側下肢を反対側下肢の下に入れ5秒程度一緒に挙上できるか）

図4－Ⅲ－2の起き上がりでは、寝返りにより側臥位となり、起き上がる際に、一側下肢を反対側下肢の下に入れ、両下肢を一体として動かし、身体を回旋させます。この動作では、一側下肢に反対側下肢を操る力が必要となります。また体幹を起こす際にも腹筋の筋力が必要です。両下肢を一緒に挙上し、しかも挙上した姿勢を一定時間保つには、腹筋の持久力が必要となります。これらの筋力は、寝返りの際の瞬間的な筋力と異なり、ある程度の持続性が要求されます。挙上したまま約5秒（2呼吸）程度保てる持久力が必要な点が異なります。

踵を持ち上げ5秒程度挙上し保持できれば問題ありません。はじめのうちは、5秒程度の保持も困難ですが、少しずつ時間を延ばしていきます。どうしてもできない場合は、下肢の筋力低下のみならず腹筋の筋力低下や下肢の麻痺などが原因として考えられ、それらに対する練習を考えます。

1．腹筋の筋力低下

下肢を一側ずつ挙上する動作では、腹筋はほとんど働きませんが、両下肢を一緒に挙上し、その姿勢を保持するとなると、下肢の筋力と同時に腹筋にもかなりの筋力が必要となります。両下肢同時に挙上するには腹部筋と腰部筋とで、骨盤と躯幹をしっかり固定しなければならないため、ある程度の筋力が求められます。

2．下肢の筋力低下

長期臥床により身体を動かさないでいると筋力低下や廃用性筋萎縮をおこします。基本的には筋力低下ですので、筋力強化が必要になります。

仰臥位での筋力強化の方法は、以下に示すものがあります。

① 膝を立てたり伸ばしたりする。可能であれば麻痺側も行う。（膝関節の屈伸運動）

② 膝を立てて横に開閉する。（股関節の外転・内転運動）

③ 膝を伸ばして踵を床から上げる。（下肢伸展挙上）

日々の生活に取り入れると効果的です。脳血管障害による片麻痺のある場合は健側のみ行っても有効です。上記の項目が可能となったら、1kgくらいの重錘（砂袋でも座布団でも可能）を大腿部にのせて、下肢の上げ下ろしをします。1呼吸かけてゆっくりあげ、挙上した位置で5秒程度（約2呼吸）くらい保ち、そのあと1呼吸かけてゆっくり下ろします。2呼吸休んで、またくり返します。とりあえずの目標は1日に最低連続10回はできる

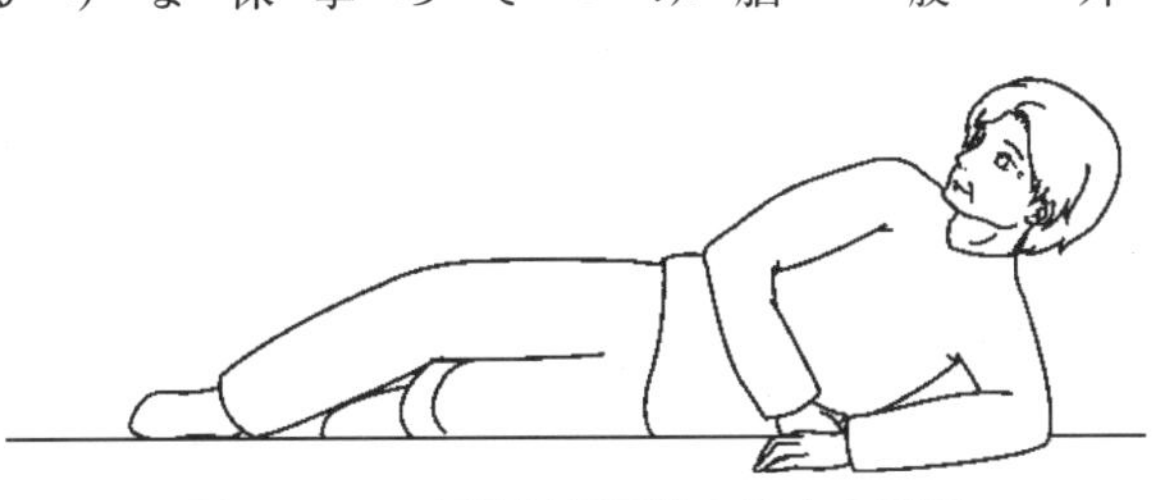

図4－Ⅲ－5　肩関節周囲筋の筋力の確認

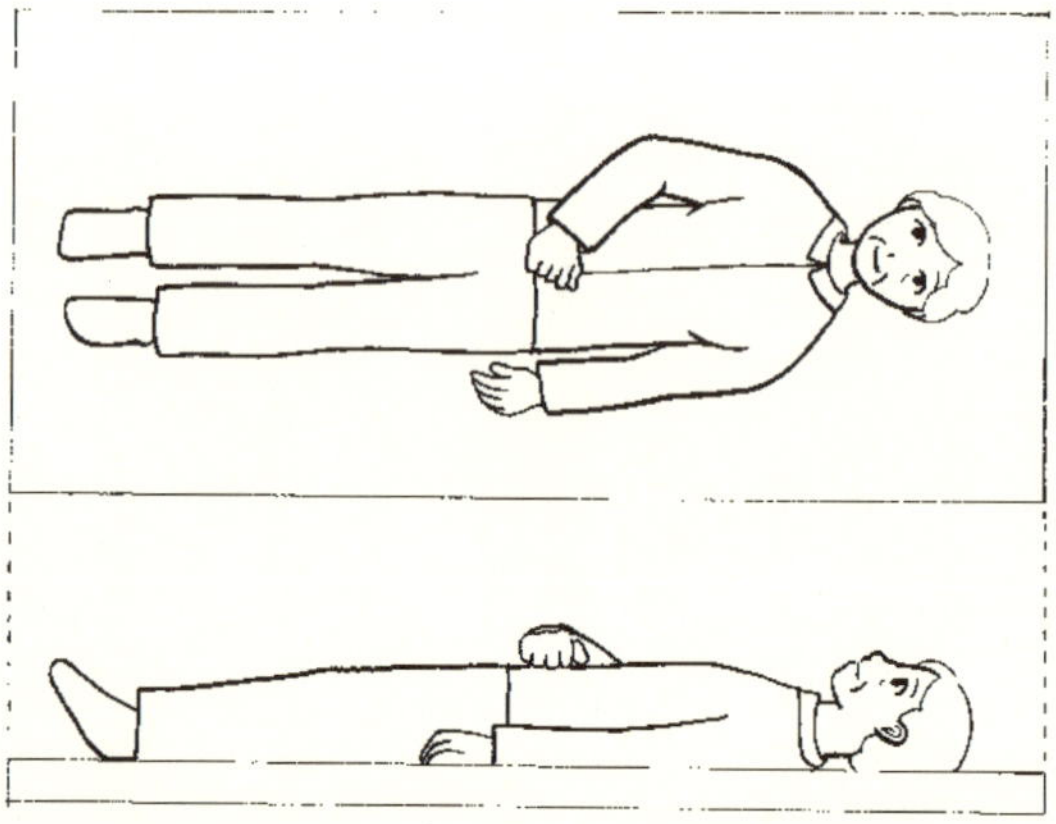

① 仰臥位に寝て、両下肢をまっすぐのばす。

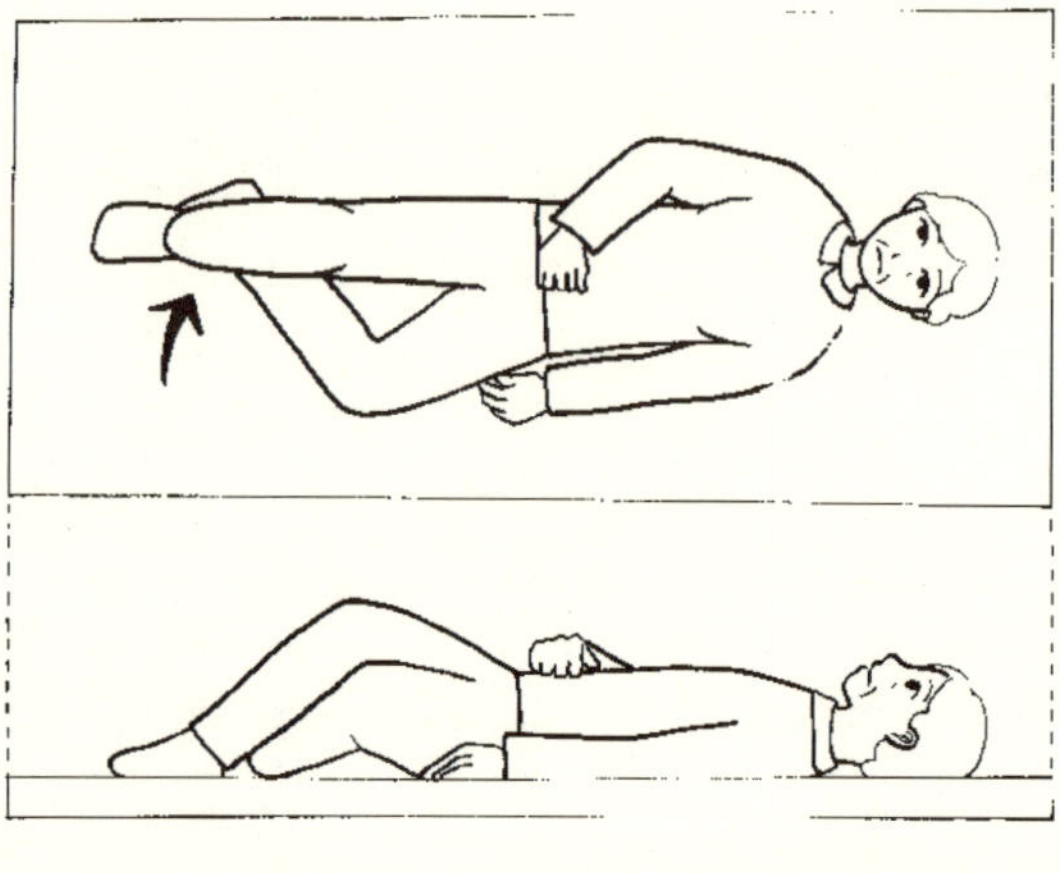

② 一側下肢を麻痺側下肢の下にさしこむ。

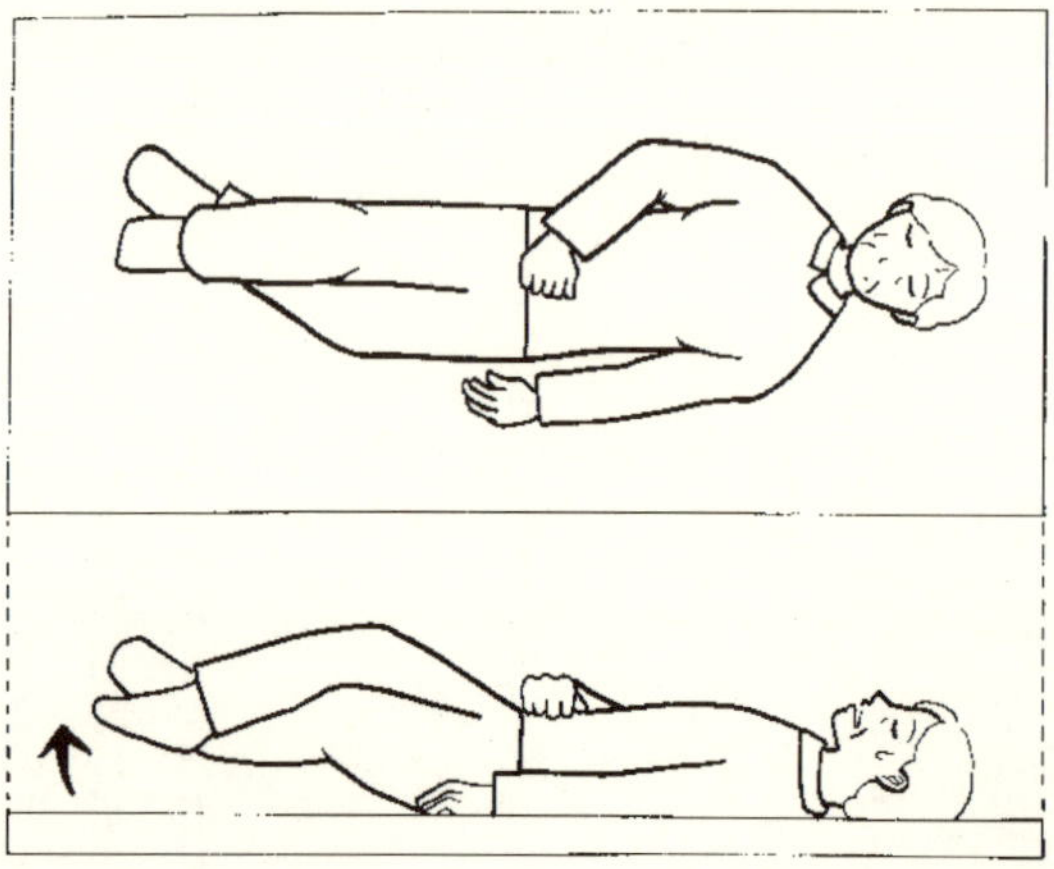

③ 一側下肢で麻痺側下肢をゆっくりもちあげ、踵が少しでももちあがったら、そのままの位置で6つ数え、ゆっくりとおろす。

これを3~4回くり返す。
①→②→③→②

図4-Ⅲ-6 下肢の筋力の確認

ようにすることです。脳血管障害による片麻痺のある場合、麻痺側についても行うようになれれば理想的ですが、まずは健側の筋力強化を図ります（図4－Ⅲ－6）。

健側下肢の筋力が改善してきたら、ゆっくりとした動作で、ゆっくりと挙げ、ゆっくりとおろす動作にすると筋力持久力の強化になります。

3．下肢が弛緩性麻痺

脳血管障害の初期や麻痺の程度によっては、麻痺側下肢が弛緩した状態となり、一側下肢でうまく操れないことがあります。このようなときは、健側下肢の筋力強化を行うことになります。

4．敷布団やマットレスが過度に柔軟すぎる

寝返りの項でも述べましたが、柔軟すぎる敷布団やマットレスは身体全体を動かす際に、余計なところに力が入り、殿部が落ちこみ、骨盤が安定せず動作を困難なものにすることが多いようです。場合によっては腰痛の原因にもなります。

3　手と肘をついて上半身の体重を支えられるか

頭部を健側に回旋しながら、健側下肢で麻痺側下肢を健側にひねり、同時に体幹を健側に回旋する。床についた健側の肘関節をまげて体幹を起こし、肘関節と前腕で支える。

1．肩関節周囲筋の筋力低下

脳血管障害による片麻痺があり、麻痺側の上肢で支えることができなければ、健側の上肢だけで上体を支えることになります。寝返りができるのであれば健側の上肢だけで、この姿勢は保持できるようになります。くり返しこの動作を行うことにより上肢の筋力強化になりますので、筋力不足でスムースに行えない利用者の場合、練習として繰り返し行いましょう。

脳血管障害による片麻痺がある場合、健側の上肢の支持力は重要です。しかし上肢の支持力があっても、体幹橈骨盤、脚橈骨盤など、骨盤を中心とした筋力とそれをコントロールすることができないと腰くだけになってしまいます。その意味では、上肢の筋力も含めた、上肢、躯幹、下肢の総合的なコントロールが重要となります。

2．肩関節周囲の疼痛

肩関節周囲に疼痛等があると痛みにより、上肢で上半身の体重を支えられないことが考えられます。いわゆる五十肩などの疾病のある場合、痛みとともに可動域制限もありますので、これらの問題があると、動作はスムースにできません。

4　手で支持し肘関節を伸展し、上体を起こすことができるか

頭部を起き上がる方向に回旋し、肘関節を伸展し、体幹を半起こしにする。上肢を身体の方に寄せながら体幹を起こす。上肢で支えながら体幹を正面にまわす（図4－Ⅲ－7）。

1．肘関節伸展筋（上腕三頭筋）の筋力低下

脳血管障害による片麻痺のある場合、健側上肢の筋力で上体を起こ

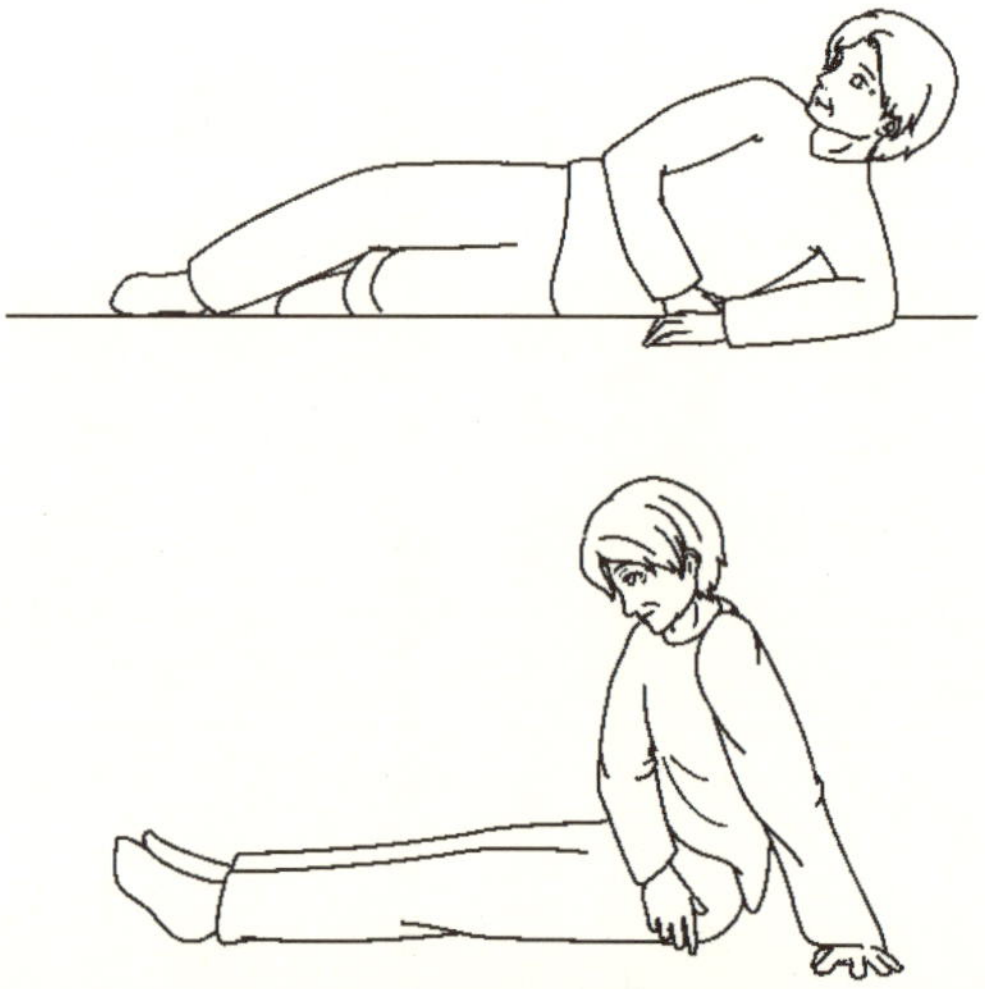

図4－Ⅲ－7　肘関節伸展の確認

すためには、肩関節周囲筋や上腕三等筋の筋力がGood（4）レベル以上が必要です。つまり肘と手で上半身を支えた側臥位から肘関節を伸展させ上体を起こすだけの筋力が必要です。十分に行えないようであれば、この動作をくり返すことにより、筋力強化になります。目安としては連続して10回程度できる筋力は必要です。

2. 肘関節の屈曲拘縮

肘関節の伸展制限がある場合には、この動作は困難となります。肘関節の可動域改善を最優先に行いましょう。

「起き上がり」の指導

この動作は、対象者の日常生活に欠かせないものですが、片麻痺などの運動障害によって、この動作ができなくなることが多い。介助者はこの動作が正常に行われる順序をしっかりと頭に入れておくことが必要です。仰臥位から側臥位まで寝返りを行い、側臥位から上体を起こし長坐位に移行します（図4－Ⅲ－8）。

①仰臥位から頭を持ち上げながら、起き上がる方向に顔を向けます。

②片側の肩を床面より上げながら上半身を捻りながら片肘立て位となります。

③片肘に体重を乗せながらさらに手を伸ばしながら上半身を起こします。

④上半身を反対に捻りながら両足を伸ばし、長座位となります。

⑤仰臥位から端座位になる場合は、①②までは長座位と同じで、③の姿勢となる過程でベッド端に両足を垂らし、手をついた側より身体を起こし座ります。

片麻痺のある利用者の起き上がり（図4－Ⅲ－9）は、次のとおりです。

①仰臥位の姿勢をとる。寝返りする側の上肢を水平にして床につけ、同側の下肢を反対側の下肢の下に差し込みます。

②頭部を寝返る側に回旋しながら、寝返りする側の下肢で反対側の下肢を寝返りする側にひねり、同時に体幹を寝返りする方向に回旋します。

③床についた寝返り側の肘関節をまげて体幹を起こし、肘関節と前腕で支えます。

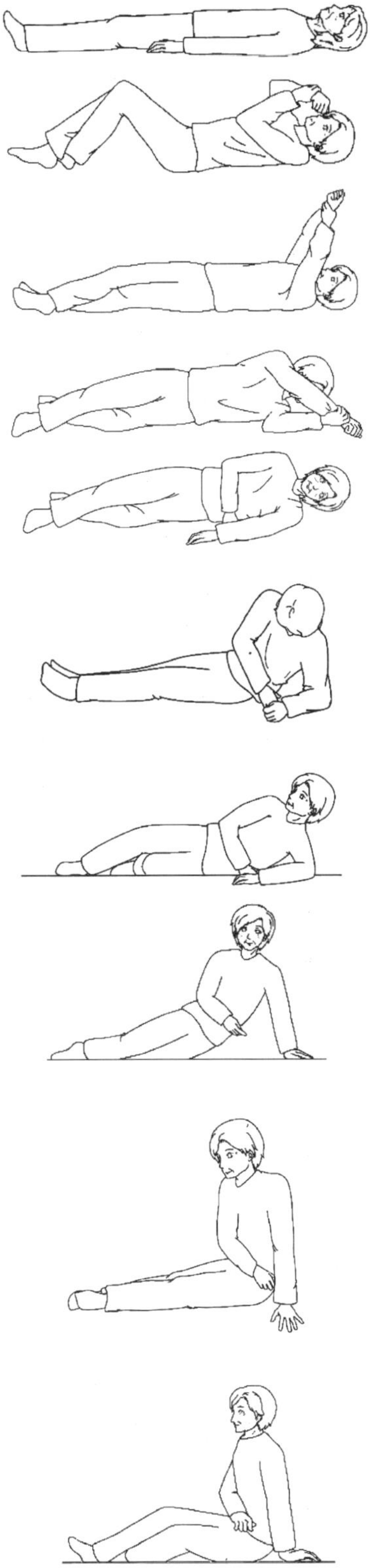

図 4−Ⅲ−9　片麻痺者の仰臥位からの起き上がり

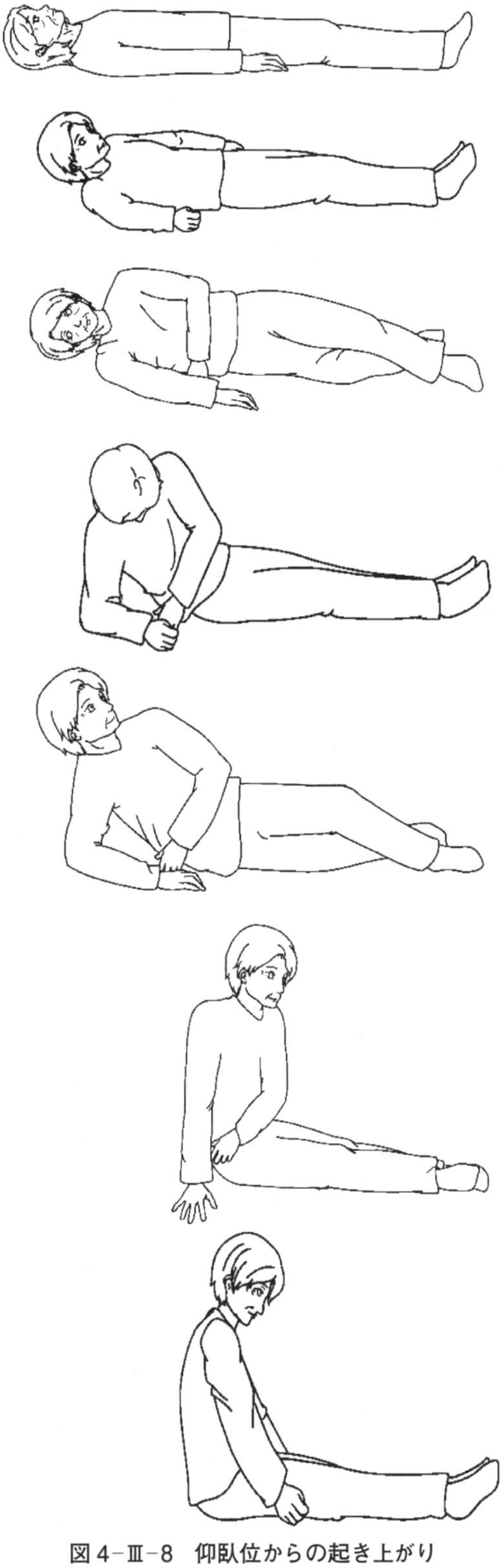

図 4−Ⅲ−8　仰臥位からの起き上がり

④頭部を起き上がる方向に回旋し、肘関節を伸展し、体幹を半起こしにする。手を体の方に寄せながら体幹を起こします。

⑤健側の上肢で支えながら体幹を正面にまわす。姿勢を正し、数呼吸おいてから、逆の順序でもどります。

多くの場合、はじめから起き上がりを行っても困難な場合が多く、まずは肘関節と上腕で体幹を半起こしにする姿勢までを十分に習得し、次いで上肢を伸展し、体幹を起こすまでの段階に進むというように、いくつかに分けたほうがやりやすいでしょう。柔らかい布団では、身体が沈み込み動作が難しくなることがあるので、固めのものを選びましょう。なお、ベッドの手すり等を利用して起きている利用者も、可能な限り、この方法での起きあがりを習得するように指導します。将来、柵や手すり等のないところでの起きあがりが可能となります。習得ができない場合でも、あまり「起きあがり」にこだわらず、坐位保持や立位保持などの動作の習得を目標に経過観察します。

起き上がり動作がうまくいかない場合、①超高齢、②肥満、③両側性片麻痺がある、④失認がある（左麻痺の場合とくに気をつける）、⑤指導の内容がわかっているようでも、実際には理解していない、⑥動作に対する不安が強い等の要因が考えられます。その他のものとしては以下のようなものがあります。

① **神経系障害**

意識障害
高度の認知症や知的障害
心理的要因
視空間失語
筋緊張（異常な高緊張あるいは低緊張状態）
中枢性運動麻痺（共同運動、連合反応、相反性障害、筋不均衡）
末梢神経障害による筋力低下
不随意運動
運動失調（協調性運動障害、共同運動不能）
バランス機能の低下
立ち直り反応の障害
無動症
神経因性疼痛
重度の感覚障害やボディーイメージの障害
発達障害（緊張性姿勢反射活動など）

② **非神経系障害**

筋障害や廃用などによる筋力低下
関節可動域制限や変形（頭蓋骨の後頭部扁平、著しい脊柱変形など）、脊柱可動障害
四肢欠損・切断
炎症性疼痛
呼吸・循環機能障害（起立性低血圧、運動耐容能の著しい低下など）

③ **環境**

低反撥ウレタンフォームや柔らかいマットレスなど安定した支持面の形成を困難にする寝具
ベッドサイドに把持可能なサイドレールなどが設置されていない
頸椎・体幹装具の装着

「起き上がり」をあきらめざるを得ない場合

起き上がり動作を断念せざるを得ない場合としては、全身状態の悪化や利用者のモチベーションの低下、介護者の不在などが考えられます。このような場合、現状の改善を図り、再度動作獲得の機会を調整します。

この段階の利用者は、自力で起き上がれず、離床が困難であっても、寝返りは自力で可能であり、坐位保持が可能な方々です。起き上がり動作は不可能でも「寝ている」のと「坐位保持ができる」のとでは雲泥の差があります。起き上がりを断念した場合でも、坐位を基本とした日常生活動作（ＡＤＬ）や介護の指導として、次のようなことに注意する必要があります。

① 股関節をはじめとする関節可動域（ＲＯＭ）の維持・拡大
② 坐位での食事摂取
③ 便器を用いての排泄
④ コミュニケーション手段の確保
⑤ 介護量の軽減
⑥ 家族の意欲向上
⑦ 家族の息ぬき

離床困難な利用者の場合、あまり無理なことを要求しますと、介護に破綻をきたします。介護者やその家族を勇気づけ、利用者よりも介護者およびその家族がストレスで介護放棄をしてしまわぬような支援方法を考えることが大切です。

Ⅳ　立位保持

動作全体の解説

立位姿勢は、両手を体側に垂らし、両足はほぼ肩幅に開いた状態で、頭は身体の中心に位置した左右対称的な自然体を示し、上半身、頭、手は自由に動かせる状態をいいます。両足を10cm程度（狭過ぎず、広過ぎず）離して立つと保持しやすくなります。

基本事項の確認

「坐位」と「立位」では、身体とくに心肺・循環機能への負担は大き

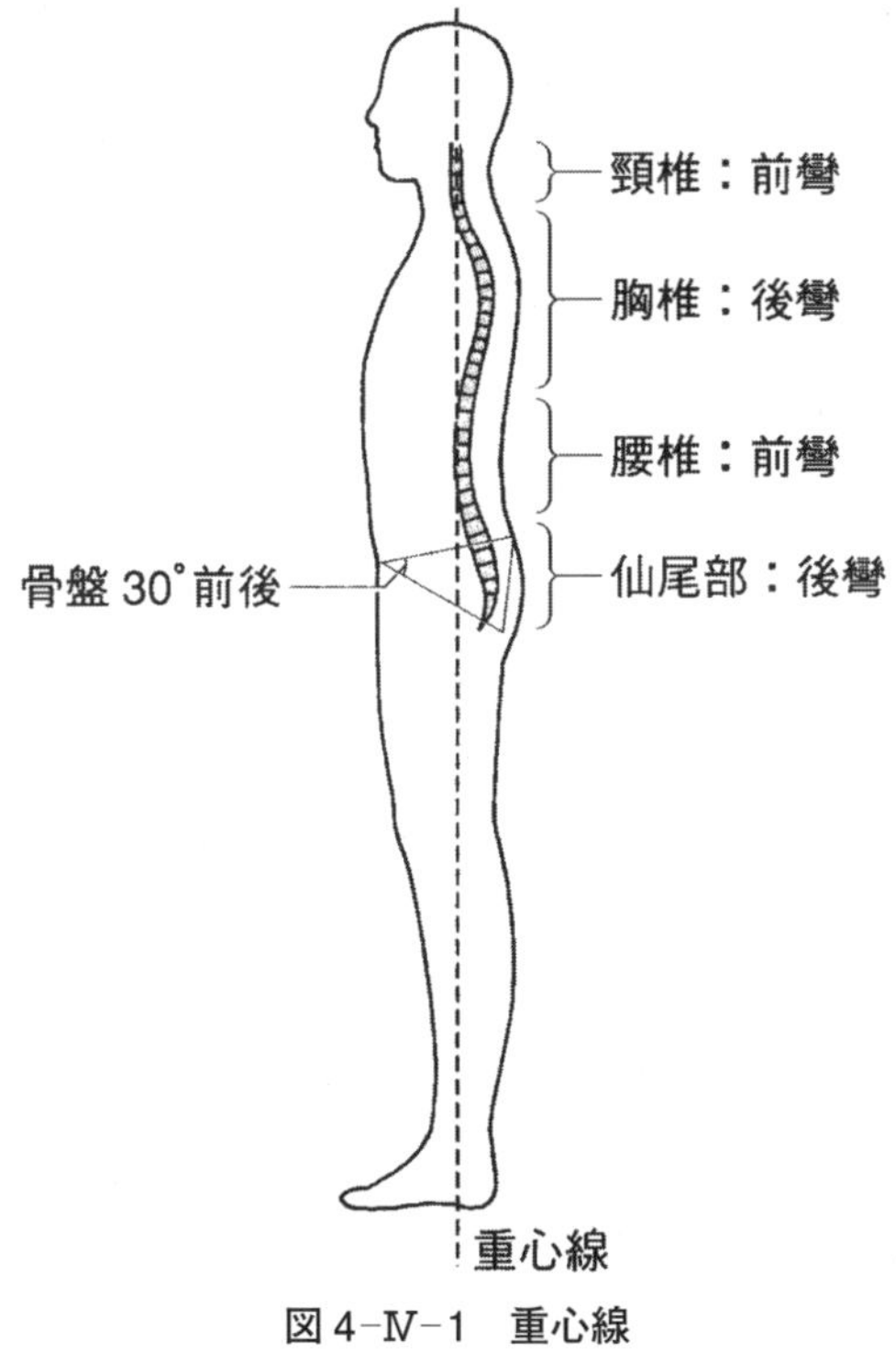

図４-Ⅳ-１　重心線

く違います。坐位での起立性低血圧では特に問題がなくとも、立位の際には、眩暈がする、気分が悪くなる、吐きけがするという症状を訴えることがあります。多くは軽い脳貧血である起立性低血圧です。少しずつ慣らすことができますが、担当医の許可があれば、あまり神経質になることはないでしょう。

1　医学的に安静が必要な状況ではないか

支えなしで30分以上の坐位保持が可能であれば、心不全などの循環器障害や呼吸器障害のような特別な医学的問題がない限り、それほどの危険は考えられませんが、起立性低血圧による転倒などには十分注意が必要です。

立位保持では、股関節・膝関節に炎症症状による痛みや筋力低下などの障害があると支えになりませんので、それらの関節周囲の症状の有無などのチェックが必要です。

2　理解力と意欲に問題はないか

立位保持は、立ちあがりや歩行のために欠かすことのできないものであることを理解してもらう必要があります。しかし、ただ立たされているだけのように感じる方も少なくなく、面白みを感じられず、実用性に乏しいと思われ、立位保持をしてくれない場合もあります。立位ができるようになると、たとえ歩行に結びつかなくても、ベッドから車いすへの移乗が可能となり、室内での移動の可能性やＡＤＬ拡大にもなりますので、利用者の理解力や意欲が求められます。

3　前提となる動作である坐位保持が行えるか

背もたれなしでの坐位保持ができないようであれば、立位保持は困難です。「坐位保持」にもどり、利用者自身で坐位保持ができることが必要です。

できない原因の究明と対策

立位の保持は、立ち上がり動作の前提条件となります。椅子から立ち上がれる力はあっても、立位保持ができないようでは、次の動作には移行できません。場合によっては自力で立ち上がれなくても、立位保持をさせれば比較的安定した状態で立位保持が可能な利用者や歩行も可能な利用者もおられます。そのような意味では立位保持は重要です。

1　つかまり立ちができる（上肢および下肢で体重が支えられる）か

椅子から立ち上がったところからはじめることになります。手すりなどを用いての腰が引けずに立っていられるかが重要になります。つかまり立ちをする際は、つかまる物の高さの調節が重要です。介助者が支持帯などで軽く支持し、危険のないことをよく説明しておきます。

立位保持には骨盤と下肢を結ぶ筋の筋力が重要であり、骨盤を中心にして体幹がしっかりと保持され、骨盤と下肢の骨とを連結している筋により股関節が固定される必要があります。とくに股屈筋群、股外転筋群、股内転筋群、さらに膝関節の屈筋群であるハムストリング筋

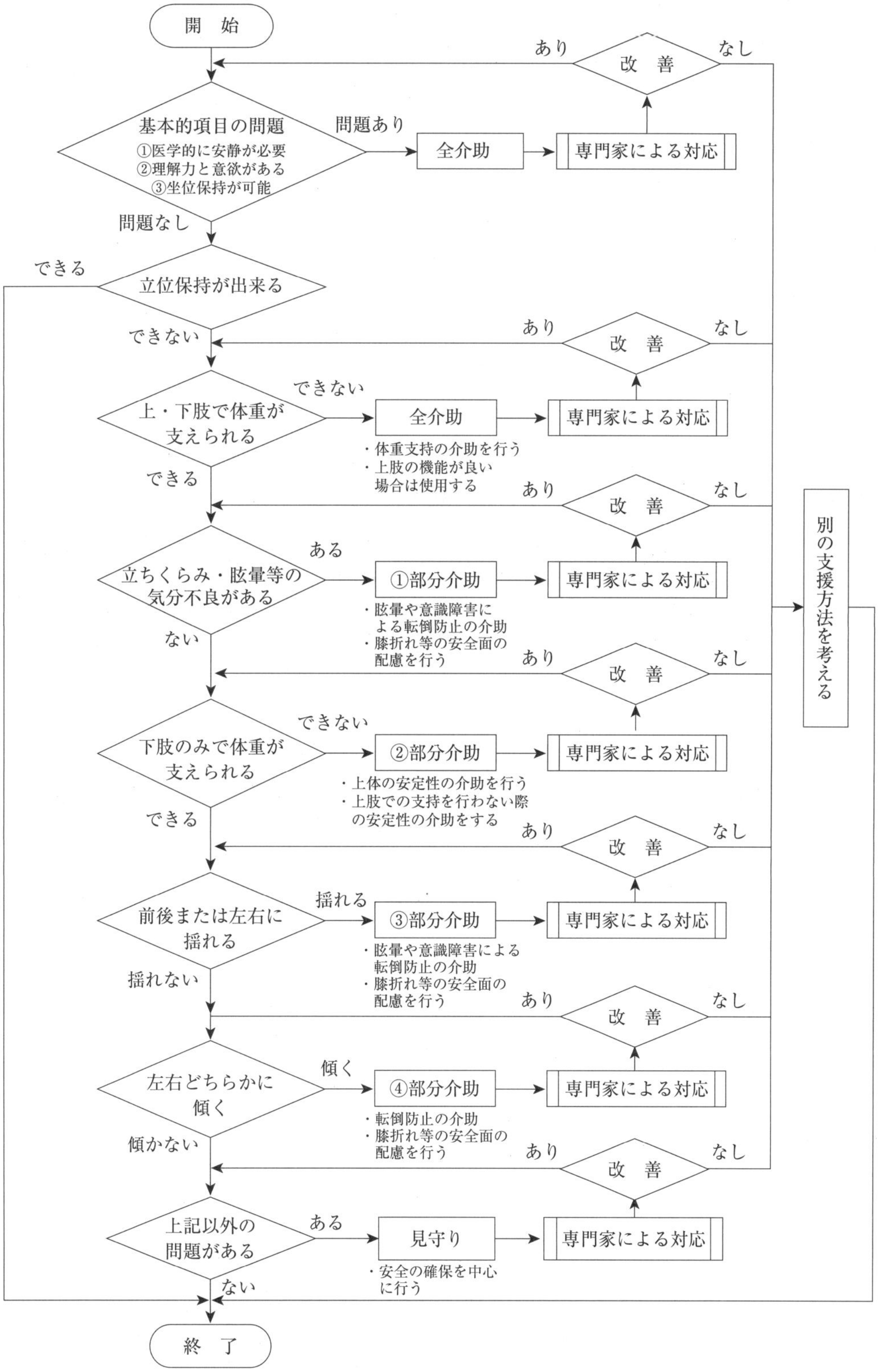

図4-Ⅳ-2　立位保持の評価

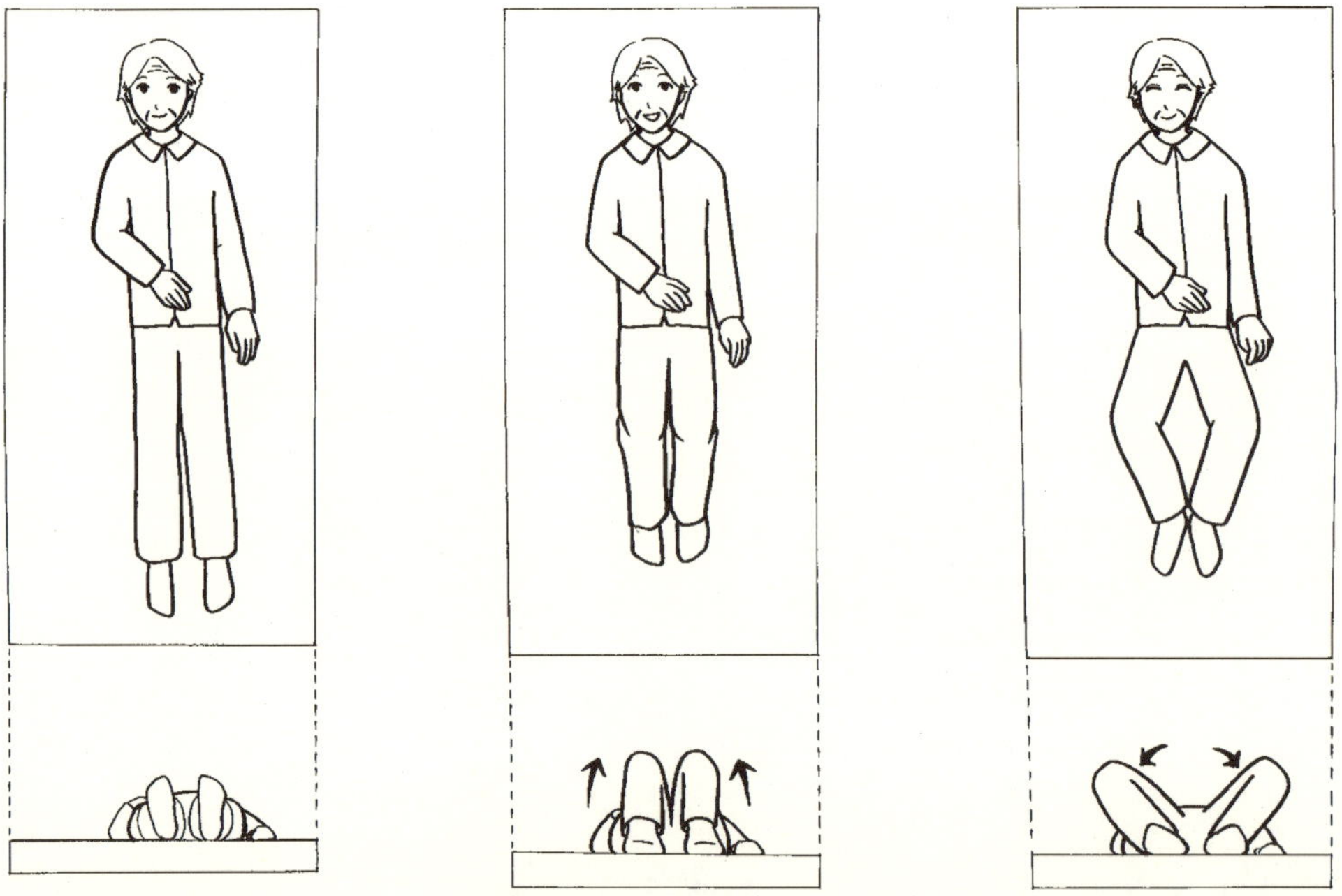

① あおむけに寝て膝を伸ばす。

② 両膝を閉じたまま、できるだけ高く膝を立てる。

③ そのままゆっくり膝を開き、開ききったら、ゆっくり②の姿勢にもどる。

①→②→③→② これを2〜3回くり返す。

図4－Ⅳ－3 股関節周囲筋の確認

群の筋力は重要です。

股屈筋群：主として腸腰筋。補助筋として大腿四頭筋も作用します。

股外転筋群：主として中骨筋

股内転筋群：長・短内転筋、恥骨筋

1．股関節周囲筋の筋力低下

臥床による活動性の低下にともない筋力低下がみられます。筋力が少々弱くても、臥位で下肢を動かすことはそれほど難しい動作ではありませんが、立位で自分の体重を支えるには、それなりの力を要します。なによりもまず、立位をくずれないようしっかり保持することが重要です。股関節の周囲には股関節を動かし、あるいは固定する筋があり、これらの筋力が重要です。

筋力が少々弱くても、あおむけに寝て膝を立てること自体はそれほど難しい動作ではありませんが、立てた膝をくずさずに、これを開閉するには、それなりの力を要します。

立てた膝がくずれることなく、両膝が十分に開閉できれば問題ありません（図4－Ⅳ－3）。開こうとすると立て膝がくずれる、十分に開かない、開閉がスムースでないといった場合は股関節周囲筋の筋力低下が考えられます。

練習方法として、連続10回、それを1日に2度（計20回くらい）行います。

なによりもまず、立てた膝がくずれないようしっかり保持すること、そしてこの開閉運動をくり返し訓練することです。健側の脚力がつきますし、左右で同じ運動をすることにより、麻痺した側の筋を動かしやすくする効果もあります。

脳血管障害による片麻痺のある場合、この動作をくり返し行うことです。

2. 大腿四頭筋とハムストリングが弱い

大腿四頭筋は膝関節を伸展する伸展筋で、これに対するハムストリングは膝関節を屈曲する屈曲筋です。この二つの筋は互いに反対の作用をする拮抗筋、つまり一方が収縮するとき他方は伸張するようになっている一対の筋です。膝関節を屈曲して、それをしっかり固定するには、この2つの筋が一緒に働かねばなりませんが、どちらの筋力が弱くても、腰（殿部）を浮かそうとしたときに膝関節がくずれてしまいます。

また、中枢性の麻痺の場合には。股関節の伸展筋である大殿筋を働かすと（つまり、腰を浮かして股関節を伸展しようとするとき）、ハムストリングが働きにくいといった傾向がみられ、立てた膝関節が崩れやすくなります。したがって、自分の意思でハムストリングを働かすことができないと、この動作はできません。

大腿四頭筋の強化は、膝関節の屈伸運動により可能ですが、臥位（寝た状態）でハムストリングを強化（図4－Ⅳ－4）するには、下記に示す方法ですと安全に行うことができます。はじめはうまくいかないかもしれませんが、とくに危険なことは考えられませんので、くり返し練習しましょう。いずれにせよ、股関節がまっすぐ伸ばせるようにすることが目標です。

上記の動作ができるようになったら、大腿四頭筋とハムストリング

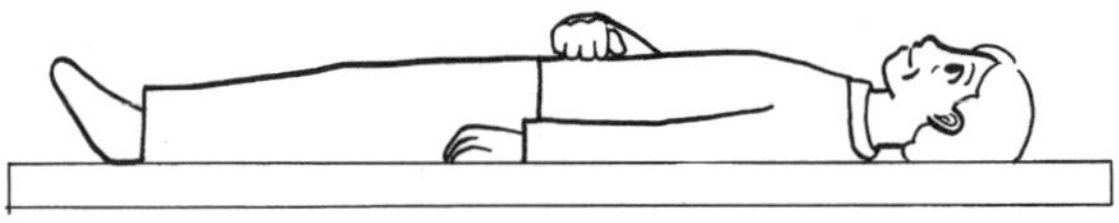

①　あおむけに寝て、手足をまっすぐ伸ばす。

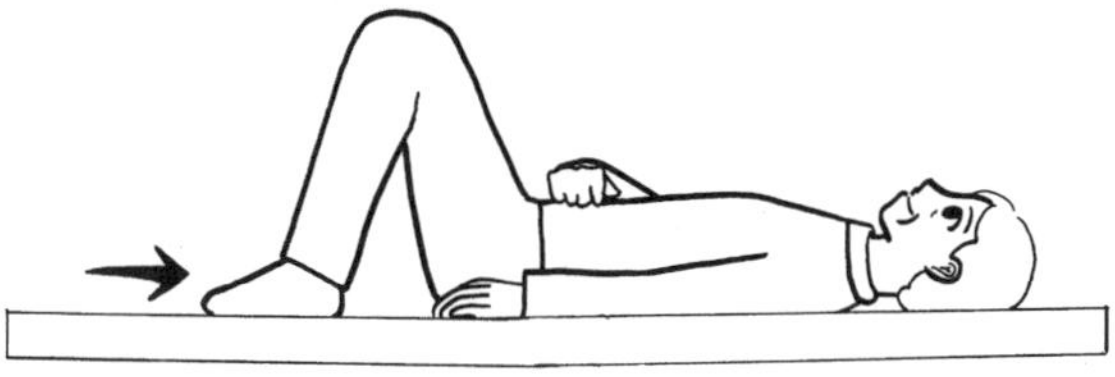

②　両膝を可能な限り高く立て、足底は床につける。

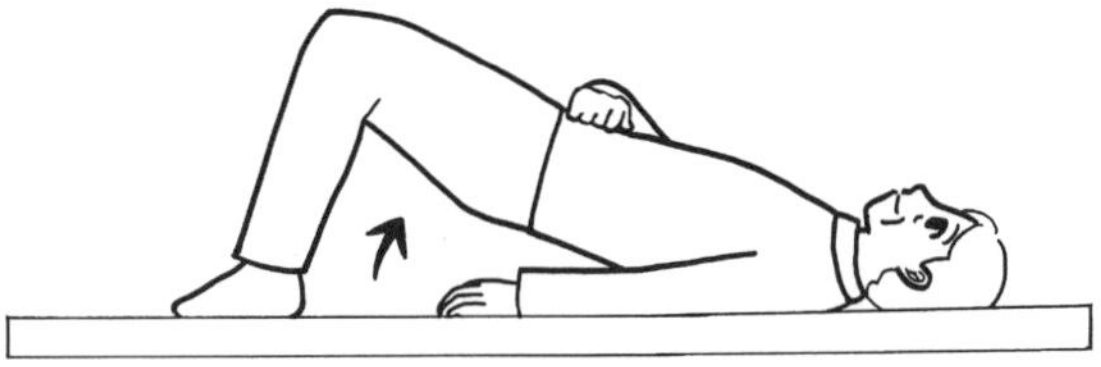

③　足底と両足を支えにして、股関節がまっすぐ伸びるまでゆっくりと腰を浮かす。2呼吸程度その位置を保ち、ゆっくりと②の姿勢にもどる。

①→②→③→②

これを2〜3回くり返す。

図4−Ⅳ−4　背筋と大殿筋の筋力の確認

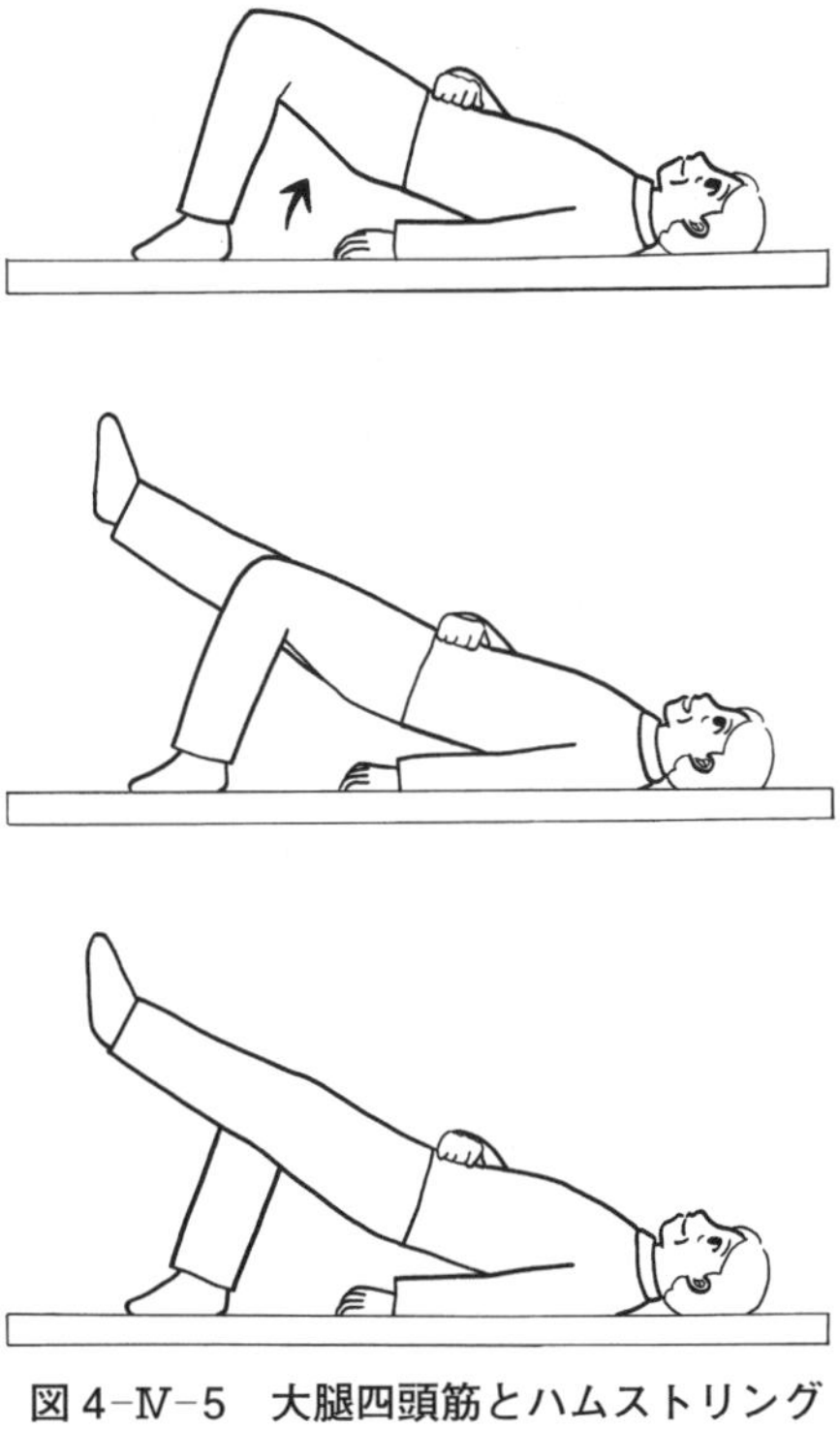

図4−Ⅳ−5　大腿四頭筋とハムストリングスの強化法

を一度に強化する方法として、両膝を立てて腰を浮かした姿勢から一方の膝を伸ばす訓練をしておきましょう（図4－Ⅳ－5）。膝を伸ばしたほうの脚の大腿四頭筋と、立て膝のほうのハムストリングが同時に強化されることになります。この場合、麻痺側を立て膝にするほうが、はるかに困難です。

2　背筋と大殿筋の筋力低下

両上肢の支持による立位保持を行う際に、腰が引けた状態となり立位保持ができず座り込んでしまう場合の原因として、背筋を伸ばす筋と股関節伸展筋の筋力低下が考えられます。この場合、背筋を伸ばす脊柱起立筋と股関節伸展筋である大殿筋の強化にはブリッジがよい練習になります。仰臥でできる運動なので指導しておくと良いでしょう。

3　麻痺側の脚の筋力が弱く、膝折れのため、支持できない

片麻痺があると、膝関節を伸展する筋（大腿四頭筋）が衰え、どうしても支持力が低下します。立ちはじめの段階では、膝に力が入らず、多くの人が膝ががくんと折れるように曲がってしまいます（膝折れ）。そのために立った姿勢を保つことが難しいのです。

支持力が極端に弱ければサポーターや装具などで膝の固定が必要ですが、この場合は、膝をまげられませんので、床からの立ち上がりは当面断念せざるを得ません。それほどでない場合には、手をかして立ち上がらせ、少しずつ麻痺側の脚に体重をかける訓練をするのが一番有効です。これもあぶなっかしいようならあおむけで麻痺した側の膝を伸ばしたまま脚を上げ下ろしする訓練をします。

4　股関節や膝関節に軽い拘縮がある

重度の拘縮があれば坐位保持も困難となります。しかし、この段階ではすでに坐れることを確認していますので、それほどひどい拘縮はない状態のはずです。とはいっても軽い拘縮のあることは考えられます。このような場合は、関節の動きが制限されるため、きちんとした立位ができにくいことがあります。

拘縮のあるときは、動く範囲を少しずつ拡大していくことが必要です。柔らかい布団やマットレスに長期臥床していると、尻部が沈み込み股関節の屈曲拘縮をきたし、伸展制限がおこります。筋力があっても股関節の可動域制限があるとどうにもなりません。

関節拘縮の改善はなかなか難しく、長い時間をかけて少しずつ改善するほかありません。適切な硬さの布団やマットレスを用いる必要があります。

腹臥位（うつぶせの姿勢）をとることにより股関節屈曲拘縮の改善が行えます。はじめは苦しい場合もありますが慣れれば長時間も可能になります。これにより少しずつですが矯正が望めます。

5　足底の接地状態不良

脳血管障害による片麻痺では、内反尖足により立位保持や歩行が困難な利用者は多く、大部分は発症初期の段階で、尖足防止などの足部への配慮不足によるものです。なかには痙性が強い場合もあります。

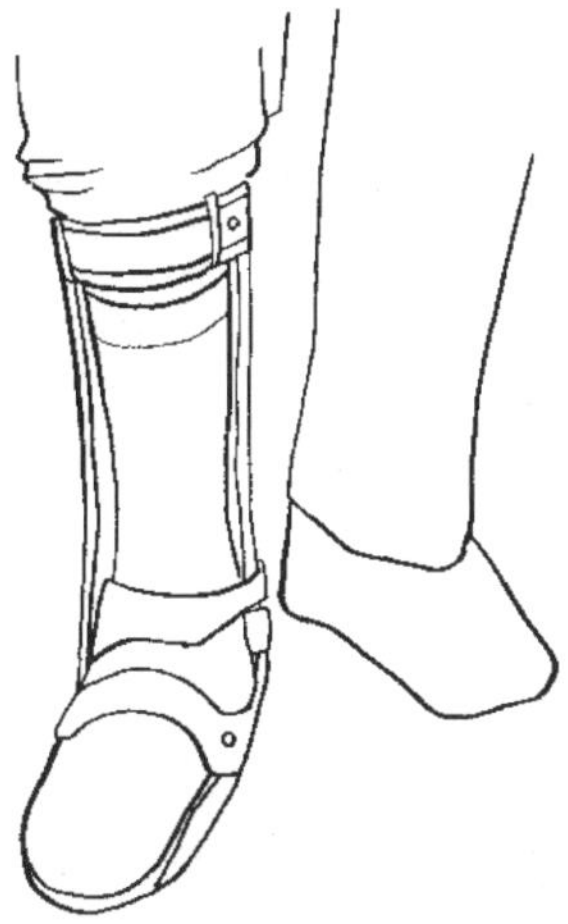

図4-Ⅳ-6　短下肢装具（AFO）を装着しての立位

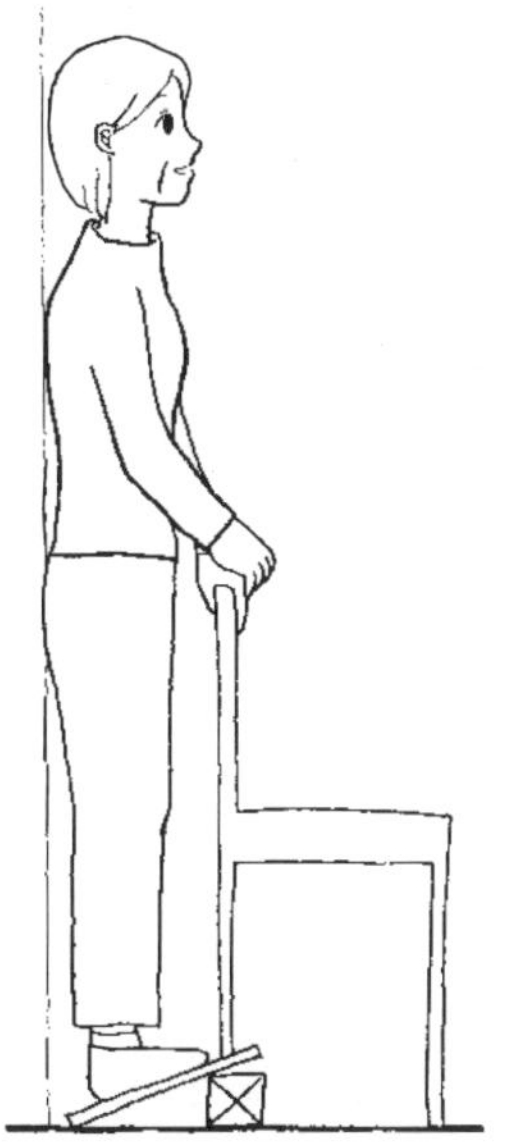

図4-Ⅳ-7　傾斜台を利用してのストレッチ

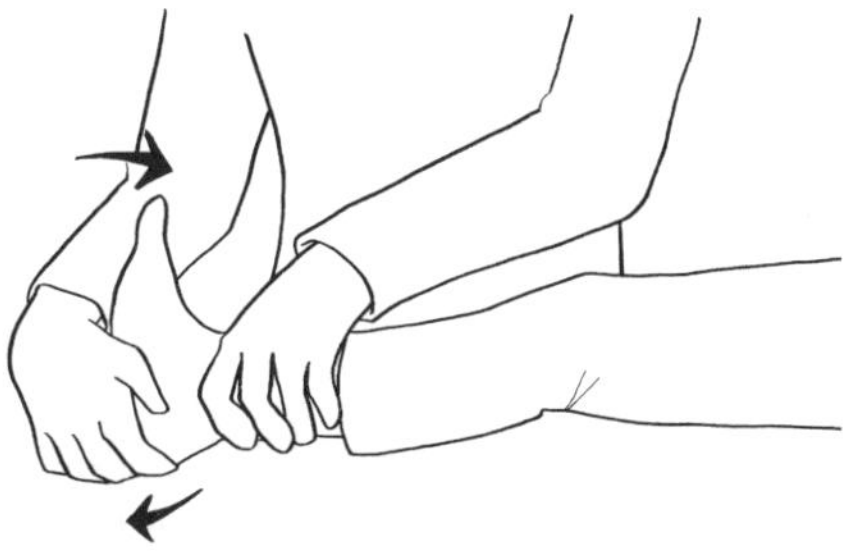

図4-Ⅳ-8　徒手でのアキレス腱のストレッチ（足の背屈）

あまりに重篤な場合は、アキレス腱長術、足趾屈筋腱切断術、あるいは腱移行術などの外科的な処置も必要になります。

　多くは内反尖足や足指の屈曲によるものが原因と考えられます。足底接地の状況が不良であっても、上手にバランスを保ち、立位保持できる利用者もいますが、程度によっては手術などの処置が必要となることもあります。この場合の対策については、「椅子からの立ちしゃがみ」の「内反尖足が強く、足底がうまく接地できない」の項参照。

　素足では足底接地が不良であっても短下肢装具（AFO：Ankle Foot Orthosis）を用いることにより立位保持ができる利用者もいますので導入を検討することも考えます（図4－Ⅳ－6）。

　少々の内反尖足であれば、腰かけ坐位の時に、足底をきちんと床につけ、そのまま立ちあがらせます。普段から傾斜台を使い矯正したり（図4－Ⅳ－7）、足首や足指の屈伸運動を行い、アキレス腱のストレッチなどを行うことは重要です。傾斜台は必ずしも立位だけでなく、椅子に腰かけて用いても効果はあります。椅子で用いる場合には、角度を少し大きくするほうがよいです。立位での矯正のようには力が入りませんが、長時間使用できる利点があります。内反尖足が矯正されるので、床への接地の状態がよくなり歩容が安定します。

　これらの方法で改善できないときには、将来歩くためには短下肢装具が必要になります。

6　麻痺側下肢の筋力低下および随意性の低下による膝折れのため、支持できない

片麻痺になると、膝関節の伸展筋（大腿四頭筋）の筋力および随意

性の低下により、下肢の支持性が低下します。立ち上がりの初期段階では、膝に力が入らず、多くの利用者が膝折れとなり、立位姿勢を保つことが困難です。

支持性の低下に対して、サポーターや装具を用いて膝関節の固定を行う場合がありますが、この際、膝関節の屈曲はしにくくなり、立ちあがり動作もしづらくなります。それほどでない場合には、介助により立ちあがりをさせ、少しずつ麻痺側下肢に体重をかける練習を行います。全身状態が悪いようであれば仰臥位で麻痺側下肢の膝関節をのばしたままで、下肢の上げ下ろしの練習を行います。立位時の膝折れの原因としては、大殿筋、大腿四頭筋、下腿三頭筋等の筋力低下が考えられます。

短下肢装具（ＡＦＯ）：装具は関節の矯正や固定する際に用いられます。足部の変形を矯正するには短下肢装具などが用いられます。多くの種類があり、リハビリテーションの専門病院などで相談するのがお勧めです。身体障害者手帳や医療保険などでつくることができます。

7　立ちくらみ・眩暈などの気分不良がある

立位保持を行う際には、気分不良はないか、前後、左右に揺れることはないかなどをよく観察します。これらに特に問題なく、安定して3分程度の立位保持が可能であれば問題はありません。安定した立位保持が困難な場合には、血液循環が立位に慣れていない、平衡感覚などの問題によりバランスがとれないなどが考えられ、対策が必要となります。

長期臥床により立位を行っていなかった利用者が急に立ち上がると、下肢の血色が徐々に暗赤紫色になるチアノーゼをおこすことがあります。チアノーゼだけであれば特に心配はいりませんが、起立性低血圧、発汗（冷や汗）、顔面蒼白、あくびの連発、眩暈がひどくなり、吐きけや目の前が暗くなり意識を失うこともありますので、チアノーゼはこれらの前駆症状として対応する必要があります。もし、このような状態となった時は、あわてずに仰臥位にし、頭を低く、下肢を少し高くすることにより回復します。腰かけ坐位の時間を長くし、椅子から立ち上がる動作を徐々に増やしていくことで解決します。

8　下肢のみで体重が支えられる

上肢の支持なしに下肢のみで体重が支えることができない原因として、健側下肢の膝関節の伸展筋である大腿四頭筋の筋力低下が考えられます。この段階の脚力の強化には、

①　仰臥位で健側下肢を挙上し、空中で膝関節の屈伸を行う
②　腰かけ坐位で足先をけるように膝関節の屈伸を行う

などの安全な練習がよいでしょう。足関節に重錘（1kgぐらいの砂袋など）を付けてできるようにします。物につかまっての椅子からの立ち上がりしゃがみこみ動作のくり返しそのものを行うことも有効です。

つかまり立ちができるにもかかわらず、上肢の支えがなくなると、腰が引けたり、ふらついたりすることがあります。これは下肢・体幹の筋力が弱い場合や失調症や平衡感覚障害があるために、バランスがとりにくい場合も考えられます。重症ですと坐位や椅子に腰かける姿勢もとれず、つかまり立ちなどはきわめて困難ですので、この段階の利用者の場合は、筋力低下もふくめて軽いバランスの障害と考えられ

ます。

つかまり立ちで結構ですから、両足を肩幅ぐらいに開いて立ち、左右の足に体重を移す練習から始めます。ついで、体を前後、左右に傾けてみたり、ねじったりします。これでバランスがしっかりしてきたら、介護者の手で、少しゆさぶりをかけてみましょう。

9　前後または左右に揺れる

立位の際は、足を少し開き加減にして保持させます。その際に気分不良はないか、前後・左右に揺れることはないか、足底とくに麻痺側下肢がしっかり接地しているかなどをよく観察します。これらに特に問題なく、安定して3分程度の立位保持が可能であれば問題はありません。安定した立位保持が困難な場合には、血液循環が立位に慣れていない、平衡感覚などに問題がありバランスがとれない、足底の接地状態が悪いなどが考えられ、対策が必要となります。

10　平衡感覚などに問題がありバランスがとれない

下肢・体幹の筋力低下により、ふらつきがみられることがあります。重症な場合、坐位や腰かけ坐位もとれません。したがって、この段階まで進んできたような利用者では、筋力低下もふくめて軽いバランス障害と考えられます。

何かにつかまり、両足を肩幅ぐらいに開いて立ち、左右の足に体重を移す練習からはじめます。ついで体幹を前後、左右に傾けたり、回旋させたりします。これでバランスが安定してきたら、介護者が外力を加え、前後・左右に揺らし安定性を確認します。

失調症は、麻痺とは直接関係のない症状です。筋のコントロールがうまくできないため、ふらつきます。麻痺が重篤な場合は、失調症によるものか麻痺によるものかの判定は困難となります。

11　前後・左右どちらかに傾く

前後・左右どちらか一方に傾く場合は、失認や失調症などにより、バランスがとりにくいと考えられます。重症な場合は、坐位や腰掛坐位もとれませんので、この段階まで進んできたような利用者では、筋力低下もふくめて軽いバランス障害と考えられます。

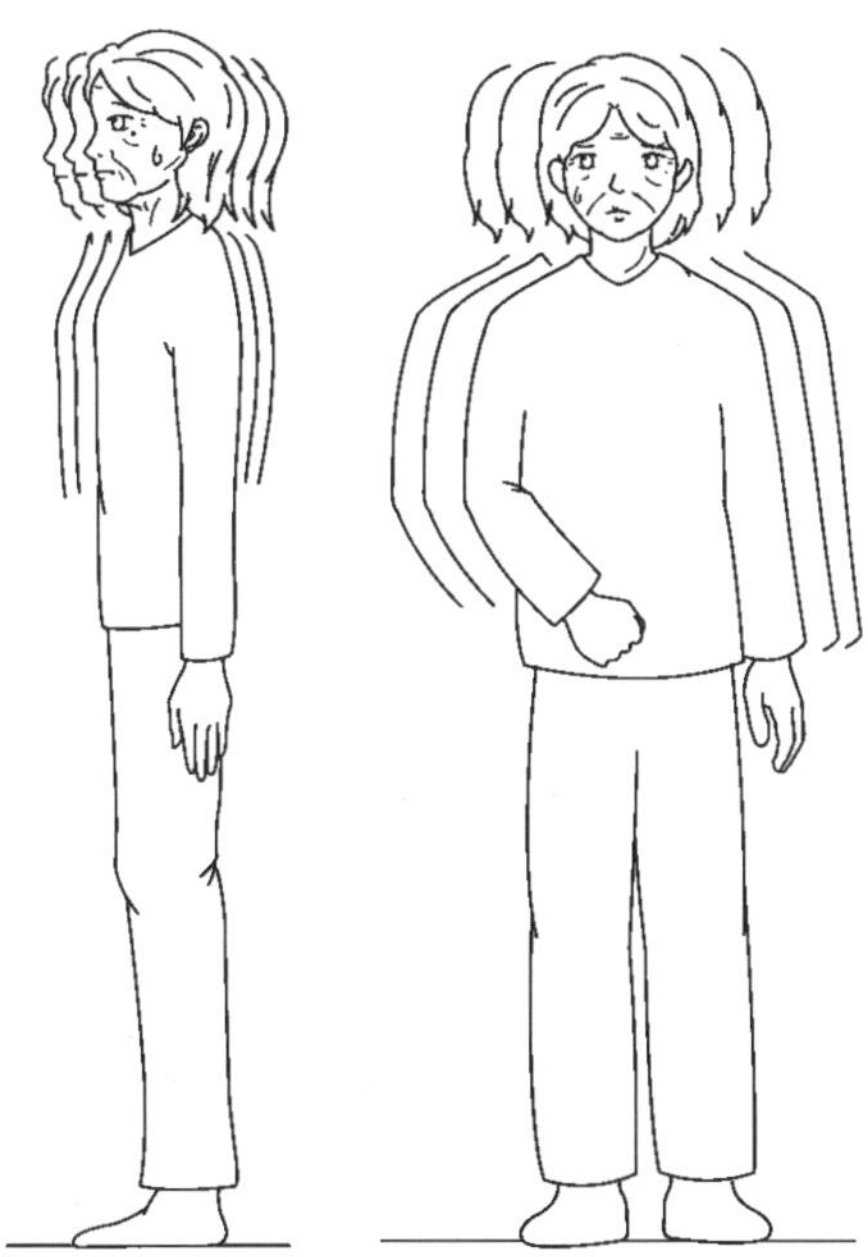

図4-Ⅳ-9　前後・左右の揺れ

1. 姿勢の前後バランスやアライメントが崩れた立位

① 下腿三頭筋力などの低下により足関節における前方制動力が低下している場合。

② 脊柱の屈曲、胸郭の肩甲帯の屈曲や後方捻転の程度。

③ 股・膝関節の屈曲要素の程度。

④ 足部と地面との適合状態（尖足拘縮、痙性麻痺による底屈内反傾向の程度）。

⑤ 各種痛みに対する前方か後方への逃避的立位姿勢。

⑥ 股関節周辺筋力（特に伸展筋力）が低下している場合で前傾する場合があるが、代償的に股関節、体幹を強く伸展し重心を後方へ導くことで前方への崩れを防ごうとする。

2. 身体の左右対称的アライメントを失った立位

① 運動麻痺や筋力低下により下肢の体重支持性に左右差がある場合。特に前額面での安定性を確保するための股関節内外転制動力、足関節の内外反制動力。

② ハムストリングスなどの下肢屈筋痙性の強い場合における下肢支持性の低下。

③ 運動麻痺や筋力低下により体幹の抗重力伸展機能に左右差がある場合。

④ 骨関節の形態に左右差がある場合（例えば下肢長の左右差）。

⑤ 体幹のアライメントが骨関節の変形などで崩れている場合（胸郭の形態、脊柱の側弯回旋変形）。

⑥ 痛みに対する外側逃避的立位姿勢。一側股関節、膝関節痛などの場合。

「立位保持」の指導

はじめのうちは、腰が折れるように上体が前方に傾いてしまうのが普通なので、つかまり立ちからでもかまいません。腰折れを防ぐには、これに抵抗するように腰を前に突き出すのがコツです。また、腰が引けてしまっての転倒事故を防ぐために、介助者が腰のあたりを支えてあげることも必要です。

立位保持が可能になったら、少し足を広げて左右交互に重心を移したり、上体をねじったりして、平衡感覚の強化を行います。

はじめのうちは、立ち上がったとたんにバランスを崩し、転倒するおそれもあるため介護者がいたほうが安全です。慣れるまでは、時に応じて手を貸す必要があります。

立位でのバランス訓練の段階では、なにかにつかまればよいわけですが、そばで励ましてあげたり、姿勢を直してあげたりして欲しいと思います。

1　全体的に筋の緊張が低く立位を保つのが難しい

上肢で平行棒や台などによる支持のもと、介助者は利用者の麻痺側後方から身体を接触して介助し、徐々に麻痺側方向へ荷重させます。

立位が著しく低下していても、長下肢装具を使用し立位歩行訓練や階段昇降訓練に進めたほうがよい場合もあります。

平行棒を利用しての立位の練習は介助量が多い利用者に向き、立位感覚を得やすい反面、利用者に安定感を与え、バーを握り過剰に力を入れることで、異常な筋緊張が余計に増すこともあります。半側無視、異常筋緊張、感覚障害の強い利用者では注意が必要です。

2　過度に緊張が強く踵が接地できず立位を保つのが困難

下腿三頭筋と足趾屈筋をストレッチし伸張性を十分に保つことが大切です。下腿三頭筋の短縮は、体重が前に移動するのを難しくします。

起立矯正板にて持続的に伸長、膝軽度屈曲位、足背屈外反位で持続的に伸張したのちに足底を接地介助して荷重訓練を行います。

3　下肢の支持性、バランスが不安定

下肢への積極的な体重移動の練習として一側の下肢へ体重を移動し他側の足を台に乗せる運動をくり返します。徐々に高い台に移行し、台上で他側の下肢の上げ下げや横方向への移動をくり返します。介護者は体重の側方への移動幅を股関節で調整します。

固定台で可能となったら、ボールなど不安定な道具を用い安定性の強化を図ります。

4　麻痺があり麻痺側への重心の移動がスムースにできず、バランスを崩しやすい

前後の重心移動は、麻痺側の足を半歩前に出した状態で、後ろの健側から麻痺側へ体重移動運動を行います。また、足の位置を逆にして麻痺側から健側へ移動もしますが、麻痺側の荷重が変わるとバランスが崩れることが多いので、お尻が後ろに引かれないよう前に出すように介助誘導をします。

5　バランスを崩した時の反応が悪い

立位保持の状態からバランスがくずれた時に立て直すための踏み出し方を練習しますが、外力を加えるために押す場所は骨盤や肩を押す方向は前後・左右すべての方向へと予告して行い、徐々に予告なしに外力を加え反応を高めていきます。

ボールなどを利用して手や足など全身を使いながら立位バランスを改善します。

中枢神経障害における立位保持

1　観察のポイント

中枢神経障害の姿勢観察は、骨関節障害に比べ、筋の活動状態を念頭において観察する必要がある。特に必要な筋出力が適切なタイミングで機能しているかどうかは姿勢観察上重要なポイントとなる。立位をより良い状態で保持するには、どのような筋活動がどのタイミングで加わればよいのか推察する力が必要である。これらの確認は、頭頸部、肩甲帯、上肢、胸郭、骨盤、下肢のさまざまなアライメントの操作誘導を行い比較的良好なバランスを獲得できている状態を確認できれば、そこからどのような筋出力がどのようなタイミングで加われば良好な姿勢保持のバランスにつながるか推察することができる。また立位を基本姿勢としたさまざまな活動（例えば上肢で物を持ちながら立

つなど）を観察する場合などは、その活動における安定筋、固定筋、括抗筋・主動作筋が各々どの筋機能として出現しているのかを想起しながら観察する必要がある。

2　脳血管障害後片麻痺者における立位姿勢の特徴

脳血管障害後の片麻痺者の起立歩行能力の獲得は、理学療法の目標として最も重要であるといって過言でなく、その基本的姿勢である立位姿勢は評価、治療の対象として重要となる。立位姿勢に影響を及ぼすものとして、随意運動障害（麻痺）、平衡反応障害、感覚障害、高次脳機能障害などさまざまな要因がある。脳血管障害後片麻痺患者の立位姿勢として特徴的に知られる姿勢としては麻痺側の筋緊張が亢進しているウェルニッケ・マン姿勢（Wernicke-Mann posture、痙直型片麻痺の場合）である。最近では、弛緩型片麻痺者の割合が多くなりつつありその場合は肩甲帯が下垂し、特に下部体幹から骨盤帯にかけての筋の姿勢時緊張が低下している状態が観察からもみてとれる。いずれのタイプの片麻痺者にせよ随意運動性の障害されている麻痺側下肢の支持性には患者本人も強い不安感をもち、片麻痺の立位姿勢の共通特徴である非麻痺側下肢で体重を支持し、重心線は非麻痺側に片寄り、左右非対称性を生み出す原因となっている。麻痺側下肢は、体幹筋や殿筋群の麻痺により体幹に対する骨盤の安定性、運動操作性が不十分で骨盤が前傾し、特に麻痺側においては、骨盤が後方へ回旋して左右対称性を維持することが困難な場合が多い。このことは股関節における殿筋群の機能が不十分なため股関節部においても伸展位を保つことを困難にしている。また、股関節部を後方へ位置させ、立位保持時における垂心線を膝関節前方へ誘導することで膝伸展位保持がより容易となることも片麻痺者にとっては安心材料となる。しかしこのことが反張膝に結びつく原因ともなる。よりよい立位を獲得していくには、当然膝関節伸展と股関節伸展が協調的に伸展機能として獲得されていなければならない。たとえ膝の伸展がアライメント上確保されていたとしても、常に麻痺側全体が骨盤や股関節部において後方へ崩れた状態となれば、体幹筋の活動に不利な影響を及ぼしたり、足部においてはより一層の内反尖足位の助長につながる可能性があり、立位をより不安定なものにする。観察の際には、麻痺側の股関節、膝関節の伸展を同時に誘導し、麻痺側膝関節の膝折れ現象が確認されず、安定性が確認できれば、麻痺側参加型の立位を保つだけの麻痺側機能の潜在性が確認できるだろう。一方、必ずしも左右対称な立位が重要なものではなく、その利用者なりのアライメントの崩れ方の中で、そのケースとして最も良好なバランスを保持できている場合もあるので注意が必要である。例えば、非麻痺側の機能に強く偏りのある立位を誘導することで安定的に立位が獲得できる場合もありうる。また、片麻痺患者の立位バランスの改善に関する報告では、平行棒内で両側下肢同時に踵上げの運動を実施した場合、直後において立位バランスが改善することが報告されている。このことから、下腿三頭筋などの足関節前方制動力が片麻痺者の立位バランスに強く影響することが理解される。

3　観察による動作分析の流れ

① 麻痺側の確認。
② 矢状面・前額面・水平面における確認体節ごとの崩れを観察。

③ さまざまな方向へ各体節を誘導し、立位における各種アライメントに対する筋機能の活動のありかたを観察する。

・頭頸部の状態確認。

・肩甲帯の特徴の確認。

・体幹の特徴の確認。

　口頭指示により回旋、屈曲伸展、両側屈に対し、どのような特徴的活動を行うか観察する。また骨盤をゆっくりとさまざまな方向、位置へ誘導することにより、体幹機能にどの程度、抗重力的活動が認められるかも観察する。

④ 股関節屈曲、骨盤の前傾後退を正常なアライメントに誘導することで体幹、骨盤、股関節、膝の抗重力的な潜在的活動機能が存在するかを確認する。

⑤ 非麻痺側に立位を裏付ける機能がどの程度存在するか、非麻痺側依存型の立位の安定性を確認する。

⑥ 支持面の条件変更：支持基底面積の大きさを変更したり、その支持面の形態の変更による立位の安定性変化を診る。

⑦ 閉眼・開眼により視覚的情報を変化させることでどの程度姿勢の安定性が変化するか確認する（例えば感覚障害のある場合は視覚情報の遮断により大きく姿勢の安定性を崩す）。

⑧ 急速な外乱を加え、各種平衡反応が確認できるかを確認する。また一歩踏み出す際の立位の崩れかたを観察することも重要な立位観察の方法となる。片麻痺患者やパーキンソン病患者の場合などは、一歩踏み出すことを指示すると転倒するケースもあるので十分な注意を要する。

⑨ 各種下肢装具を装着した場合としない場合で立位姿勢の安定性に差があるかを確認することも大切な評価となる。

4　確認、観察のポイント

① 立位安定性には十分に大きな支持面の獲得と、強い下肢伸展機能が必要となる。

② 観察には3前後・左右から姿勢を観察確認しその特徴をそのままにとらえることが重要となる。

「立位保持」の獲得をあきらめざるを得ない場合

立位保持を断念せざるを得ない場合としては、全身状態の悪化や利用者のモチベーションの低下、介護者の不在などが考えられます。このような場合、現状の改善を図り、再度動作獲得の機会を調整します。

「立位保持」ができないといっても、当然いろいろな段階があります。あおむけに寝た姿勢で膝を立てることもおぼつかないようでは、とても「立位保持」から歩行へと進むことは無理ですが、たとえ立ちあがり、歩行はむずかしいと判断した場合でも、坐位でのバランスがしっかりしていれば、食事、洗面、入浴、トイレなど身のまわりの生活動作を確立することはできます。立位での移動はあきらめるとしても、いざり移動は可能です。移動できることで、日常生活動作の範囲が大きく拡大する点を十分に指導すべきです。

　また、この段階の利用者は、坐位保持は自力で可能であり、支えがあれば坐位保持が可能な方々です。自力での立位保持は不可能でも坐位保持はできますので、車いすでの移動も含めた日常生活動作（ＡＤ

L）の拡大、ベッドから車いすへの移乗方法の検討の必要があります。

立位保持ができない原因のうち、循環器系の問題は時間をかければ、解決できます。また筋力低下によりバランスがとれない場合でも、これまで述べた各種の筋力強化の練習を行うことで次第に改善されます。

問題は失調症や平衡感覚障害が原因による平衡機能障害のある人と、足部に内反尖足などの重度の変形がある場合です。左右・前後いずれかに傾き自己矯正が困難といった平衡機能障害は失調症などによるものですが、現在のところ本人がそれに慣れる以外によい方法がありません。安全のためにも、自分の力だけで立ったり歩いたりすることは断念したほうがよいでしょう。訓練することを否定することはありませんが、他の手段、たとえば車いすでの移動方法などを並行して指導すべきです。

内反尖足などで足の変形が強い場合は、家庭での矯正には限界があります。手や傾斜台を用いて矯正に努めてもなかなか改善しないときは、手術的手段になることもあります。相談にのってくれる専門医が少ないため苦労されるでしょうがその機会を得るまでは、少しでも改善するよう矯正をつづけてください。

いざり動作の指導

坐面の移動で、健側の手で押しながら移動しようとすると、麻痺側下肢が突っ張り、移動を難しくします。

端坐位では、介助者は利用者の前に位置し骨盤を介助し、浮いたお尻を前に出すように運動を促し誘導します。体重の移動に伴い身体を正中に立て直せるよう促します。

長坐位では、介助者は利用者の後ろに位置して、端坐位と基本的には同じで、手を身体の前で組ませ手を使わないようにして、両背部を介助し片側にお尻を上げ腰と肩が逆に回旋するよう介助します。この場合も頭と身体が立ち直るよう促します。

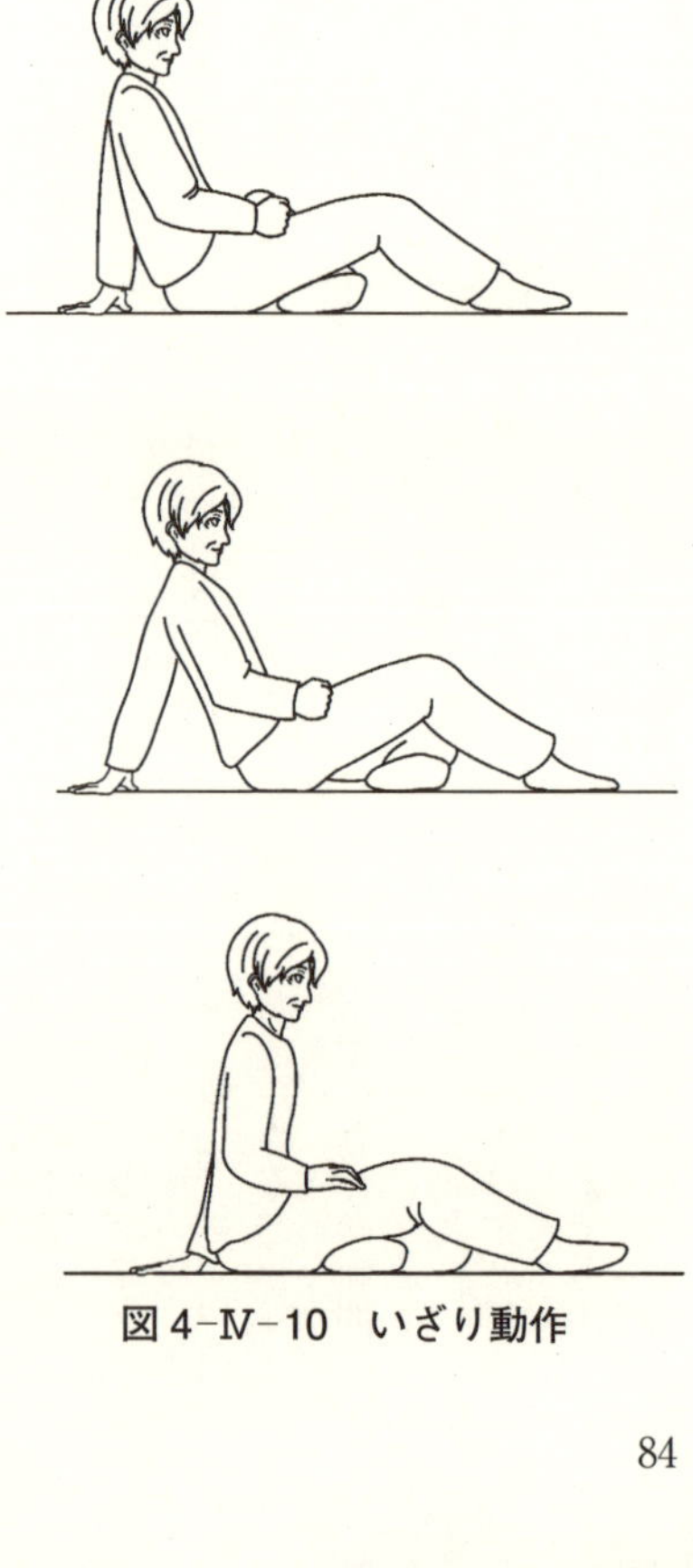

図4-Ⅳ-10　いざり動作

高齢者の立位姿勢

高齢者では、骨粗鬆症や関節変形により姿勢変化をきたすことになる。仲田の基準によると脊柱変形と下肢アライメントの関係からS字型、正常型、屈曲型、伸展型、手膝型の5群に分類している。脊柱変形の原因としては、変形性脊椎症、後縦靱帯骨化症、圧迫骨折などがあり、下肢アライメントの異常は下肢の変形性関節症が主な原因となる。農作業のように前屈み姿勢での作業を行う高齢者の多くは、微細骨折（micro fracture）をくり返しつつ、脊柱変形が進行していくものも多い。それらの症例では、多数の椎体が楔形へと変形し、姿勢は屈曲型から手膝上型へ移行していくことになる。なかには、椎体が煎餅のようにつぶれてしまっているものもあり、そのような症例では神経症状も伴う場合が多い。逆に、下肢関節の変形性関節症などによるアライメント異常をもつものは脊柱の動きで姿勢や動作を代償するため、脊柱に過負荷となりS字型や屈曲型のように脊柱の変形をきたすことになる。このように高齢者では、骨粗鬆症を基盤とした脊柱や下肢の変形やそれに伴う疼痛、筋力低下により立位姿勢が変化する。

V　立ち上がり

立ち上がり動作の解説

姿勢変換の観点からみると、広い基底面によってもたらされる安定した坐位姿勢に始まり、殿部の座面からの離脱を経て、基底面が狭く、その分、不安定性の増す立位姿勢に至る動作の過程といえる。したがって、動作中は身体の重心と基底面の位置関係を巧みにコントロールすることにより、安定した動作が可能になる。さらに、座面からの離殿後に身体の重心を上方へ持ち上げる際の下肢の抗重力運動を可能とするための力学的な負担を要する。身体の重心と基底面の位置関係による安定性、および、抗重力運動に伴う力学的な負担がもたらす円滑性の2つの要素が、立ち上がり動作の遂行能力に影響します。

立ち上がり動作は、移乗動作および更衣動作、トイレ動作、入浴動作などの遂行能力を左右する主要な動作の一つであり、日常生活活動において行動範囲を規定する要素です。「立ち上がり動作」には、自力で立位保持が可能であることが前提になります。

椅子から立ちあがり、そして立位保持は一連の動作ですが、ここではまず、①膝関節の伸展筋力、②足底接地の状態の2点を重点的に観察します。立ちあがるには、股関節や膝関節を重力に逆らってのばす力が必要です。

足部と床との関係は、「立つ」とか「歩く」とかの動作には重要な問題です。脳血管障害のような中枢性麻痺の場合、下腿三頭筋（アキレス腱）の緊張による尖足で足関節が直角になりにくい傾向があります。さらに椅子に腰かけているときは踵がついていても、立ち上がると踵が床から浮いてしまい、そのうえの足の指が屈曲し、足全体もねじれて、小指の側しか接地しないといったことが起こりやすい。足底の接地部が少ないと、それだけ立位は不安定になります。

基本事項の確認

1．医学的に安静が必要な状況ではないか

立ち上がり動作の遂行能力に影響を及ぼす要因は、次のように多岐にわたります。

① 関節可動域や筋力、体性感覚などの運動器機能
② 神経学的障害
③ 疼痛
④ 精神神経機能
⑤ 加齢や体格などの身体的属性など

これらの相互作用が加わることにより複雑多様な様相を呈する。しかし、動作の阻害因子のいかんにかかわらず、動作遂行の可否は、結局のところ身体の運動器を介して達成される生体力学現象としてとらえることができる。

「立位保持」が問題なくできる人であれば、医学的にみて全身状態に特別問題のある人は少ないでしょう。むしろ立ちあがることへの不安が問題かもしれません。いきなり立ち上がるのでなく、椅子から立つ、物につかまって立つ、などの厳重なチェックを経てからの練習であり、危険のないことをよく説明します。

①健側の機能が低下し上体を保つこともできず、筋緊張が弱く自動的にまったく力が出ない

②緊張が非常に強く足が突っ張って麻痺側に押してしまう

③立ち上がらすと逆に足が曲がって浮いてしまう

以上のような利用者では、介助誘導するにあたっては介助量が非常に多くなります。

2. 理解力と意欲に問題はないか

このレベルの機能をもっている人なら、たいていは大丈夫のはずです。しかし、なかには、自己流であることがわかっていながら、それを改めようとしない人もいます。このような場合には、そのやりかたを根底から否定したりせずに、どうしたら少しでも安全に訓練できるかを考えて指導するのがよいと思います。

3. 安定した立位保持が可能

安全に立ちあがり動作を行うには、安定した立位保持ができることが前提となります。

「立位保持」が確実にできるということは、立ち上がったときの上体に安定性が保証されていることになります。安全の点からも、立ち上がる訓練の前に、立位保持がしっかりできるかどうかを確認しておくべきです。また、立ち上がったとき、上体が不安定である場合には、立位保持での前後・左右のバランス練習で力をつけておきましょう。

立位保持の際に、麻痺側下肢が内転しハサミ脚となり立位保持が困難な場合があります。これがあると麻痺側下肢は足底接地できないため立位保持は困難となります。程度によっては介助により立位保持させ、利用者自身で少しずつ矯正できるかどうか様子をみます。あぐら坐位での内転筋のストレッチなども安全で行いやすい方法です。ストレッチなどで改善が期待できない場合は、何らかの処置（神経ブロックや股内転筋群の起始部での切離術など）が必要になります。

片麻痺になると、膝関節の伸展筋（大腿四頭筋）の筋力および随意性の低下により、下肢の支持性が低下します。立ち上がりの初期段階では、膝に力が入らず、多くの利用者が膝折れとなり、立位姿勢を保つことが困難です。支持性の低下に対して、サポーターや装具を用いて膝関節の固定を行う場合がありますが、この際、膝関節の屈曲はしにくくなり、立ち上がり動作も困難となります。それほどでない場合には、介助により立ち上がりをさせ、少しずつ麻痺側下肢に体重をかける練習を行います。全身状態が悪いようであれば仰臥位で麻痺側下肢の膝関節をのばしたままで、下肢の上げ下ろしの練習を行います。立位時の膝折れの原因としては、大殿筋、大腿四頭筋、下腿三頭筋等の筋力低下が考えられます。

脳血管障害による片麻痺では、内反尖足により立位保持や歩行が困

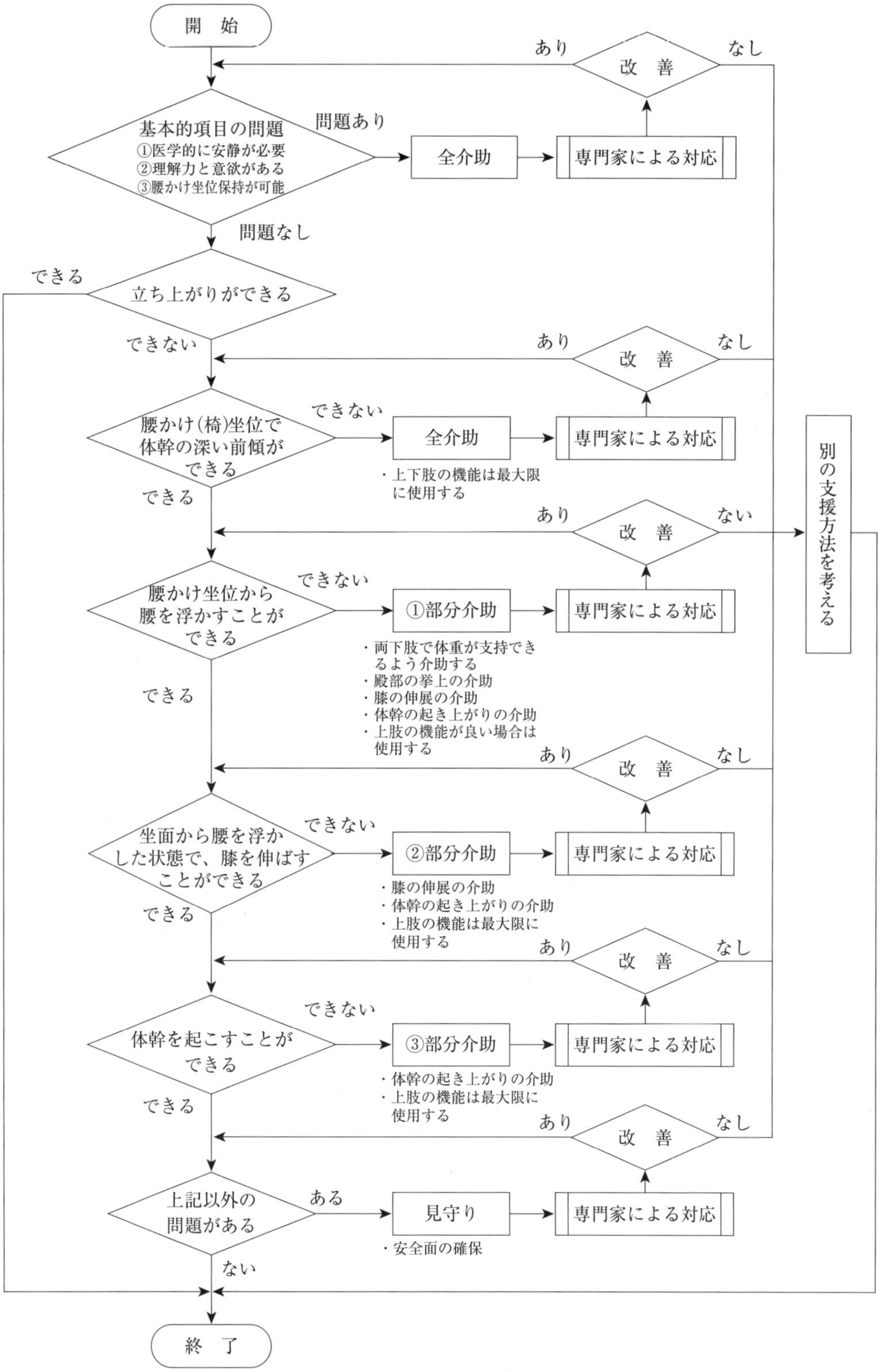

図4-V-1　立ち上がり動作のフローチャート

難な利用者は多く、大部分は発症初期の段階で、尖足防止などの足部への配慮不足によるものです。なかには痙性が強い場合もあります。あまりに重篤な場合は、アキレス腱延長術、足趾屈筋腱切断術、あるいは腱移行術などの外科的な処置も必要になります。

できない原因の究明と対策

立ち上がり動作は、椅子にやや浅く腰かけ、頭が膝の上より前になるまで身体を傾けます。体の重みを両足に乗せるとともに腰を浮かし、膝関節を伸展しながら、股関節も伸展し身体を起こす一連の動作になります。

① 仰臥位でブリッジ5秒間できるか（足を押さえてもよい）
② 腰かけて、30分以上座っていられるか
③ 腰かけて、深く前屈することができるか
④ 腰かけて、一側下肢で患側下肢をすくって10秒保持できるか

脳血管障害による片麻痺者が立ち上がりを行う際、健側の手や下肢に力が入り連合運動が生じ麻痺側下肢に伸展共同運動が起こって、尖足やハサミ脚が強く出現することがあります。

両踵をきちんと床につけ前傾しながら立ち上がり、麻痺側下肢に十分体重をかけます。床が滑り麻痺側下肢が前に飛び出すことがあるので滑り止めのマットを使用するなどの工夫を行いましょう。

麻痺側下肢に体重をかけた際、膝蓋骨の中枢側に手を当て、大腿四頭筋の収縮の有無を確認します。この筋に収縮がみられるようであれば歩行の可能性が高くなります。支持なしで立ち上がるためには立体バランスの十分な練習が必要となります。

脚力が不足している場合、ベッドや椅子を少し高くします。膝関節が90度の屈曲位から立ち上がるにはそれなりの筋力が必要です。

ソファのように座面の柔らかい低い椅子は避け、背もたれのある座面の固い高めの椅子と、椅子より少し高めの椅子や机等を用意します。利用者自身で立ち上がりを行いますので、立ち上がることへの不安が強い利用者、物を強く握ってしまう利用者、物に抱きつく傾向のある利用者は、手に力が入りすぎて、それが原因となり全身の筋緊張が亢進し、転倒となる危険性もありますので、十分に注意する必要があります。慣れるまでは介護者は支持帯を用い介護することが必要です。練習としてこの動作を行う場合は、連続7～8回、それを1日に3度（計20回くらい）行います。

物につかまらず、連続して立ちあがりとしゃがみができれば問題はありません。膝折れや足底接地の状態が悪いときは、以下の対策が必要となります。

1 健側下肢の筋力低下

立ち上がることができない原因として、健側下肢の膝関節の伸展筋である大腿四頭筋の筋力低下が考えられます。この段階の脚力の強化には、

① 仰臥位で健側下肢を挙上し、空中で膝関節の屈伸を行う
② 腰かけ坐位で足先をけるように膝関節の屈伸を行う

などの安全な練習がよいでしょう。足関節に重錘（1kgぐらいの砂袋など）を付けてできるようにします。物につかまっての椅子からの立ち上がりしゃがみこみ動作のくり返しそのものを行うことも有効です。

2　立ち上がると、麻痺側下肢が内転してしまい、足底接地が困難

立ち上がる際に、麻痺側下肢が内転しハサミ脚となり立位保持が困難な場合があります。これがあると麻痺側下肢は足底接地できないため立位保持は困難となります。程度によっては介助により立位保持させ、利用者自身で少しずつ矯正できるかどうか様子をみます。あぐら坐位での内転筋のストレッチなども安全で行いやすい方法です。

ストレッチなどで改善が期待できない場合は、何らかの処置（神経ブロックや股内転筋群の起始部での切離術等）が必要になります。

3　内反尖足が強く、足底接地が不十分

脳血管障害による片麻痺では、内反尖足により立位保持や歩行が困難な利用者は多く、大部分は発症初期の段階で、尖足防止などの足部への配慮不足によるものです。なかには痙性が強い場合もあります。あまりに重篤な場合は、アキレス腱長術、足趾屈筋腱切断術、あるいは腱移行術などの外科的な処置も必要になります。

少々の内反尖足であれば、腰かけ坐位の時に、足底をきちんと床につけ、そのまま立ち上がらせます。普段から傾斜台を使い矯正したり、足首や足指の屈伸運動を行うなど、アキレス腱のストレッチは重要です。傾斜台は必ずしも立位だけでなく、椅子に腰かけて用いても効果はあります。椅子で用いる場合には、角度を少し大きくするほうがよいです。立位での矯正のようには力が入りませんが、長時間使用できる利点があります。内反尖足が矯正されるので、床への接地の状態がよくなり歩容が安定します。

これらの方法で改善できないときには、将来歩くためには短下肢装具が必要になります。

「立ち上がり動作」の指導

端坐位からの立ち上がり動作は、やや浅く腰かけ、頭が膝の上より前になるまで身体を前に傾け、身体の重みを両足に乗せるとともに腰を浮かし、膝を伸ばし、股関節を伸ばしながら身体を起こし立位姿勢をとることになります（図4－V－2）。

座面の少し高めの椅子を用いると、股・膝関節の屈曲角度が鈍角になり立ち上がりしやすくなります。高さの調節ができるハイ・ローベッドを用いると、立ち上がりの高さが自由に調整できます。椅坐位からの立ち上がりの指導の際は、まず深く腰かけた姿勢から、殿部を前方に移動し浅く腰かけます。健側下肢を後方に引いて麻痺側も後方に引くことができれば同様に行います。膝関節の真下につま先がくるように準備します。目線を斜め前方床面に向けながらお辞儀をし、殿部が浮き上がったら徐々に上を仰ぎ見るように目線を上げていきます（最初から上を見たり、急に目線を上に上げると、後方にバランスを崩して座り込んでしまいます）。

立ち上がる途中に膝折れが見られるようであれば、膝折れ防止の対策を行います。介助する場合は介護者が利用者の麻痺側の膝に自分の膝を前方からあてがい膝折れを防ぎます。

① 椅子に腰かけさせる。健側の手は台の上におく。

② 健側の手で体重を支えながら体幹を少し前に傾け、腰を浮かす。

①→②→③→②→①

③ 膝と腰をのばしながら手を離し、体幹をゆっくり起こしていく。

しっかり体幹がのびたら、逆の手順でゆっくり①の姿勢にもどる。

これを5回くり返す。

図 4-V-2 台を用いた立ち上り

「立ち上がり」動作の獲得をあきらめざるを得ない場合

立ちあがり動作を断念せざるを得ない場合としては、全身状態の悪化や利用者のモチベーションの低下、介護者の不在などが考えられます。このような場合、現状の改善を図り、再度動作獲得の機会を調整します。

「立位保持」ができないといっても、当然いろいろな段階があります。あおむけに寝た姿勢で膝を立てることもおぼつかないようでは、とても「立位保持」から歩行へと進むことは無理ですが、たとえ立ち上がり、歩行はむずかしいと判断した場合でも、坐位でのバランスがしっかりしていれば、食事、洗面、入浴、トイレなど身のまわりの生活動作を確立することはできます。立位での移動はあきらめるとしても、いざり移動は可能です。移動できることで、日常生活動作の範囲が大きく拡大する点を十分に指導すべきです。

また、この段階の利用者は、坐位保持は自力で可能であり、支えがあれば坐位保持が可能な方々です。自力での立位保持は不可能でも坐位保持は出来ますので、車いすでの移動も含めた日常生活動作（ADL）の拡大、ベッドから車いすへの移乗方法の検討の必要があります。

問題は失調症や平衡感覚障害が原因による平衡機能障害のある人と、足部に内反尖足などの重度の変形がある場合です。左右・前後いずれかに傾き自己矯正が困難といった平衡機能障害は失調症などによるものですが、現在のところ本人がそれに慣れる以外によい方法がありません。安全のためにも、自分の力だけで立ったり歩いたりすることは断念したほうがよいでしょう。訓練することを否定することはありませんが、他の手段、たとえば車いすでの移動方法などを並行して指導すべきです。

内反尖足などで足の変形が強い場合は、家庭での矯正には限界があります。手や傾斜台を用いて矯正に努めてもなかなか改善しないときは、手術的手段によらねばならぬこともあります。相談にのってくれる専門医が少ないため苦労されるでしょうが、その機会を得るまでは、少しでも改善するよう矯正をつづけてください。

立位保持も問題がないにもかかわらず、うまく立ち上がりができない利用者がいます。立ち上がりは健康人にはなんでもないことですが、ひとたび手足が不自由になると難易度の高い動作になります。

立ち上がりができない場合、それには段階があります。立ち上がりをしようとして立ち上がりできないグループと、どうにか立ち上がりができるが安定した立ち上がりができないグループとに分けて考えなければなりません。

1　立位は可能であるが、立ち上がりができない利用者

安定した立位保持は可能なのに立ち上がりができない場合、次のことが考えられます。

① 立ち上がりに必要な、腰部・腹部・下肢の筋力低下。
② 失調症があるため、身体を動かすと思うようにバランスがとれない。
③ 失行のために、坐位や立位保持は可能でも立ち上がりができない。
④ 麻痺があり麻痺側下肢の支持および平衡感覚に問題がある。
⑤ 内反尖足により足部の変形が強い。

細かい原因については、専門家による診断を受けるのがよいでしょう。細目動作を練習項目として行い、将来の歩行を目標に、練習を継続することも大切です。

2　どうにか立ち上がりは可能であるが、安定した立ち上がりができない

どうにか立ち上がりはできるが、とても安定した立ち上がりとはいえない利用者の安全な立ち上がりを妨げている因子として次のものがあります。

① 運動量の制限

心臓病などがあり、運動量が制限されてしまう場合があります。例えば、片麻痺のために立ち上がりできないのではなく、合併症や併発症のために安静が必要な場合などです。なぜ、安静が必要なのかについて確認が必要です。リハビリテーション病院などで使われている運動基準としては、アンダーソンの基準、土肥の基準、あるいはアンダーソン・土肥の基準等が用いられていますので、それらを参考にしましょう。

② 肥満

肥満の身体を動かすには、それ相当の力が必要です。減量はなかなか難しいことですし、あまり食事のことをいうと、意欲の低下をきたす利用者もいますので、長期戦の構えで関係者の協力を得ながら行います。減量は相対的な筋力強化と考えることもできます。

③ 超高齢

高齢者は機能的な予後は一般によくないといわれていますが、一概には決められません。意欲的な人は、高齢であっても十分頑張れるでしょう。

④ 介護者の協力度

立ち上がりは十分に可能であるはずなのに、家族が冷淡であったり、不安が強かったりして、立ち上がりに至らない利用者もいます。このような利用者は、介護者が付いてくれれば、少々不安ながら、立ち上がりができることが多いです。反対に無理かなと思われる利用者でも介護者が熱心ですと可能な場合もあります。必要最小限の援助は欲しいものです。

以上のようなこともあり、一人で安全な立ち上がりは望めないとしても、手すりをつけるなどの住宅改修等を行い、立ち上がりの機会を作る必要があります。

また、車いすを使えば、外へ出ることも可能です。利用者を屋内ばかりにとじこめず、せめて季節の折々には外出を心がけます。外出により、他人の目にふれたり、自然や世の移り変わりを五感に感ずることは、頭の老化の一番の予防薬ともいえます。

Ⅵ 歩行

「一歩でも二歩でもよいから自分の脚で歩きたい」というのが、歩行困難な利用者の切実な願いです。また少し歩けるようになった利用者がもっと速く歩きたい、そして階段の昇り降りがしたい、できることなら杖なしで歩いてみたいと願うのも当然です。

家族や介護者にとっても利用者が家の中であれば歩行が可能で、自分でトイレに行ってくれれば、どれだけ介護が楽になるかわかりません。しかし初期の指導・介護が不適切で、二次的合併症をもつ利用者にとって、「歩く」ということは容易なことではありません。

ここでは、より安全な歩行練習を考えます。「どんな恰好でもよいから安全に歩ける」ということをめざします。とにかく転ばないで安全に歩くことを考えます。

動作全体の解説

正常歩行は自動化した運動であり、普遍性のある共通の一定の形で行われる運動で、足の動きからみると、体重が荷重され地面に接している時と、地面から浮いて離れている時の2つの時からなります。交互に動く足の一側の運動は、最初に踵が接地し足の裏全体が歩行面に接地してから体重が完全に乗り、踵が離れ足の指が歩行面から離れやや速めに動き、身体の真下を通り前に振り出されやや速度を下げながら再び踵から接地します。両足が同時に接地されている時もありますが、歩く速度が増すと減少し、逆に手の振りは速度を増すと大きくなり、遅くなると減少します。

股関節は体重を支えている時には伸展し続けて身体を前に移動させ、振り出しの際は屈曲します。

膝関節は踵が着くと軽く曲がり、身体が前に行くと伸び始め、反対の足が接地されると股関節より先に再び曲がり振り出され、振り出しの後半に急速に伸び始めます。

基本事項の確認

1　医学的に問題はないか

歩行動作は、これまでの動作に比べ、心臓・肺の循環器系により多くの負荷がかかります。長期臥床の利用者の場合、十分な注意が必要になりますが、急激に長距離歩行を行うわけではありません。歩行を行う段階に至るまでに様々な動作に関する練習を行っていますので、それほど心配する必要はないでしょう。片麻痺を有する利用者の場合、速く歩くことが困難であるため、普通の人が歩くときのように脈拍数が高くならないこと、つまり心肺機能にさほど負担がかからないことがわかっています。むしろ運動そのものによる負担よりも、転倒に対する不安、あせりといった心理的な影響のほうへの配慮が必要となります。

高血圧や心臓疾患があり、医師から特別な注意を受けている場合は、細心の注意が必要となりますが、そうでなければ、さほどの心配はありません。

2　理解力と意欲はあるか

早く自由に歩行できるようになりたいという思いで指導者の意見を聞かず、ただがむしゃらに歩こうとする利用者がいます。またすでに多少なりとも歩ける利用者のなかには、不適切な歩行により、将来問題を引きおこすであろうと考えられる利用者もおられます。このような利用者は、何か事故をおこしてからでないと、指導を受け入れないことが多いようですが、転倒や骨折した後では、とりかえしのつかないことも多々あります。指導を受け入れようとしない利用者には、将来おこりうる危険を具体的に警告すべきでしょう。もちろん家族にもよく説明しておく必要があります。

難易度の高い動作になるにつれ危険性は増大します。転倒などの事故のないよう安全確保が必要です。簡単な動作ではないので、途中で挫折することのないよう、利用者に対する周囲の励ましは大切です。

3　立ち上がりが可能で、安定した立位保持が可能

歩行は、立ち上がった時点から始まるため、安定した立位保持は必須の条件となります。安全な歩行練習を行うには、立ち上がりができ、安定した立位保持ができることが前提となります。椅子からの立ち上がりができるというだけでは、安心して歩行練習は行えません。椅子からの場合には、単に椅子から立ち上がれるだけでなく、床から椅子に腰かけられることが必要です。床から直接立ち上がれる人は、椅子から立ち上がることは簡単です。

できない原因の究明と対策

1　腰かけ坐位での足踏みが20回以上できる

腰かけた姿勢は、股関節・膝関節が屈曲、足首は直角になっています。この姿勢からの、足踏み運動は、麻痺側下肢には、かなりの努力を強いることになります。持ち上げた時には膝が外の方に行き、足も

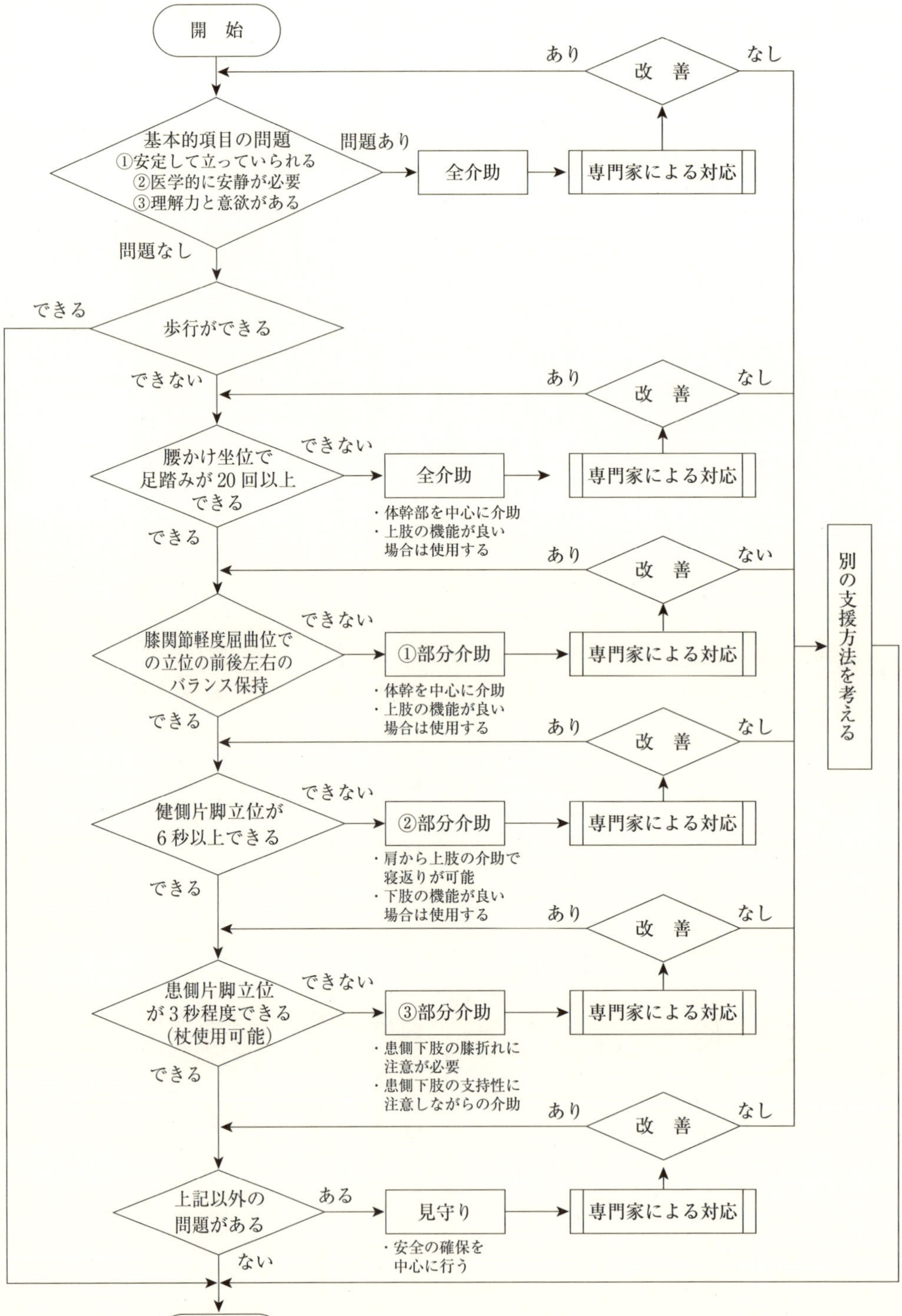
開　始
基本的項目の問題
①安定して立っていられる
②医学的に安静が必要
③理解力と意欲がある
問題あり
全介助
専門家による対応
改　善
あり
なし
問題なし
歩行ができる
できる
できない
改　善
あり
なし
腰かけ坐位で
足踏みが20回以上
できる
できない
全介助
・体幹部を中心に介助
・上肢の機能が良い
場合は使用する
専門家による対応
できる
改　善
あり
ない
膝関節軽度屈曲位での立位の前後左右のバランス保持
できない
①部分介助
・体幹を中心に介助
・上肢の機能が良い
場合は使用する
専門家による対応
別の支援方法を考える
できる
改　善
あり
なし
健側片脚立位が
6秒以上できる
できない
②部分介助
・肩から上肢の介助で
寝返りが可能
・下肢の機能が良い
場合は使用する
専門家による対応
できる
改　善
あり
なし
患側片脚立位
が3秒程度できる
(杖使用可能)
できない
③部分介助
・患側下肢の膝折れに
注意が必要
・患側下肢の支持性に
注意しながらの介助
専門家による対応
できる
改　善
あり
なし
上記以外の
問題がある
ある
見守り
・安全の確保を
中心に行う
専門家による対応
ない
終　了

図 4-Ⅵ-1　歩行評価

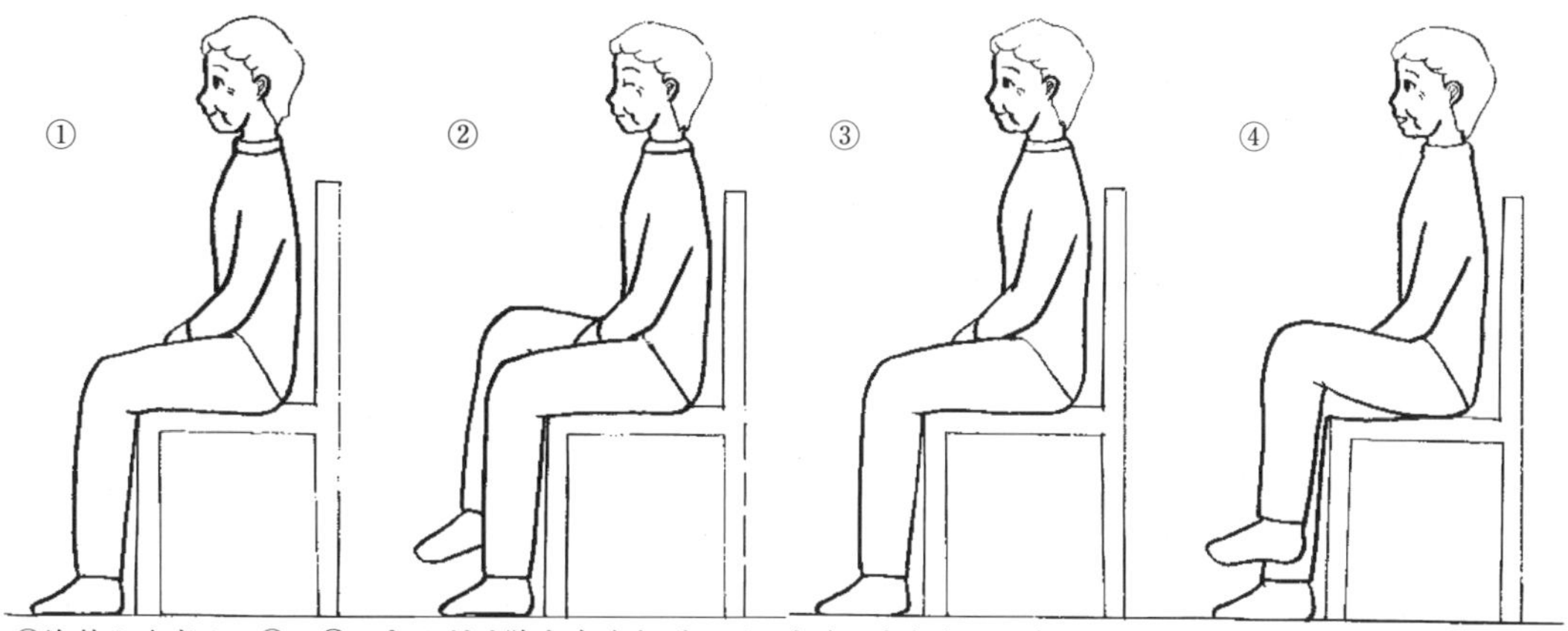

①姿勢よく座る。②～④できるだけ膝を高くあげ、下ろす時はもとあったところへ下ろすつもりでゆっくり行う。１で上げ２でおろすように数える。

図４−Ⅵ−２　腰かけ坐位での足踏み

内反します。どうかすると手の方にまで力が入って肩が上がったり、肘や手首が曲がったりするでしょう。そして、下肢をおろそうとすると膝関節が伸展し、思うところに行かないということが起こります。

　この運動はある意味では歩行より難しい動作といえます。既に歩行している利用者も、体力向上の為に有効な動作です。

　安定した椅子に深く座り、両足底が余裕をもって床につくようにします。健側からできるだけ高く上げて始めて、テンポは、４拍子で行います。１で上げ、２で下ろし、３で上げ、４で下ろすようにします。20回を目標として、片方が10回ずつということになります。

　片麻痺のある場合、麻痺側下肢を持ち上げることは容易ではなく、20回も難しいのです。20回は当面の目標とします。しかし、体力の向上とともに50～１００回も可能となります。これが20回程度できない利用者では、力強い歩行は望めません。心臓の鼓動が激しくなりますので、はじめから多くを望まず、毎日少しずつ増やします。姿勢が崩れないよう注意します。

　連続20回程度できるのが目標でしょう。日々の練習として行う際には合計１日１００回位を目安にするとよいでしょう。できない原因としては、以下のことが考えられます。

①　麻痺側下肢の筋力および随意性の低下

　多くは麻痺側下肢の筋力および随意性の低下のためです。歩行には麻痺側下肢の筋力低下および随意性の低下があるようではうまく歩行はできません。これまでの運動とともに行いましょう。

②　バランスが悪い

　健側を上げるには躯幹のバランスが安定していないと十分に脚は上がらないことがあります。脊柱を腰の付近でピンと伸ばし、首のところで吊り上げられるような気持で、左右の殿部に体重を移動してみましょう。

③　体力がない

　この運動は真剣にやりますと汗ばむほどです。すなわち、心臓や肺にかなり負担をかけることになります。体力低下があるとすぐくたびれてしまいますので、あわてずやり、息切れしたりしない程度で止め、それを何回かくり返すのがよいと思います。

2　両膝関節軽度屈曲位での立位で左右のバランスがとれるか

　膝関節軽度屈曲位の立位で体重を十分にかけることができるようになると、歩行は安定します。麻痺側に僅かでも尖足がある、あるいは大腿四頭筋の随意性および筋力低下があると、起立時に膝関節は過度の伸展位により安定を保とうとします。この傾向が強く続くと反張膝になることがあります。

　起立位で、麻痺側に体重をかけ、膝を少し曲げた時、膝蓋骨のすぐ上のところで大腿四頭筋が収縮するのを指先で感じられるようになると、その下肢の支持力が本格的になってきたことを示しています。そして、その位置をある程度保てるようになれば歩くことも歩行姿勢もよくなります。その時期になると、尖足を短下肢装具で矯正し、足首を直角にしても膝折れしなくなります。このように、膝関節軽度屈曲位でのバランス保持は、歩行のためには重要です。

　まず安定して立ちます。場合によっては机や椅子に手をついても結構です。もちろん杖を用いてもかまいません。麻痺側の足を少し前に出した方が尖足傾向のある人は接地が楽でしょう。足の裏がきちんと床に着くようにして下さい。

　膝関節軽度屈曲位で健側下肢に体重をかけて行きます。この時、腰を横に出すようにし、肩が下がらないようにします。その要領で患側下肢に少しずつ体重をかけます。健側と同じように腰を横に押し出し、肩が下がらないよう注意します。これは大変難しい姿勢で、ほとんどの人は腰を押し出すことができず、肩が下がってしまうのです。左右に2～3秒ずつ体重をかけます。

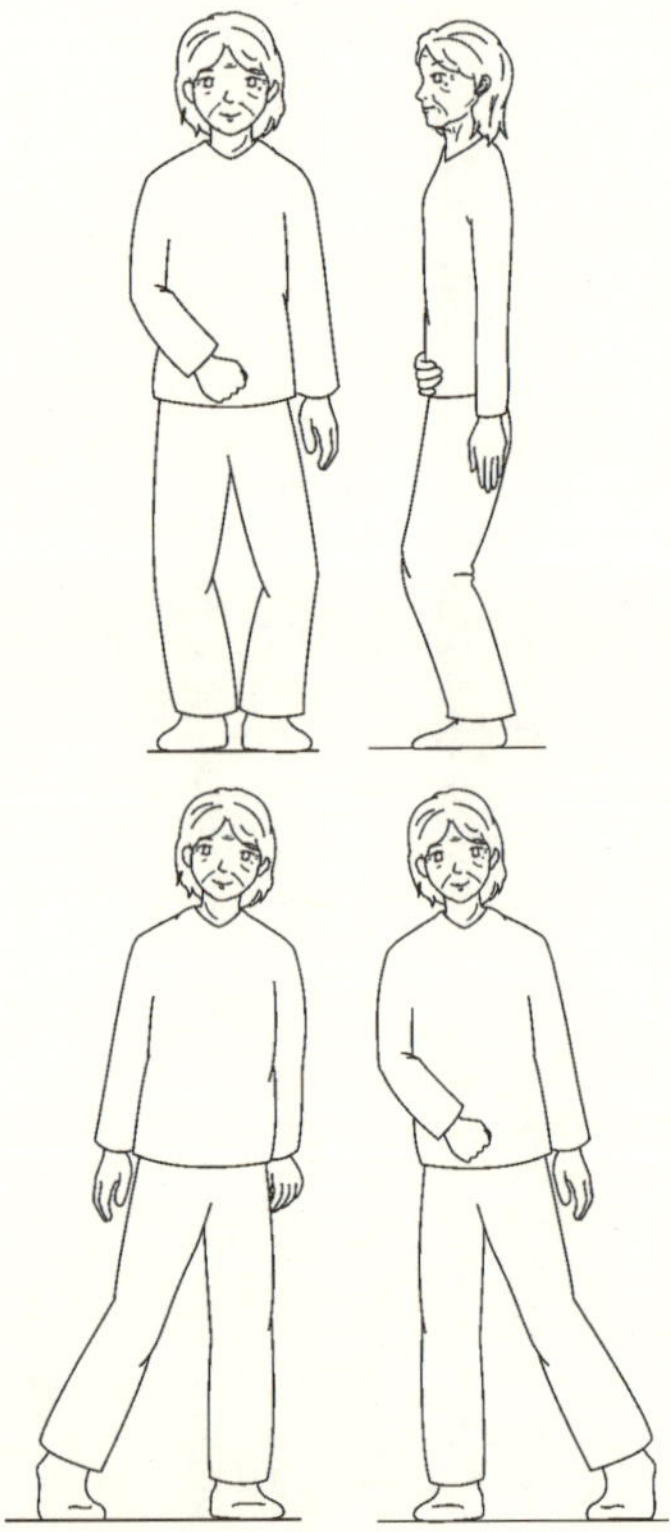

①　正面を向いて立ちバランスをとる。

②　膝関節の軽度屈曲位でのバランス保持。

③　膝関節の軽度屈曲位で健側に体重を移す。

④　次いで、麻痺側に体重を移す。体重を移す時、腰を押し出すようにし、肩は水平を保つようにする。

①→②→③→④→③→④・・・・・・・・・・・・②→①

図4－Ⅵ－3　体重の移動

何かを支持してでも構いませんので、体重移動を行います。１日に2～3分はこの運動を行いましょう。できない原因としては以下のことが考えられます。

①　大腿四頭筋の筋力低下

膝関節軽度屈曲位で体重を支えるには、大腿四頭筋の十分な筋力が必要です。大腿四頭筋の筋力低下があると膝折れを起こします。強化するには、この運動の他に、仰臥位での下肢伸展挙上や椅子から立ち上がるなどの練習が有効です。

②　股関節周囲筋の筋力低下

特に股関節を伸展する大殿筋と外転する外転筋の筋力低下があるとこの動作は困難になります。何か物につかまり立位で麻痺側下肢を前後に振りぬいたり、横に出したりするのもよいでしょう。仰臥位では、ブリッジをしたり、膝をできるだけ伸ばして、両下肢を開いたり、閉じたりするのもよい運動です。

③　尖足が強い

尖足があると膝関節を屈曲すると爪先立ちになります。この傾向が強い場合、手術によるアキレス腱の伸張が必要となってきます。しかし、安易に延長術を行っても、膝折れが現れたりすることがあるので、十分な検討が必要です。普段からのアキレス腱のストレッチは大切です。この運動自体もアキレス腱のストレッチ運動になります。踵をつけたまま、深くしゃがみ込む練習などはとても効果的です。

④　不安とくせ

健側へは体重を移せても、麻痺側にはなかなか体重移動ができないのが普通です。体重をかけても肩が下がってしまい、腰が伸ばせないものです。すでに歩行ができる利用者でも、できないものです。その原因のひとつとして不安があり、また肩を下げて体重をかけるくせがついてしまっている場合があります。股関節周囲筋の筋力低下により止むを得ない場合もありますが、可能となれば、歩容は一段とよくなります。

3　一側下肢で5秒程度、片脚立ちができる

健康者であれば、両下肢に交互に体重をかけて歩行しますが、片麻痺者の場合にはどうしても一側下肢で立つ時間が長くなります。杖を用いても、杖を前につくときは、健側の下肢だけで立位保持することになります。

一側下肢の支持性と片足立ちでのバランスが安定しているかどうかを確認します。一側下肢で、せめて5～6秒間の立位保持ができないようでは、安定した歩行は望めません。

支持なしで行えるようになるのが目標ですが、はじめは、何かに掴まることもやむを得ません。また、いきなり5秒程度立っていることは難しいため、徐々に時間を延ばしましょう。はじめのうちは介助者の付添いが必要です。

「5秒程度」は絶対的なものではなく、この程度の時間、安定した片脚立ちができれば問題はありません。健側下肢の膝折れ、股関節の伸展筋力の低下（尻部が後方に突きでる）、バランスが不安定、麻痺側の下肢を浮かせられない、といった場合は対策が必要です。

日々の練習として利用する場合は、１日20回くらいを目安に行います。床からの立ち上がり（あるいは椅子を使っての立ち上がり）動作と

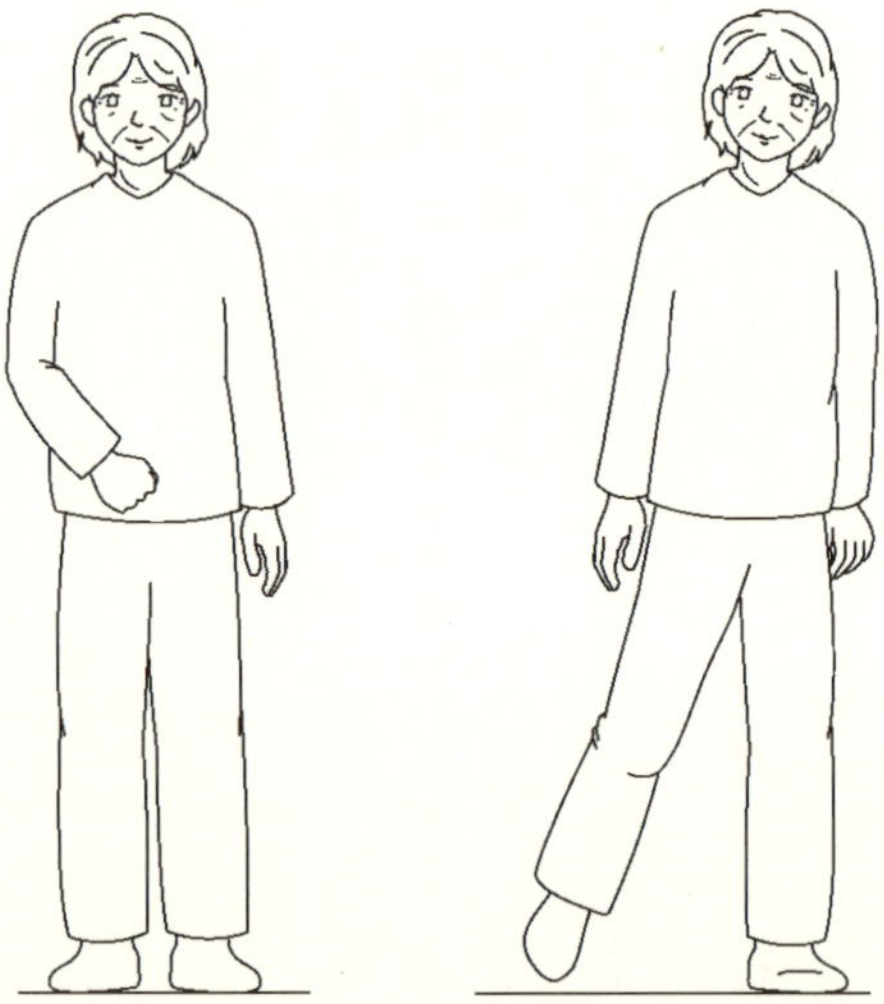

①　両足でしっかりと立ってから、健側下肢に体重を移し、麻痺側の足を床から浮かす。

②　ゆっくり５秒数えたら麻痺側下肢をおろす。これを５回くり返す。

①→②→①

図４−Ⅵ−４　片脚立ち

組み合わせて行えば、効果的です。できない原因としては、以下のことが考えられます。

①　健側下肢の筋力低下

膝折れ、股関節の伸展が不十分で殿部が突き出てしまうのは、健側下肢の筋力低下が原因です。股関節周囲筋の筋力を強化するには、九〇ページ（図４－Ｖ－２）に示す椅子からの立ち上がり、しゃがみこみの練習をくり返して行うのが効果的です。両下肢で立ち、膝関節の軽度屈曲位で、その姿勢を保つだけでも筋力強化になります。

②　平衡感覚の機能低下

立位でふらついてくるようでは、バランスが上手にとれません。平衡感覚は加齢とともに衰えますが、これに中枢性麻痺が加わり、さらに悪化していることも考えられます。高齢者にとって片脚立ちは難しい動作のひとつです。

平衡感覚の向上には、片脚立位保持に慣れるほかありません。はじめは、物に掴まって片脚立ちの姿勢を保ち、慣れてきたら、徐々に手をはなしてバランスをとり、手をはなして立っていられる時間を徐々に長くしていきます。

③　健側にも軽い障害がある

脳血管障害による片麻痺の場合、厳密な意味では健側は発症前の機能を有してはいません。また脳全体に動脈硬化がみられる高齢者では、表面的には症状が出ていなくても、よく調べてみると健側といわれるほうにも軽い痙性、固縮などの神経症状がみられることがあります。両側性片麻痺で一方の症状がごく軽い場合、あるいはもともと頸髄症があった利用者が脳血管障害になった場合なども同様のことがみられます。しかし、これらの症状が重篤であれば、「立ち上がり」動作なども困難であるため、この段階では、あったとしても極軽度なものと考えられます。対策としては前項と同じです。

④ 麻痺側下肢がうまく上がりにくい

起立した際、麻痺側下肢の随意性の低下により、下肢がうまく挙上できにくい人がいます。これは共同運動によるものです。中枢性麻痺の利用者が起立すると、どうしても下肢に伸展共同運動がでやすくなります。そのうえに、麻痺側下肢を上げると、こんどは屈曲共同運動をおこしてしまい、麻痺した下肢全体の動きが大きくなり、片脚ではバランスがとりにくくなります。麻痺側下肢がうまく上がらないのは、こうした筋の不随意的な収縮をコントロールすることができないためで、健側下肢の筋力とは関係ありません。緊張したり、寒さによりひどくなることが多いです。この場合の対策は図4－Ⅵ－2（九五ページ）および図4－Ⅵ－3（九六ページ）と同じです。片脚立ちでのバランス練習をくり返す以外に方法がありません。

頸髄症：高齢者の場合、変形性脊椎症や後縦靭帯骨化症などにより頸髄が圧迫され、両側上下肢に痙性麻痺、筋の固縮、反射亢進などの中枢性の神経症状が見られることもあります。そのような人が脳血管障害による片麻痺となると、健側にも神経症状が見られることになります。

4　麻痺側下肢と杖で3つ数える間立っていられる

歩行は、麻痺側下肢と杖で身体を支えることが必要です。麻痺側下肢の支持性がないと、健側下肢を前に振りだすことはできず、身体を支えることもおぼつかない。また、麻痺側下肢の支持性の不足分を杖で補うため、健側上肢にも安定性と筋力が要求されます。さらには、杖の使い方が問題となります。

麻痺側下肢の支持力と、杖で支持する動作が総合的にできるかどうかが重要となります。杖は身長に応じて長さを調整し、すべり止めを

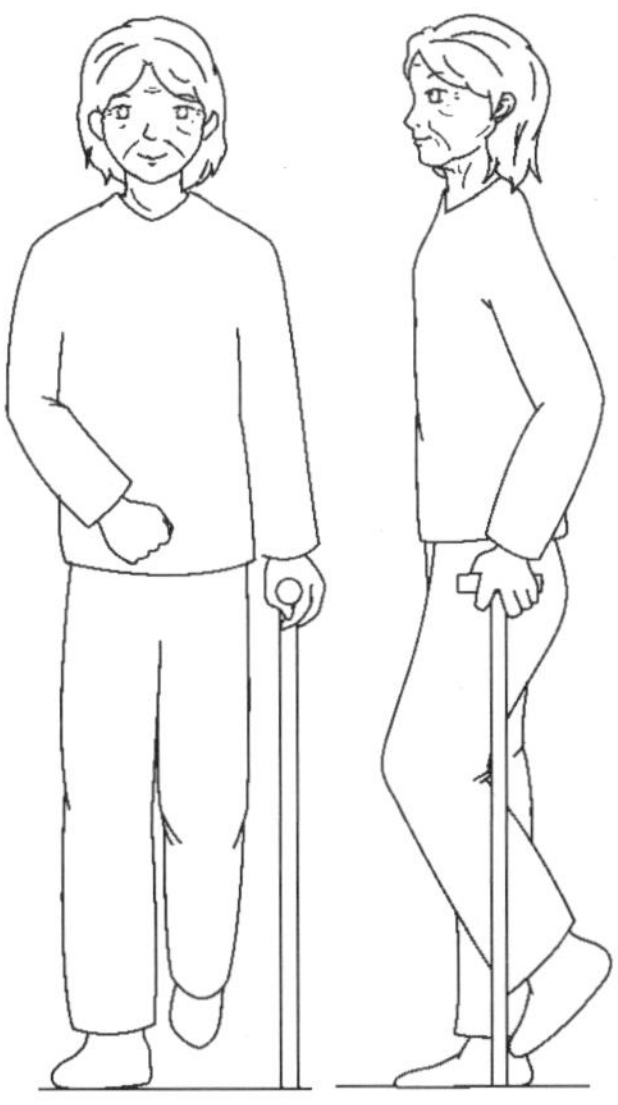

立位姿勢をとり、健側上肢で健側の横前の位置に杖をつく。健側上肢でしっかり杖を保持し、手のひらを押しつけるようにしてバランスをとりながら、健側の足を床から浮かす。ゆっくり3秒数えたら、健側の足をおろす。

これを5回くり返す。

図4－Ⅵ－5　麻痺側下肢での体重支持

確認します。杖の長さは健側の肘関節の軽度屈曲位で床につく程度が目安です。

両下肢で立位をとり、杖で支持する練習をくり返して行います。まずは介助者の介助が必要となります。杖あるいは麻痺側下肢のどちらか一方に体重をかけすぎるとバランスをくずします。

ゆっくり3秒数える間立位保持ができ、くり返し行ってもバランスが崩れないようであれば問題はありません。もちろん、杖を使わずに麻痺側下肢だけで片脚立ちができるのが理想的です。日々の練習項目として用いる場合の目安は、1日に10回くらいです。

バランスをくずし、立位保持ができないときは、以下の対策が必要です。

①　麻痺側下肢の支持性の低下

原因として考えられるのは、膝・足関節にかかわる筋力低下による膝折れです。しかし膝折れがみられてもすでに立位保持が可能な利用者ですので、大腿四頭筋か下腿三頭筋の随意性および筋力低下が原因と考えられます。これらの筋の機能回復には椅子からの立ちしゃがみの練習をくり返す方法が安全で有効な方法といえます。また、麻痺のみが原因であれば、その回復を待つことになります。

少々の足の変形、たとえば内反、尖足、反張膝などがあっても、麻痺側の下肢にそれなりの支持力があれば、この動作はできるはずです。

②　杖を上手に扱えない

上肢の筋力があっても、杖を上手に使えない利用者がいます。不安が異常に強い場合、物にしがみつく傾向の強い利用者では、杖を引っ張りながらきつく握るようになりがちで、杖をつくという状態になれないのです。日頃から台に手のひらを押しつけるようにして立位の練習を行うことが有効です。杖を持つのは健側上肢ですから、練習により慣れるでしょう。

「歩行」の指導

歩行には、いろいろな方法があります。まずは常時2点歩行を目標にすると良いでしょう。この歩き方は、杖を振り出すときは健側下肢と麻痺側下肢で支え、麻痺側下肢を振り出すときは杖と健側下肢で支え、健側下肢を振り出すときは杖と麻痺側下肢で支える、というように常に残りの2点で身体を支えますので、安定した歩行ができます。

指導にあたっては、杖→麻痺側→健側で立ちどまる間歇的歩行の確立を目標に行います。日常の基礎訓練としては、①細目動作のくり返しの練習、②膝立ち、立膝で前後・左右に歩く、椅子からの立ちしゃがみ、椅子に座ってきちんとした足踏み、仰臥位での開脚、尖足の矯正などを日課として行うと効果的です。

歩行が実用的であるかどうかを知るには、①歩容、②安定性、③速度、④応用性、⑤耐久性の5つの視点を用いるのが有効です。歩行の実用性に関しても同じことがいえます。

①　歩容

歩容は、利用者の歩く姿の良し悪しということでなく、また健常者の歩行に似せるというものでもありません。利用者の状態に最も適した歩き方かどうか検討します。

②　安定性

安定性は安全性にもつながります。利用者にとってふさわしい歩

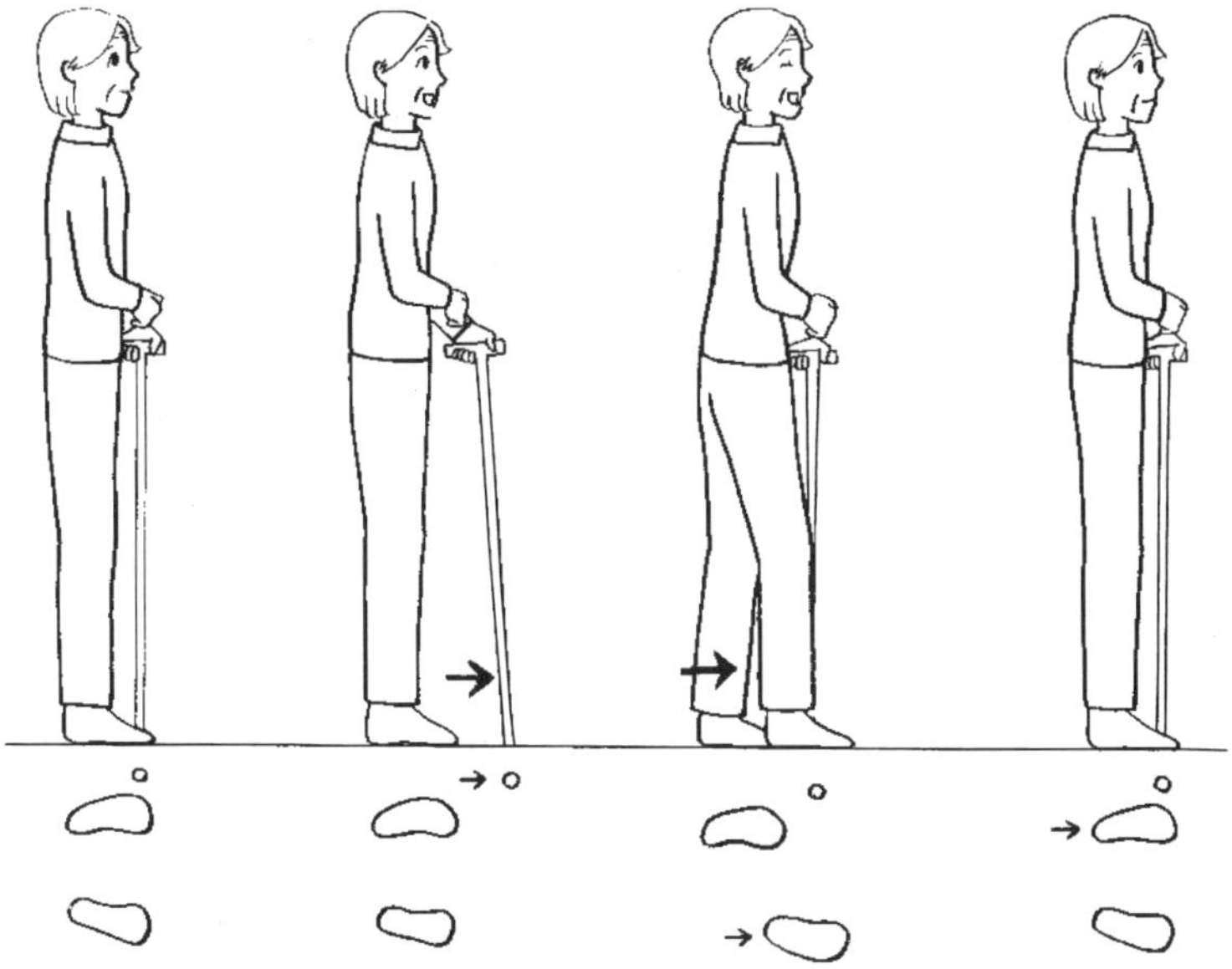

① 杖をつき、安定して立つ。
② まず杖を半歩ほど前に出す。
③ 健側下肢と杖で支えながら麻痺側（患側）下肢を半歩前に出す。
④ 麻痺側下肢と杖で支えながら健側下肢を麻痺側下肢にならぶ位置まで出す。
ここでいったん立ちどまる。
これを10回くり返す。

図4-Ⅵ-6　片麻痺者の杖歩行

行がいつでも再現できるかどうかということになります。

③ 速度

歩行速度は、屋内ではあまり問題になりませんが、屋外では例えば青信号の時間内に道路を渡らねばならないということもおこります。それぞれの環境で必要とする歩行スピードが求められます。求められる最低歩行スピードがないようでは実用的とはいえません。

④ 応用性

わが国の生活環境は決して平坦なところばかりではなく、屋内でも畳と廊下の床面の硬さや滑らかさは異なり段差もあります。屋外であれば利用者にとっては障害物ばかりといってよいでしょう。これらを克服する応用性も歩行が実用的になるかどうかの分かれ目です。

⑤ 耐久性

いかにうまく歩けても2～3分で疲れたり、歩容が悪いようでは困ります。障害のある利用者も常に体力の向上を図らなければなりません。

「歩行」の獲得をあきらめざるを得ない場合

椅子からの立ち上がりも可能で、立位保持も問題がないにもかかわらず、うまく歩行ができない利用者がいます。歩行は健康人にはなんでもないことですが、ひとたび手足が不自由になると難易度の高い動作になります。

歩行ができない場合、それには段階があります。歩行しようとして歩行できないグループと、どうにか歩行できるが安定した歩行ができないグループとに分けて考えなければなりません。

1 安定した立位は可能であるが、歩行ができない利用者

安定した立位は可能であるが歩行ができない利用者の場合、次のことが考えられます。

① 失調症があるため、身体を動かすと思うようにバランスがとれない。
② 歩行失行のために、立っていることはできても歩くことができない。
③ 片脚立ちでの平衡感覚に問題がある。
④ 内反尖足により足部の変形が強い。

細かい原因については、専門家による診断を受けるのがよいでしょう。細目動作を練習項目として行い、将来の歩行を目標に、練習を継続することも大切です。

2 どうにか歩行は可能であるが、安定した歩行ができない利用者

どうにか歩行はできるが、とても安定した歩行とはいえない利用者の安全な歩行を妨げている因子として次のものがあります。

① 運動量の制限

心臓病などがあり、運動量が制限されてしまう場合があります。例えば、片麻痺のために歩行できないのではなく、合併症や併発症のために安静が必要な場合などです。なぜ、安静が必要なのかについて確認が必要です。リハビリテーション病院などで使われている運動基準としては、アンダーソンの基準、土肥の基準、あるいはアンダーソン・土肥の基準等が用いられていますので、それらを参考にしましょう。

② 肥満

肥満の身体を動かすには、それ相当の力が必要です。減量はなかなか難しいことですし、あまり食事のことをいうと、意欲の低下をきたす利用者もいますので、長期戦の構えで関係者の協力を得ながら行います。減量は相対的な筋力強化と考えることもできます。

③ 超高齢

高齢者は機能的な予後は一般によくないといわれていますが、一概には決められません。意欲的な人は、高齢であっても十分頑張れるでしょう。

④ 介護者の協力度

歩行は十分に可能であるはずなのに、家族が冷淡であったり、不安が強かったりして、歩行に至らない利用者もいます。このような利用者は、介護者が付いていてくれれば、少々不安ながら、歩行ができることが多いです。反対に無理かなと思われる利用者でも介護者が熱心ですと、長距離の歩行も可能な場合もあります。必要最小限の援助は欲しいものです。

以上のようなこともあり、一人で安全な歩行は望めないとしても、屋内で伝い歩きができる利用者は手すりをつけるなどの住宅改修等を行い、歩行の機会を作る必要があります。

また、車いすを使えば、外へ出ることも可能です。利用者を屋内ばかりにとじこめず、せめて季節の折々には外出を心がけます。外出により、他人の目にふれたり、自然や世の移り変わりを五感に感じることは、頭の老化の一番の予防薬ともいえます。

Andersonのリスク基準（1964）
1）休息時脈拍100以上なら訓練しない。
2）訓練中、息切れ、めまい、宙に浮いた感じ、胸部痛、チアノーゼなどがでてきたときは訓練を中止する。また。脈が135～140を越えたり、不整脈になったら中止する。
3）訓練後2分間で脈拍数は休息時数＋10以下に落ちつくはずであるが、これより多いときには訓練を中止する。
4）徒手抵抗運動は各肢を同時にやらないこと。運動中と運動後2分間たったときの脈をとり、上述の方法で判断する。
5）歩行訓練に際しては、歩行直後と歩行をやめてから2分後の脈をとり、同様の基準で判定する。
6）二肢の同時訓練または体幹訓練か必要な場合には10分ごとに休止して、直後の脈拍数と2分後の脈拍数を計り、同様の判定をする。
7）脈拍は不整でなければ15秒間でよいが不整がある場合には30秒間計らなければならない。

（福井圀彦：脳血管障害の診断と治療より）

このうち1、2、3が実際の確認の内容で、4～7は計測手技上の注意です。脈拍の変化を中心にみています。心臓疾患があったり、感染症があるときは、当然そのほうの注意が優先します。

＊土肥の基準
I. 訓練を行わないほうがよい場合
1. 安静時脈拍数120／分以上
2. 拡張期血圧120mmHg以上
3. 収縮期血圧200mmHg以上
4. 労作狭心症を現在有するもの
5. 急性心筋梗塞1ヵ月以内のもの
6. うつ血性心不全の所見の明らかなもの
7. 心房細動以外の著しい不整脈
8. 訓練前すでに動悸、息切れのあるもの
Ⅱ. 途中で訓練を中止する場合
1. 訓練中、中等度の呼吸困難、めまい、吐きけ、狭心痛などが出現した場合
2. 訓練中、脈拍140／分をこえた場合
3. 訓練中、1分間10個以上の期外収縮が出現するか。または頻脈性不整脈（心房細動、上室性または心室性頻脈など）あるいは徐脈が出現した場合
4. 訓練中、収縮期血圧40mmHg以上または拡張期血圧20mmHg以上上昇した場合
Ⅲ. 次の場合は訓練を一時中止し．回復を待って再開する。
1. 脈拍数が運動前の30％をこえた場合、ただし、2分間の安静で10％以下にもどらぬ場合は、以後の訓練は中止するか、またはきわめて軽労作のものにきりかえる。
2. 脈拍数が120／分をこえた場合
3. 1分間10回以下の期外収縮が出現した場合
4. 軽い動悸、息切れを訴えた場合

（福井圀彦：脳血管障害の診断と治療より）

Ⅶ　移乗動作

「移乗」動作全体の解説

ベッドから車いすへ移る動作のことを移乗動作といい、ベッドから離れるための重要な動作となります。これはトイレ動作で車いすからトイレ便器に移動するためにも重要な動作です。立ち上がりが可能で立位保持の可能性のある利用者の場合、図4－Ⅶ－1に示すような手順により比較的容易に移乗動作は可能です。しかし対麻痺者や下肢切断のように立位保持の困難な障害を有する利用者の場合、図4－Ⅶ－2のようになります。

基本事項の確認

1　医学的に問題はないか

下肢機能についての確認が重要になります。骨折、激しい腰痛、褥瘡、関節拘縮などによる疼痛があり動かせない。合併症あるいは併発症による痛みには以下のようなものが考えられ、不用意には動かすことはできません。

①　大腿骨頭部骨折
②　骨粗鬆症
③　褥瘡
④　関節拘縮

2　理解力と意欲はあるか

ベッドから車いすへの移乗が可能となり、室内での移動の可能性やADL拡大にもなりますので、利用者の理解力や意欲が求められます。

3　安定した坐位保持が可能

移乗動作における開始および最終姿勢である坐位保持ができなければ、移乗動作は完成しません。特に上肢の動作も加わりますので、背もたれなしでの坐位保持ができないようであれば、移乗動作は困難です。「坐位保持」にもどり、利用者自身で坐位保持ができることが必要です。

できない原因の究明と対策

ベッドから車いすへの移乗動作は、車いすを30～40度の角度で斜めにベッドに接近させて、ブレーキをかけ、ベッドへの移動距離をさらに近づけるために殿部を前方に片方ずつ引き出し、ベッドに浅く腰かけます。ハイ・ローベッドであればベッド高を少し上げます。踵を後ろに引いて膝の真下につま先がくるようにセットし、立ち上がります。立位になったら、健側下肢を軸にして殿部を車いすの方へ90度回転させ、ゆっくりと車いすに腰を下ろすまでの一連の動作です。

①　坐位移動ができる

ベッド・車いす間の移乗（立位保持の可能性あり）

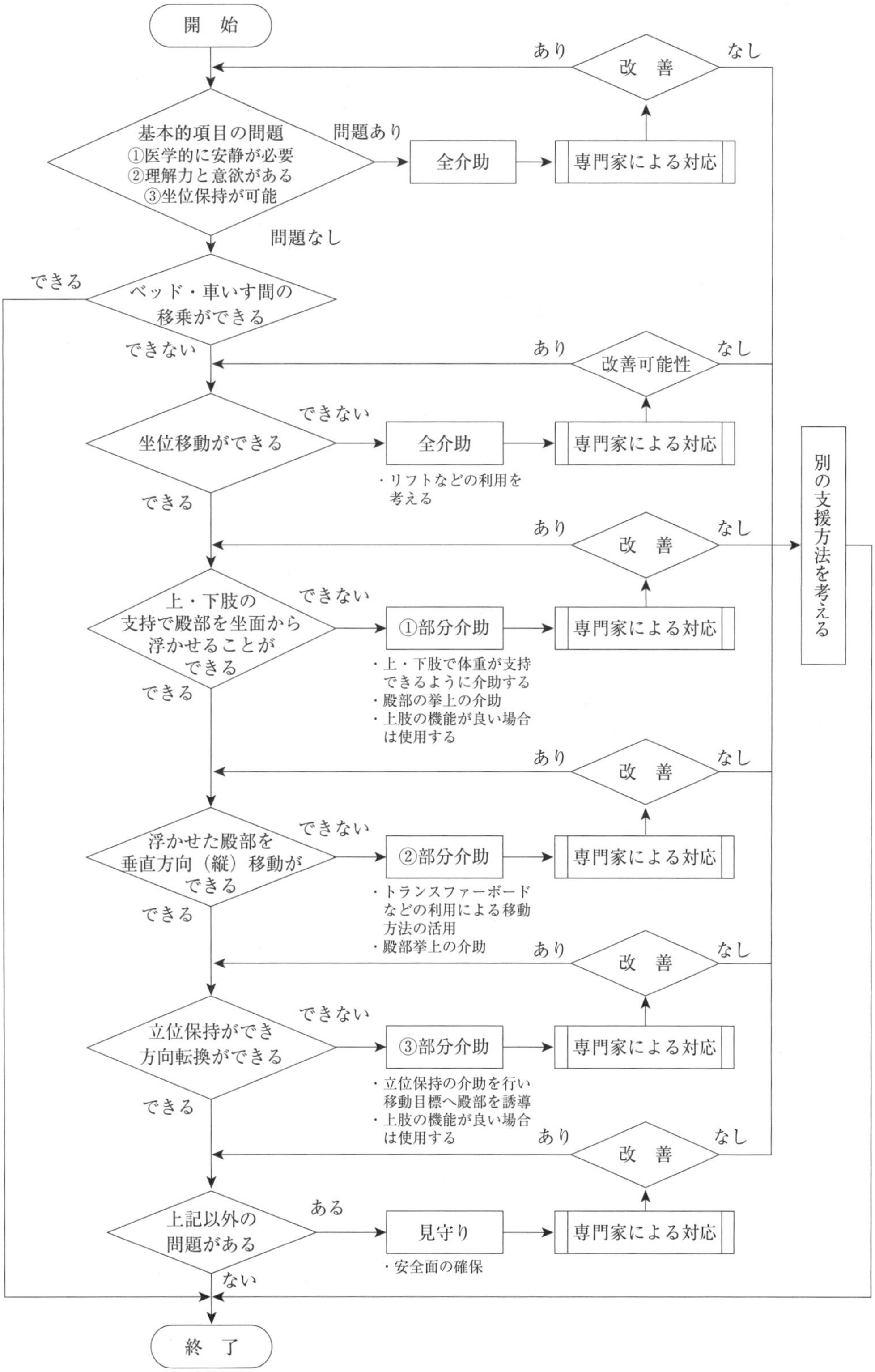
開　始
基本的項目の問題
①医学的に安静が必要
②理解力と意欲がある
③坐位保持が可能
問題あり
全介助
専門家による対応
改　善
あり
なし
問題なし
ベッド・車いす間の
移乗ができる
できる
できない
改善可能性
あり
なし
坐位移動ができる
できない
全介助
・リフトなどの利用を
考える
専門家による対応
できる
改　善
あり
なし
別の支援方法を考える
上・下肢の
支持で殿部を坐面から
浮かせることが
できる
できない
①部分介助
・上・下肢で体重が支持
できるように介助する
・殿部の挙上の介助
・上肢の機能が良い場合
は使用する
専門家による対応
できる
改　善
あり
なし
浮かせた殿部を
垂直方向（縦）移動が
できる
できない
②部分介助
・トランスファーボード
などの利用による移動
方法の活用
・殿部挙上の介助
専門家による対応
できる
改　善
あり
なし
立位保持ができ
方向転換ができる
できない
③部分介助
・立位保持の介助を行い
移動目標へ殿部を誘導
・上肢の機能が良い場合
は使用する
専門家による対応
できる
改　善
あり
なし
上記以外の
問題がある
ある
見守り
・安全面の確保
専門家による対応
ない
終　了

図4-Ⅶ-1　立位保持の可能性のある利用者の移乗動作介護

ベッド・車いす間の移乗（立位保持困難）

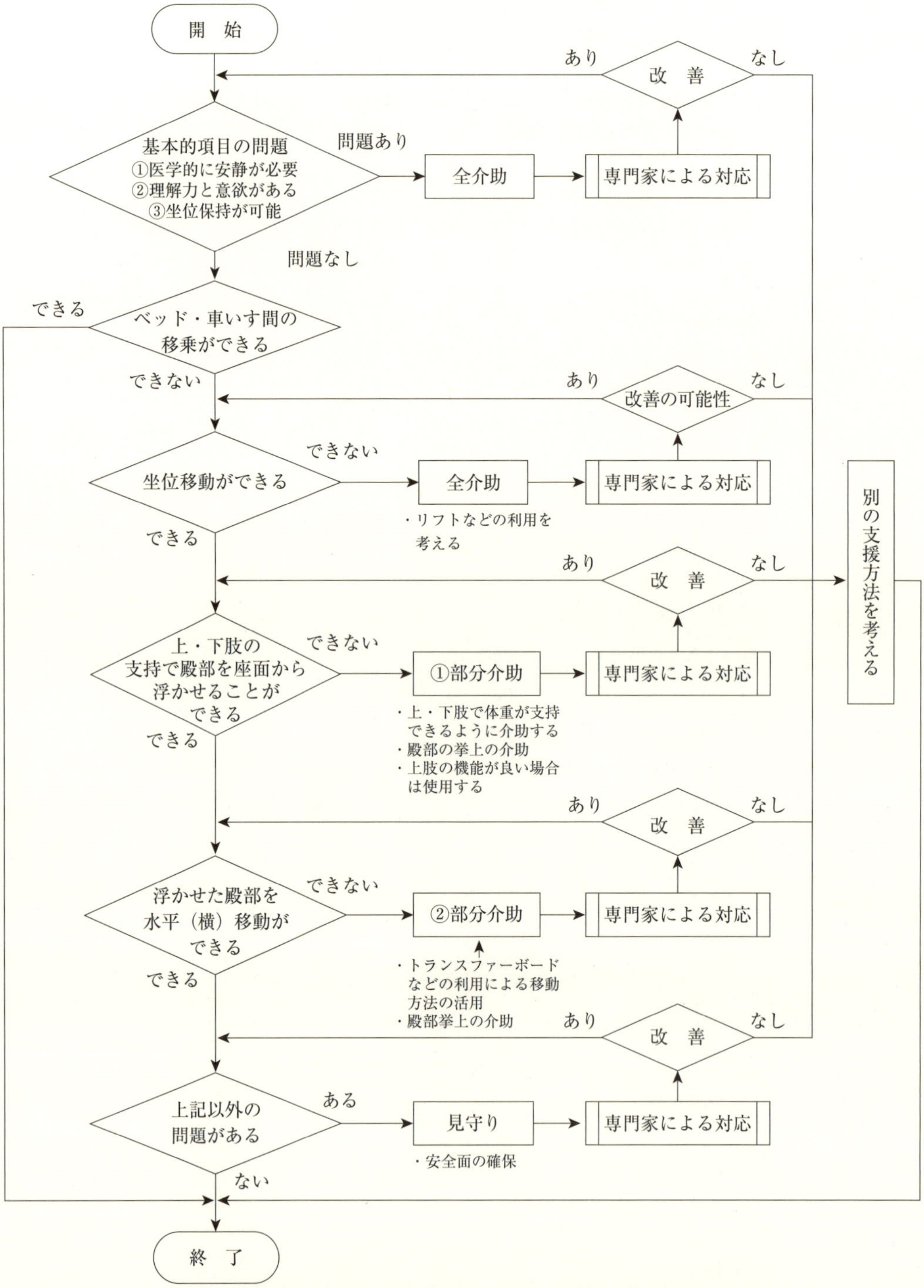

図4-Ⅶ-2　対麻痺者等の立位姿勢がとれない利用者の移乗動作介護

② 上・下肢の支持により殿部を挙上できる
上腕三頭筋の筋力
下肢の筋力
③ 殿部を挙上して垂直もしくは水平移動ができる
立位姿勢がとれる利用者の場合は、垂直もしくは水平移動ができる
④ 安定した立位保持ができ、姿勢の転換ができる

「移乗動作」の指導

片麻痺を有する利用者の移乗動作を行う際は、健側が軸足となるように移動する側に健側の足がくるように車いすを着けます。その次に、ブレーキのかけ外しやフットレストからの麻痺側下肢の上げ下ろしを練習します。高次脳機能障害がある利用者は麻痺側方向のブレーキのかけ外しを忘れることが多く、このブレーキのかけ外しやフットレストの上げ下ろしの忘れが転倒転落につながるため、何度も注意を促し習慣化するようにします。

ブレーキやフットレストの操作が終了したら、利用者が自分の足に体重が十分かかりやすいように身体を前屈位にさせ立ち上がりを行います。膝折れが見られる場合は、膝折れに対する対応を考えます。立位を保持し移動方向に身体を回転させながら移動します。自分の足で移乗が可能と予測されたら、健側上肢を移動するマット、ベッドに手をつかせ、身体を前屈位にして体重を下肢にかかるようにして移乗を行います。

1　片麻痺および立位姿勢がとれる利用者の移乗動作

片麻痺の特徴は、左右の筋活動の不均衡である。片側への重心線の移動が起こっている場合、麻痺側での筋活動が亢進しているために健側に過度な筋活動が起こるのか、麻痺側の筋活動が低下していて、身体を制御するために健側近くに重心線をもってくることで、身体活動を容易にしているのかについて、詳しくみていく必要がある。

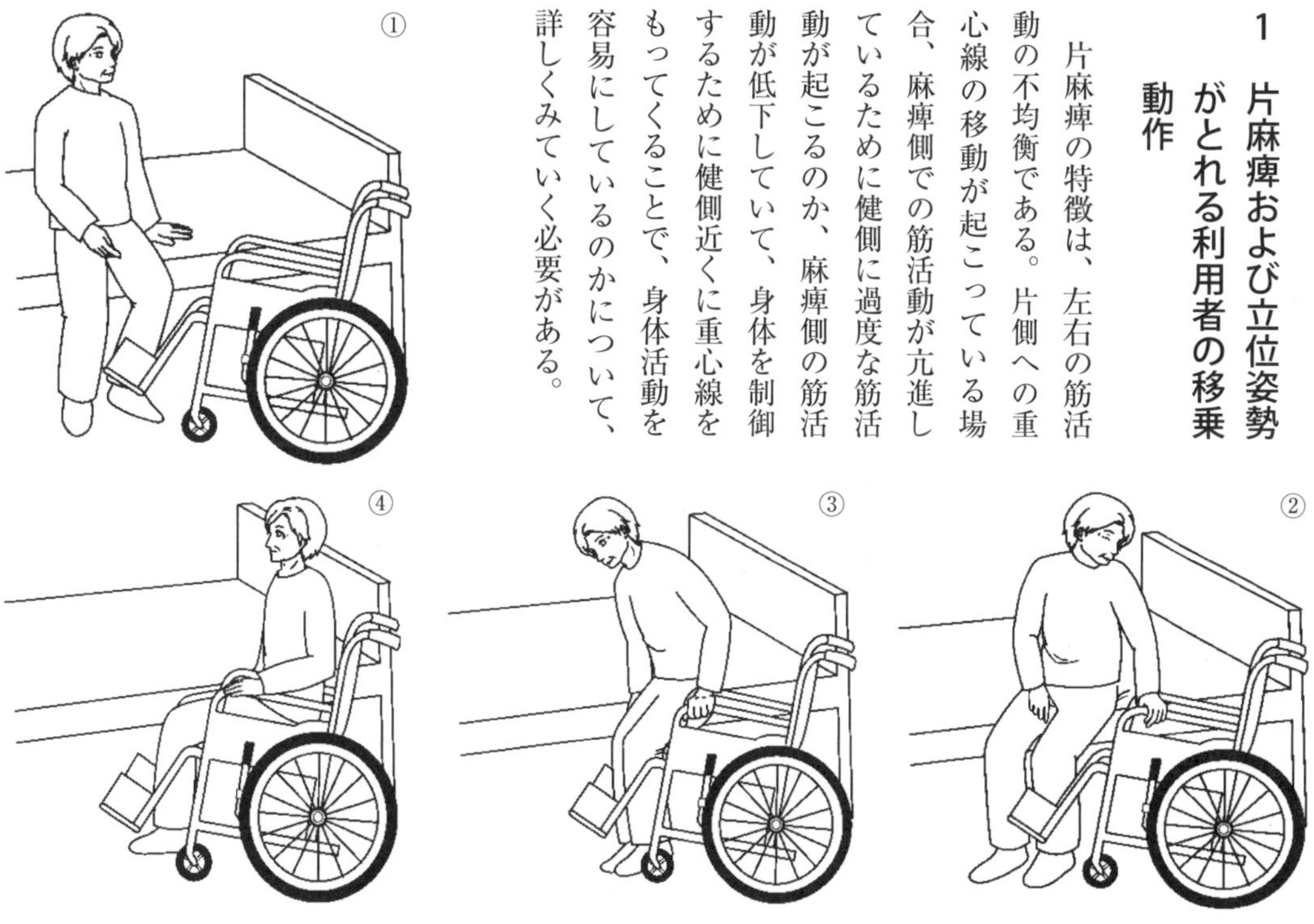

図４-Ⅶ-３　片麻痺者のベッドから車いすへの移乗

2 対麻痺および立位姿勢がとれない利用者の移乗動作

対麻痺や下肢・殿部の筋力低下、感覚低下のある者の特徴は、支持接地面での運動性や感覚入力が低下することである。そのため、体幹上部の、特に頸椎での運動制御により坐位姿勢を保持するよう働きかけることになる。よって、坐位時の頭頸部の誘導能力と座位保持を評価する必要がある。

3 後方移動によるベッドから車いすへの移乗〈対麻痺・自立〉

このトランスファーを後方移動といい、利用者は後ろ向きになってから、車いすに乗り移る。

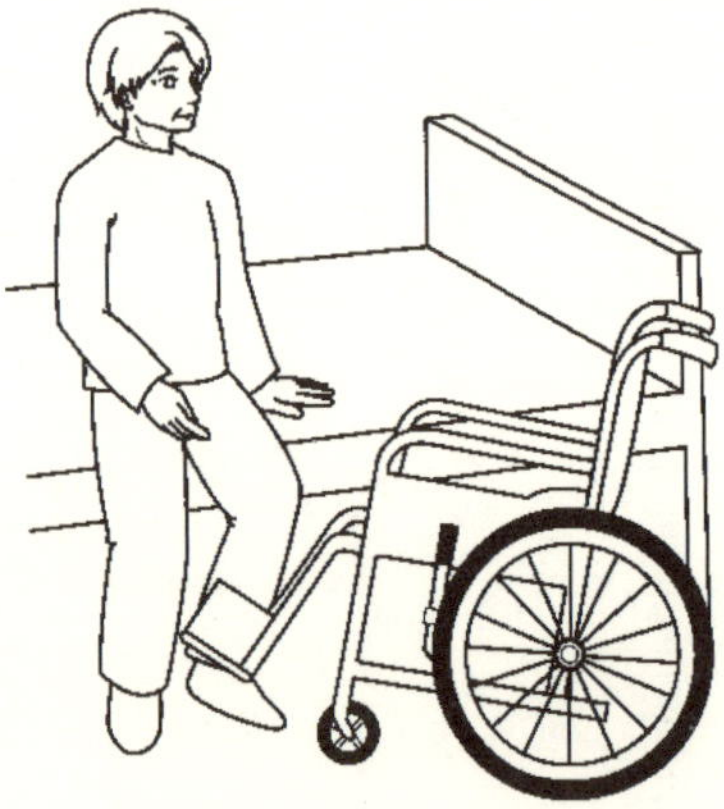

① 下肢を床に下ろし、殿部をやや前方に移動させ、車いすのフットレストをあげる。

（側方移動において、坐位保持が乏しい場合などは先に両下肢を車いすの前方に移動させ、続いて殿部を移動させるほうが体幹の捻れが少なく安定性が得やすい。）

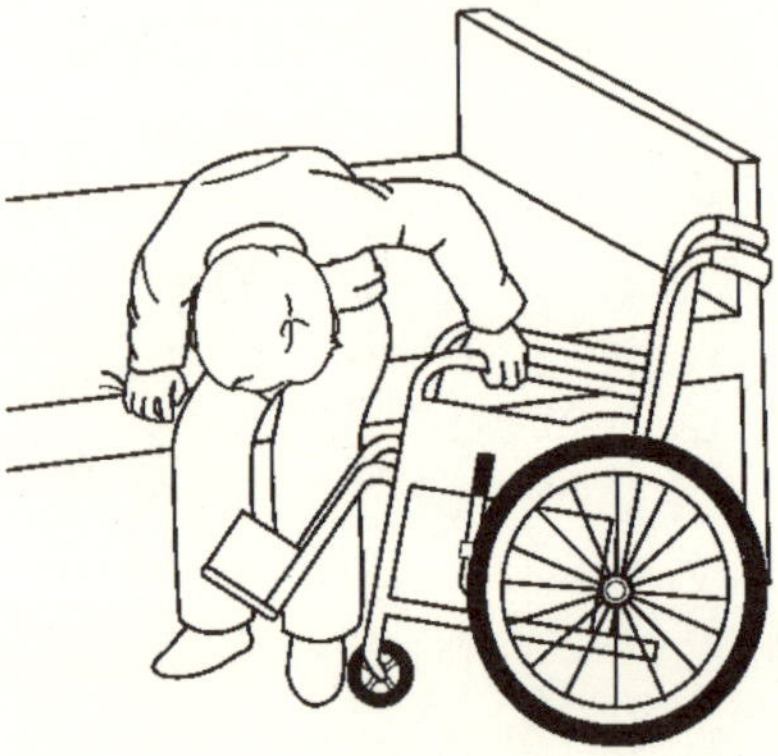

② ベッドに横づけした車いすのアームレストに一方の上肢を、ベッドの前方端に他側上肢をそれぞれつき、プッシュアップにより殿部を浮かせ椅子に向ける。

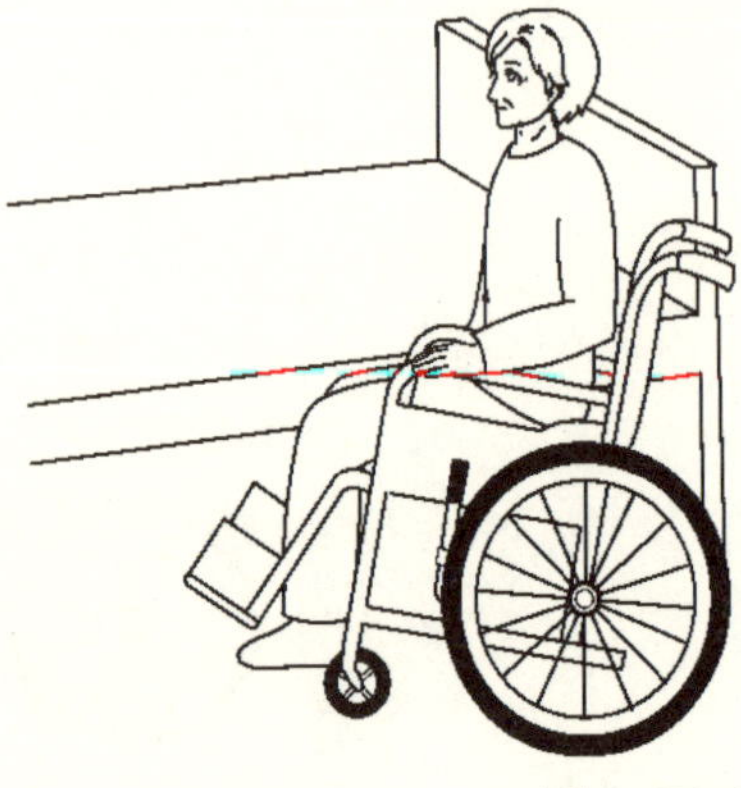

③ そのまま体幹を捻り車いすに座る。
両下肢を揃える。
姿勢を整え、バランスを保つ。

殿部の挙上が困難な場合はトランスボードを用いる。

① アームレストをはずし、ベッドと車いすのシート間にトランスボードを設置する。トランスボードが動かないようにハンドリムとタイヤの形状に合わせて少し切り込みをつくり、はめこむようにするとよい。

② 一側上肢は車いすのアームレストに、他側上肢をベッドにつき、殿部を少しずつずらすようにして乗り移る。体幹の前屈しすぎや肘折れに注意する。

図 4-Ⅶ-4 対麻痺者のベッドから車いすへの移乗

後方移動ができるには、両上肢で自分の身体を持ち上げることができなければならない。対麻痺の利用者には、特に両上肢の筋力をつけることが重要である。これはプッシュアップといって、対麻痺には欠かせないものです。

車いすのシートの高さとベッドの高さは同じレベルでなければならない。したがって、介助上、ベッドの高さを利用者の車いすの高さに合わせることが必要です。

4　前方移動による車いすからベッドへの移乗

〈対麻痺・自立〉

このトランスファーを前方移動といい。利用者は正面に向かって前方に移動しながら、トランスファーを行う。

対麻痺の利用者は両下肢の感覚も麻痺しているので、車いすの金属部でこすったり、打ったりしないように気をつけなければならない。褥瘡がある場合には特に注意が必要です。

図4－Ⅶ－6②で、両下肢をベッドにのせてから、車いすをさらに接近させるために足台を外側に開く。

対麻痺の利用者では、車いすの肘掛けは取りはずし式にし、足台は外開き式にすることもあります。

動作の獲得をあきらめざるを得ない場合≡

坐位で行うADLを評価するときには、その動作を保障

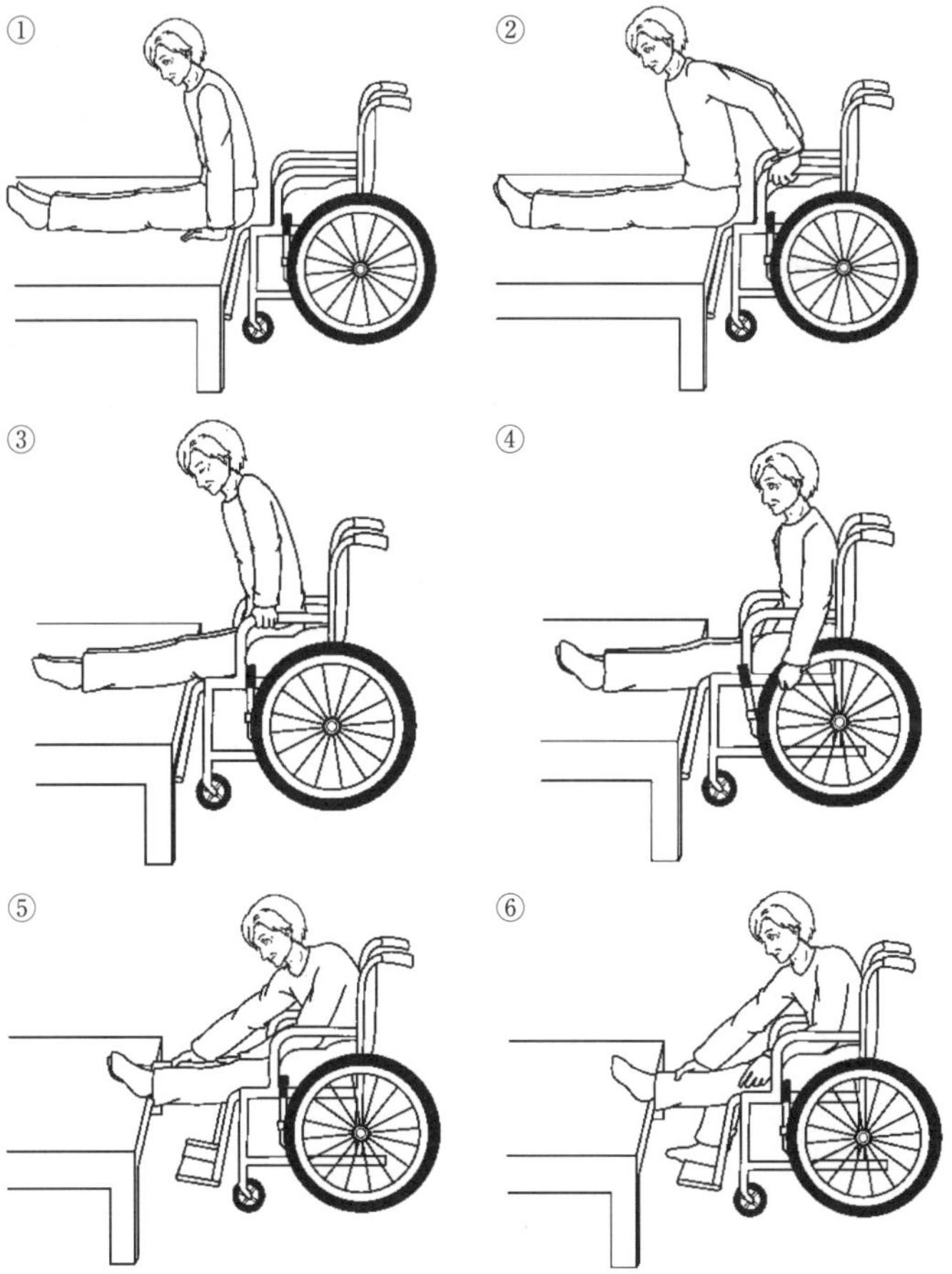

車いすをベッドに正面から接近させ、ブレーキをかける。図の車いすの足台はレバーで外側に開くようになっているので、ベッドに完全密着できる。

①②　利用者は両手で肘掛けを握り、腰を持ち上げる。

③　両上肢を使って下半身を座面にのせてから、

④　車いすをベッドから少し離し、ブレーキをかける。

⑤⑥　足台の位置を外側から前方に戻す。利用者は下肢を一方ずつ、両手で持って足台にのせる。

図4−Ⅶ−5　後方移動によるベッドから車いすへの移乗

してくれる姿勢制御を観察し評価しなければなりません。姿勢制御は、個体、環境、運動課題の相互作用により起こるとされています。個体に内在する要素としては、筋骨格系、神経筋系、感覚系、予測機構、適応機構、内部表象があります。姿勢制御に特に大切なのは、体性感覚系、視覚系、前庭系であるとされています。

　これらの観点から坐位を観察し、評価した結果から現時点よりも改善すべき点が見つかったならば、次にその姿勢をとるための方法について考えなくてはいけません。身体の機能を改善することでその姿勢を獲得させようとするのか、機器や自助具を用いて良肢位にするのか、考慮する必要があります。いずれにせよ、ＡＤＬに即したものでなければ意味はありません。

　坐位でのＡＤＬとしては、食事、入浴、更衣、排泄、歓談、ＴＶなどの観賞、デスクワーク、家事などがある。これらのＡＤＬに制約がある場合は、その理由を明らかにし、対処しなければいけません。

　自立度の低いＡＤＬ項目としては、入浴、浴槽への移乗、更衣、整容、トイレ動作があげられます。

　これらを坐位で行う場合、身体活動能力としてあげられるのは、両下肢支持での体幹の安定性、体幹や上肢の運動性、一側下肢支持または下肢の支持なしでの体幹の安定性、体幹の協調された連動性などがあります。これらの能力についても、坐位で評価しておく必要があります。

　坐位で長時間過ごすためには、適度な体動による循環

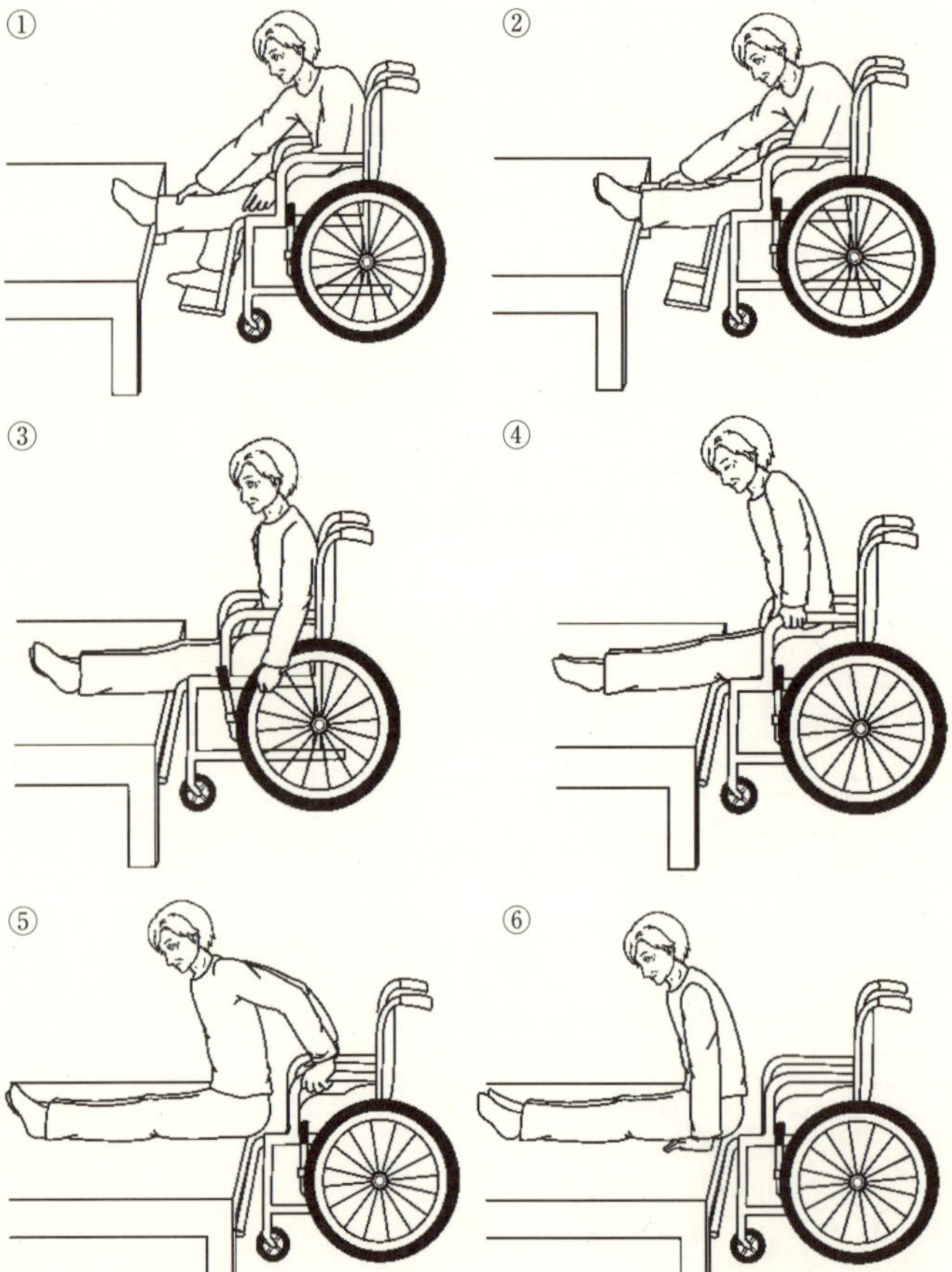

ベッドに向かって正面から接近する。両下肢がベッドに十分届く位置で止まり、ブレーキをかける。

①②　利用者は両手で、下肢を片方ずつベッドにのせ、

③　車いすの足台を外側に開いて、さらに接近する。

④⑤　ブレーキを確かめてから、両上肢で自分の体を持ち上げながら（プッシュアップ）、ベッドに向かって体を前方にすべらせていく。

⑥　対麻痺の利用者は腰部の筋も麻痺しているので、長坐位で倒れないように、両手をついてバランスを保つ場合が多い。

図４-Ⅶ-６　前方移動による車いすからベッドへの移乗

の改善や除圧をはかりながら、背もたれにもたれることも必要になります。身体機能のみではなく、行為としての坐位での活動を高めるようなアプローチが大切です。

移乗動作のための道具の活用

移乗に介助が必要になったとき、多くの介助者は人手で介助できると考えます。たしかにちょっとやってみる限りにおいては人手でもできるでしょう。しかし、生活場面全体を考えてみると、私たちが目標にしている「障害を持っても普通の生活」を送るためには、なんと移乗介助の頻度が高いことでしょう。「寝具から離れなければ」と考えればまず移乗介助が必要になります。やっと車いすに移乗できたと思ったら、しばらくしたら「疲れたから寝具へ戻りたい」といわれます。そのくり返しの中で、「おしっこ」といわれれば、トイレあるいはポータブルトイレへの移乗介助が必要になります。１日に７～10回程度はあるでしょう。もちろん、これらの移乗介助の頻度を減らすために、排泄はおむつにしたり、１日中車いすに座らせておくこともできます。もっと移乗介助をしないためには寝具に寝たきりにさせておけばよいことになります。しかし、これらのことは、はたして普通の生活といえるでしょうか。

移乗の頻度は生活の質を計る指標であるともいえます。普通の生活を送るためにはきわめて頻度の高い移乗が必要になります。

移乗介助を人手だけで行っていたらどうなるでしょうか。

もし家族が行うとすると、たちどころに腰痛などの障害が発生します。家族が障害を負うと、たちまちのうちに生活の質は低下していきます。

ではヘルパーに頼めば、専門家だから容易に移乗介助してくれるのでしょうか。たしかにヘルパーは介助の専門家ですから、移乗介助も上手でしょう。しかし、腰痛などの障害を持たないヘルパーははたしてどのくらいいるでしょうか。ほとんどのヘルパーが働きはじめてまもなく腰痛などの障害を負います。

ましてや、ヘルパーがいるときだけ移乗介助していたら、１日に何回移乗できるでしょうか。

1　スライディングボード

スライディングボードは、坐位のまま横に移乗するための橋渡しをする板で、表面を滑りやすい素材にして殿部の摩擦が最小になるように考えられており、坐位で特殊寝台から車いす等へ移乗する際、殿部が滑りやすいように、また隙間や突起物などの障壁を越えやすいように、ベッドと車いすの間に敷いて使用する

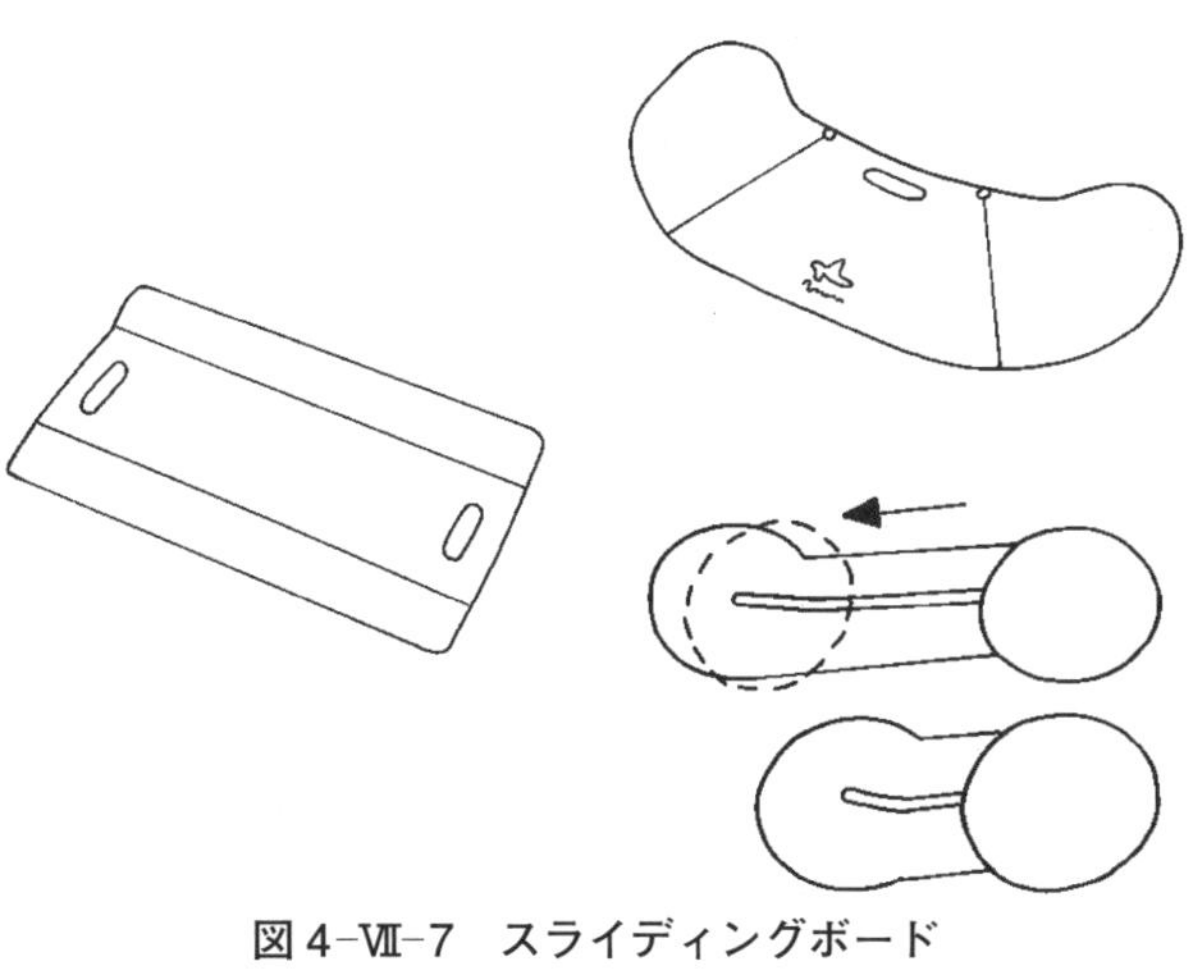

図４-Ⅶ-７　スライディングボード

福祉用具です。多くはプラスティック製ですが、木製のものもあります。使用にあたっては、車いすの肘当てをデスクタイプにする、または脱着できるようにするなど環境を整えることも必要です。

　立ち上がりが困難もしくは下肢に体重をかけてはいけない場合に、ベッドから車いす、車いすから便座、車いすから自動車などへ、座った姿のまま移乗させるときに用います。

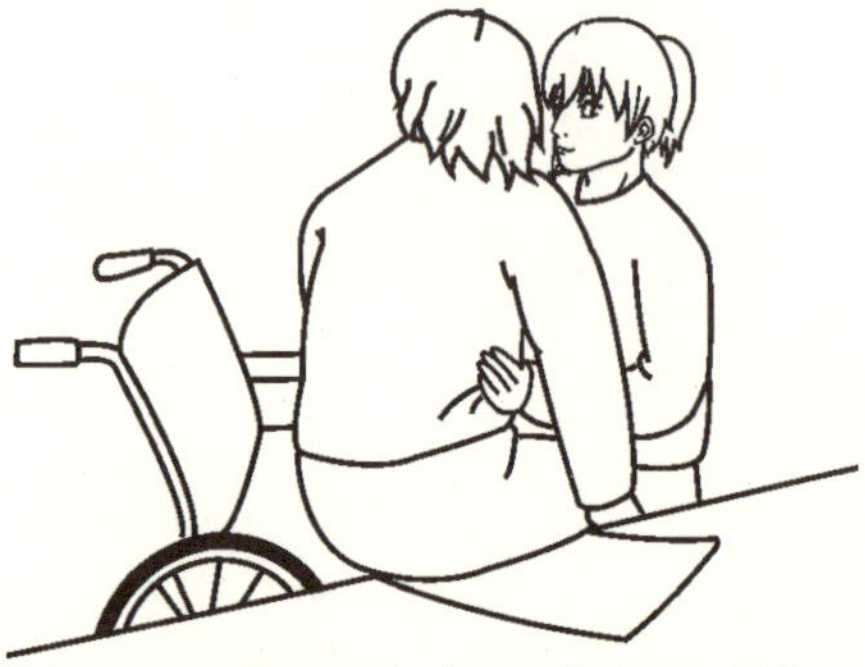

図 4−Ⅶ−8　スライディングボードを使った移乗介助

　スライディングボードには大別すると、板状のものと、座部がスライドするものがあります。板状のものでは、硬質素材（木製）と柔素材（プラスティック）に分けられます。板状の場合、形は長方形のものが主流ですが、安定感と安全性を追求したブーメラン型のものもあります。

　使い方（車いす・ベッド間の移乗）

①　車いすの座面とベッドの高さを合わせる。
②　アームレストを外す、あるいは跳ね上げる。
③　スライディングボードの一端を殿部に敷き込む。
④　プラスティック製のものは斜めに立てて上から力を加えるようにして差し込む。
⑤　木製のものは体を差し込み側の反対方向に傾け、背部を浮かせるようにして差し込む。
⑥　スライディングボードに切り込みがあるものは、アームレストパイプに引っかけて固定する。
⑦　後方より体幹を保持し、体重をボードに乗せたまま横にずらせる。
⑧　移乗後は差し込んだときと同様の方法で取り除く。

2　スライディングマット

　ベッド上にて、ベッド下方にずり下がった人を頭部のほうへ引き上げたり、寝返りできない人を容易に寝返りさせたりするためのシート。ベッド上の人を持ち上げることなくソフトに移動させることができます。

　また、大きなサイズでは、ベッドに寝たままの姿勢で、ストレッチャーなどに水平に移動させることができる。小さなサイズのものでは、ベッド・車いす間で座ったまま横に移乗するときに用いることもできます。

　脊髄損傷者などでは、ベッド・車いす間の移乗時に足部や殿部を十分持ち上げることができない場合があり、座面とのずれが起こるが、この時の摩擦を減少させる目的で用いることもできます。

　使用に際しては、利用者を乗せる位置、角度、手を添える位置によって介助する力が全く違うので、経験が必要となります。

　座位移乗（ベッド・車いす間）

　車いすは、アームレストを取り外すことができ、車輪が移乗のじゃまにならないものを用いる。

① ベッドと車いす座面の高さを合わせる。
② ベッド上で端坐位にし、車いすをベッドに近づける。
③ 前方より保持し、スライディングマットの上を滑らせるように横に移乗させる。

前方移乗（車いす・ベッド間：自立移乗）

① 移乗先のベッド上に、足部を動かしたい方向に斜めにスライディングマットを置く。
② 前方よりベッドに近づき、足を片方ずつマットの上に置く。
③ 車いすを殿部が移乗できる位置まで近づける。
④ プッシュアップを行い、移乗する。
⑤ 足部は、スライディングマットによりシーツとの摩擦なしに滑り始める。
⑥ 移乗後はスライディングマットを取り除く。

図４-Ⅶ-９　スライディングマットを使った移乗介助

3　ホイスト（リフト）

簡単に、素早く、お金もかからずに、誰でもすぐに学習でき、そして介助者の身体も痛めない移乗介助の方法はないといっても過言ではないでしょう。

どちらを優先するかという問題です。

ホイストの使い方は決して難しいものではありません。またホイストに吊られるということは決して苦しいことではなく、危険なことでもありません。かえって、ホイストで移乗介助される方が安全で、快適です。

そのためには適切なホイストと吊具の使い方を覚えることが必要です。

―基本的な手順の修得―

ホイストの適応は吊具によって決まるといっても過言ではありません。まずは一度吊り上げてみて、その状態を確認することから始めます。始めるにあたって以下のような点に留意します。

・講習会および利用者の家族に最初に言うことは、「とにかくていねいにやりなさい」ということ。
・すべての手順をできるだけ正確に実行すること。しばらくして慣れてきたら、省けるところは省いていく。
・本人を吊る時に問題になるのは怖がっている場合は、
・経験して怖がっている場合には、適応していない吊り具を使用しているか、手順が間違っていることがほとんどです。
・まず家族を吊ることから始め、「怖くないでしょう」と安心させる。
・怖がる、痛がる、いやがる人に対しては、雑談をしながら恐怖心を取り除いていく必要があります。
・リフトに対しての心理的障壁を高くしている要因は、吊られた時の感覚を悪いイメージで抱いていることが多く、それを何とかして改善しない限り、心理的な障壁を取り除くことはできません。
・吊り具で吊って「快適だ」ということを本人に対しても、家族に対しても実感させることがとても大切です。

以下の手順はホイストと吊具を使う基本です。くり返し練習して上手にできるようになっておきましょう。

吊り上げる前に身体機能の確認—

・吊り上げる前に、基本的なことだけチェックしておきましょう。

頭を自分で支えていられますか。

坐位を保持するために頭を支えなければならないときは、以下の手順はとれません。

【できない場合】

股関節の疾患はありませんか。

・股関節を屈曲させてはいけない、

・外旋（大腿を骨軸まわりに外側に回転させる）させてはいけない、

・外転（大腿を外側に開く）させてはいけない

などのことがないことを確認してください。

第5章◆日常生活動作（活動）と応用動作

介護の基本は、日常生活動作などの生活障害に対する支援です。介護において、能力低下の原因を探る際や介護目的の設定などに際し、利用者がＡＤＬを介助なしに行えるか、またどの程度の介護を要するのかを評価し、あわせて介護を実施することにあり、身の回り動作を自立して行うことができるようにすることが、重要な課題となります。また、介護の効果判定においてもＡＤＬの評価は重要となります。日常生活動作（ＡＤＬ：activities of daily living）の概念については、一九七六年に日本リハビリテーション医学会評価基準委員会が、ＡＤＬの概念を作成し活動範囲を規定しています。それによれば、「ＡＤＬは、ひとりの人間が独立して生活するために行う基本的な、しかも各人ともに共通に毎日くり返される一連の身体動作群をいう」となっています。さらにその注意書きとして、「ＡＤＬの評価の対象となる能力は、障害のある人間が一定の環境において発揮しうる残存能力である。評価の対象となる能力は主として食事、排泄などの身体的運動機能であるが、精神活動やコミュニケーション能力などが評価される場合もある。また、ＡＤＬの範囲は家庭における身の回りの動作を意味し、広義のＡＤＬと考えられる応用動作（交通機関の利用および家事動作など）は生活関連動作（ＡＰＤＬ：activities parallel to daily living）というべきであろう」としています。

Ⅰ　日常生活動作（活動）の介護

日常生活動作は、それぞれの疾患の特異性を離れ、日常生活のなかで誰もが行う、食事、更衣、移動、入浴などそれぞれの動作群をいい、これらの項目の自立度は、障害の程度と残存能力と密接に関与し、いわゆる能力低下の指標となり、多くの障害に共通して応用できるものとなっています。なお、家庭での役割（炊事、洗濯、掃除、買い物など）はＩＡＤＬまたはＡＰＤＬとして評価されます。

Ⅱ　日常生活動作（活動）の評価

少しでも利用者の生活の質が高められ、かつ廃用性変化が起こらないよう考えて援動を行うために、①日常生活活動困難な状況の把握、②日常生活活動困難な原因の把握、③利用者が行っている工夫とその効果についての把握、④ストレスや不安の有無についての把握、などについてアセスメントを行います。

日常生活活動がどの程度困難なのかについて、日常生活を観察しながら、身の回りの動作、生活関連動作、移動動作、コミュニケーション、生活の管理活動の視点から情報収集を行う日常生活活動の評価には、機能的自立度評価表（ＦＩＭ：Functional Independence Measure）やバーセル・インデックス（ＢＩ：Barthel Index）、カッツ・インデックス（Katz Index）などの評価表がよく使用されます。

カッツ・インデックスは、入浴、更衣、トイレへ行く、移乗、尿便禁制、食事の6項目を評価する方法で、リウマチや慢性疾患、片麻痺者の日常生活活動チェックによく用いられます。

評価表は、日常生活活動困難の程度が点数で把握できるという利点があるが、不十分な点もある。大切なことは、実際に利用者がどのように日常生活活動を行っているかを観察することです。

利用者には家庭や社会での役割がある。家庭での役割や社会参加をとおして自己実現を達成している場合も多い。そのため日常生活活動困難の影響により、今まで担っていた家庭や社会での役割がどう変化したかを把握する必要がある。また、今までと同じような役割や社会活動を行うことへの利用者の要望の有無や、その方法についても検討する。

また、日常生活活動困難の持続期間を確認する。これは廃用性変化を予防する運動を行う必要性の有無や、困難を改善できるように日常生活活動の工夫について学習する必要性の有無をアセスメントするために必要な項目である。

１　食事動作

「食べる」行為は原始的生理欲求の一つであり、意識があれば片手でも可能な日常生活動作の一つです。また意識があっても言語障害などで意思の疎通がうまくいかない場合や、高次脳障害がある利用者は食事動作を通して障害を予測することもできます。発病により精神的に落ち込み、自信を失っている利用者には動きにくい皿に替えたり、使いやすいようにスプーンの柄を太くしたりと、利用者が一人で食べられるように工夫して、食事動作の自立を促し、自信回復を図ります。

車いすへの移乗に介助が必要であったり、血圧が不安定な利用者の場合、ベッド上での食事となりますが、ベッド上での食事はポジショニング（坐位姿勢）が重要です。

食事動作は、箸またはスプーンなどを用いて食物をはさみ、またはすくい、口にまでこぼさず食物を運び、口の中に入れて食べるまでの過程をいいます。その一連の流れの中で評価を行います。食べる際の姿勢（頭部の位置、座る姿勢など）も評価に含まれます。

１．精神機能・意識状態

まず意識が覚醒しているかを確認する必要があります。次いで、食べる意思があるかどうかを確認する必要があります。食事を介助したら食べる意思を示すのか、スプーンを持たせて誘導したら摂取可能かなどを確認します。

２．坐位姿勢

食事時、身体が仙骨座りの姿勢になっていないか、頭部が正中位で保持されているかを確認します。頭部が後屈していたり、前屈していると、食物が飲み込みにくく、むせやすくなります。

３．上肢の運動機能

スプーンや箸の使用がどの程度可能であるのか、口へ運ぶことができるか。特に肘と肩の関節の可動域や筋力が重要となります。そのほか、一方の手で茶碗は持てるのか？　それとも茶碗がずれないように添えるだけなのかなど、麻痺した手がどの程度食事に関与しているかを観察する必要があります。重篤な麻痺がある場合には、まったく関与していない場合もあります。

４．環境

手指や上肢に麻痺がある場合、通常の皿やスプーンでは使いにくい場合もあります。またスプーンを把握できない場合もあります。テーブルが高過ぎると箸やスプーンの操作が悪くなり、食べこぼしの原因になります。

5．半側空間無視

左半側空間無視がある利用者の食事動作では、テーブルに載せてある食事の左半分に食べ残しがあったり、テーブルで並んで食事をする際に隣の人のものに手を出してしまうなどがあります。注意を促しても気づかない場合が多いようです。

6．食べ物を噛み砕いて、飲み込む（咀嚼・嚥下）

頸部の過緊張や過伸展は嚥下に影響を与えます。そのため、これらの状態を確認しておく必要があります。誤嚥を予防する方法として、頸部を前屈（頭部の屈曲chin tuckと頸部の屈曲chin down）する喉頭保護法があります。そのため、これらの動きが自動的または他動的に行えるかどうかをみておく必要があります。

食事は、テーブルでとるか、卓袱台でとるかによって、坐位姿勢が異なるため、利用者の生活にあった評価が必要となります。

① ベッド上での食事

ベッドの背折れ部分が腰に当たるようにし、背中がまっすぐ伸び、背中橈骨盤に体重が乗るようにします。ギャッジベッドでは最大限に起こしても90度にはならず、利用者にとっては食事がしにくい姿勢となります。バスタオルなどを背中に入れて、安定した姿勢がとれるようにポジショニングします。また体格的に小さくて食事内容が見えない場合に、殿部に座布団やバスタオルを入れて座高を調整します。ベッド上での食事は、利用者にとっては非日常的で非常に食べにくい姿勢です。できる限り車いす坐位での食事摂取ができるように努めましょう。頸部の支持性がない利用者でも頸部や腰にバスタオルなどを用いポジショニングすることで、様々な利用者の能力を引き出すことができます。

② 車いすでの食事

利用者の負担のない姿勢や動作で食事を摂取するにはテーブルの高さが重要となります。テーブルが高いと食事内容が見えにくく、箸がうまく使えません。また必要以上に手を上げて食事をするようになるため疲れやすく食事への意欲も失われることもあります。板などで容易に作れるオーバーテーブルなどを利用し、テーブルの高さを利用者の体格に合わせます。鼻腔栄養摂取の利用者はリハビリテーションの専門医や言語聴覚士（ST）と情報交換を行い、1日でも早く、経口摂取が可能かどうか検討します。許可がでれば利用者の状態に合わせて食事の形態（刻み食・トロミ食・お粥など）・食事の道具・食事の際のポジショニングなどを含めた食事動作指導を開始します。食事を口から摂取すること、様々な味覚が楽しめることは刺激となり、次の動作への意欲の向上につながります。

2 整容動作

整容動作とは洗顔・歯磨き・髭剃り・整容・化粧などが含まれま

す。これらの動作自体の評価はもちろん、洗面台への移動や立位姿勢の観察も行います。

　整容動作は、口腔ケア、洗顔、整髪、手洗いが含まれ、爪切り、化粧、髭剃りを含める場合がある。これらの行為を坐位でするか、立位でするかは、個人差がある。これらの動作の特徴は、上部体幹の動きが必要になることである。頭頸部を自由に動かしたときの体幹の安定性を評価しておくことが大切になります。

1．上肢の運動機能

　麻痺している手で櫛やヘアブラシを持って操作できるのか。また、歯磨き粉を歯ブラシにつけて口へ運ぶことができるのか、両手もしくは片手でタオルを絞れるかなどができるかどうかを観察します。

2．立っている姿勢

　洗面台で立っている姿勢を保持できるかどうかを観察する必要があります。姿勢を保持するために手すりが必要になると、健側上肢が使えなくなるため整容動作は制限されます。

3．環境

　車いすを使用している利用者の場合、洗面台に近づくことができても蛇口まで手が届かない場合もあります。

4．失行

　失行とは「学習された動作・運動の遂行の障害であり、運動麻痺、感覚障害、言葉の理解が不十分や不注意によるものではないもの」と定義されています。実際に観察してみると不思議な現象のように思われ、わざとやっているようにみえます。

5．半側空間無視

　整容動作において見られるものとしては、麻痺側のひげを剃り忘れる、洗面台に置いてあるコップや蛇口を見つけられないなどがあります。

3　更衣動作

　更衣動作は、上着・ズボン・下着・靴・靴下などの着脱についての一連の動作をいいます。ボタンをはずす操作やバランス能力、手順の理解など、いろいろな要素が複雑に絡み合っています。そのため、評価は実際の生活場面で細かく観察し、できない原因を探る必要があります。また、更衣動作は他の入浴動作やトイレ動作の中にも含まれているため、日常生活の全体の自立度を向上させる重要な動作だといえます。

　衣服は素材が柔らかく、対象者があまり大きなサイズを選ばないために、更衣動作は難しくなります。特に、ズボンや靴下の更衣は上肢だけでなく、体幹や下肢の機能も必要になるので制約を受けやすい。ここでは、靴下を例にとりあげます。

　靴下を履く一連の行為は、靴下をつかむ、足部と手指を近づける、足部に靴下を通す、という動作になります。これら動作は、椅坐位などの端坐位で一側下肢を屈曲し、身体の中心にもってくる場合、体幹の安定性が必要で、さらに下肢の運動に対する体幹の固定性が必要になります。長坐位で行う場合は、支持基底面が端坐位よりも広くなりますが、垂心を前方に移動させる能力と重心が前方に移動できるだけのハムストリングスの伸張性が必要になりますので、これらの要素を評価しておく必要があります。

1．精神機能

認知症などの神経機能低下がある利用者は1日の生活の中で服を着替えるという概念がなくなることがあります。また、季節に合わせた服の選択なども乱れてきます。そのほか、ボタンなどが外れても気づかないなど、服が乱れていることに気づかない場合もあります。

2．座る姿勢・立っている姿勢

一般にズボンの着脱は立位で行いますが、利用者にとって立位でのズボンや靴下を履くのは難易度の高い動作です。更衣動作の姿勢が坐位でできるのか、仰臥位でできるのか、もしくは立位でできるのかを確認します。立位姿勢や坐位姿勢が安定しているかを観察します。実際に動作を行ってバランスを崩さずにできるかどうかを判断する必要があります。

3．上肢の運動機能

麻痺した手がどの程度関与しているかを確認します。例えば、ボタンを通す時につまむことができるか、袖を通す時に腕が動いているか、などがあります。

4．下肢の運動機能

坐位でズボンに脚を通す時や靴や靴下を履く時、股関節や膝関節に十分な関節可動域が必要です。これらの関節可動域が低下すると、前かがみになって脚を通す動作や靴の着脱が困難になります。

5．半側空間無視

半側空間無視を有する利用者の場合、上着を着る際に左側の裾を通し忘れることや完全に通していないことに気づかないということがあります。また、左の裾を見つけることができなかったりします。その状態に対して、介助者が声をかけて修正できるか否かを確認する必要があります。

半側空間無視を有する利用者の場合、行為において次のようなものが見られます。

① 袖や襟をみつけることができない
② 袖を通していないことに気づかない
③ 麻痺側の腕を袖に十分に通さずに肩にかけてしまう
④ 麻痺側のズボンが上がっていない
⑤ ズボンを捻れて履いている
⑥ 麻痺側の靴下を捻れて履いている
⑦ 麻痺側の靴のファスナーを閉め忘れている

6．失行

失行の症状があると、上着を上下逆さまに着ようとしたり、裏返しに着ようとしてもそれに気づかないことが観察されます。

4　排泄（トイレ）動作

トイレの自立は利用者のニーズが最も高いといわれており、一刻も早く対応しなければいけない日常生活動作だといえます。また、在宅生活においても家族介護における精神的にも身体的にも負担が大きい介護となります。トイレ動作の行程は以下の通りです。

トイレ動作の一連の行為は、トイレの戸を開ける、トイレ内に入る、トイレの戸を閉める、所定の位置に立つ、下衣、下着を下げる、便座に座る、用を足す、トイレットペーパーを必要な分だけちぎる、殿部、陰部を拭く、立ち上がる、下着、下衣を上げる、手を洗い拭く、トイレの戸を開ける、トイレの外に出る、トイレの戸を閉める、という動作になります。これら動作に必要なのは、便座に対する殿部の位置の微調整と上肢のリーチ動作時の体幹の安定性となるため、これらの要素に対する評価が必要となります。

排泄の介護にあたっては、動作行程の他に、排泄機能・精神機能に関して細かく観察する必要があります。

1. 排泄機能に問題があるか

尿意や便意がない場合、既往歴に泌尿器科疾患の存在を確認する必要があります。

2. 精神機能・コミュニケーション

尿意や便意が存在しても、意識障害やコミュニケーションがとれない場合、失敗することがあります。そのため、意識状態や認知症の有無、失語症の存在等を確認する必要があります。

3. 尿意・便意

尿意・便意の訴えが曖昧な時でも、何らかのサインを利用者は出す場合があります。排泄の時間帯についても把握する必要があります。

4. ベッドからトイレへの移動

屋内移動自立の最大の目的は「トイレへの移動の自立」といっても過言でないといえるほどトイレへの移動は、日常生活動作において重要だといえます。毎日頻繁に行う動作ですからベッドからトイレまでの移動は、なるべく短い距離で、障害物がない方がよいです。利用者の屋内移動能力と自立可能な移動距離を把握しながら、段差の有無、廊下の幅、ベッドからトイレまでの距離などの家屋状況やベッドの位置などを確認する必要があります。

5. トランスファー（車いす~便座）

車いすを使用する場合、便座に移乗することから始まります。車いすをどこまで便座に近づけることができるか、実際の移乗動作で介助がどこまで必要か、手すりがあれば介助が軽減するか、もしくは自立ができるか、などを観察して下さい。

6. ズボンや下着の着脱

① 立位姿勢でズボンの着脱ができるか
② 座位でズボンを左右にずらしながら着脱できるか
③ 便座に座っている姿勢が安定しているか

④ 手すりの必要があるか

7. あと始末

麻痺した手を用いてトイレットペーパーを押さえて破ることができるか、洗浄便座の操作は可能かなどを観察して下さい。

8. 環境（手すり、ポータブルなど）

移乗動作が可能ならポータブルトイレへ移乗できるかどうか、もしくはベッドで座る姿勢が安定しているならば、尿器で排泄可能かをみる必要があります。

★ 排泄の介護

排泄を人の手を借りて行わなければならないことは、誰にとってもかなりの精神的苦痛となります。とくに高齢者においては、それまでの生活習慣、社会的背景をいっさい捨てていわゆる〝たれながし〟の状態で生活していかなければならないという現状から精神的に逃避しようとする気持ちが、機能障害をさらに悪化させ、鬱や認知症を誘発する引き金ともなりかねません。

高齢者の場合、麻痺がなくても、神経系の機能低下および膀胱括約筋や腹壁筋の弛緩が原因となり、尿失禁を起こしてしまいやすいものです。尿失禁のうえに脳血管障害による後遺症などによる機能障害のある高齢者を介護するには、まず身体面・精神面はもちろん、生活行動のあらゆる面での自立を促進し、残存機能を引き出そうとする姿勢をもつことが必要です。この点を重視して観察の視点を考えると、次の5点があげられます。

① 失禁の原因はなにか、またどのような失禁であるか
② 排泄行動はどの程度自立できるか
③ 失禁および機能障害に対する認識に問題はないか
④ 利用者の基本的欲求（とくに清潔に対する欲求）は満たされているか
⑤ 全身状態悪化の徴候はないか

1. 失禁の原因はなにか、またどのような失禁であるか

① 観察項目

尿意の有無（常時失禁か・時々失禁か）、排尿前後の尿漏れの有無、日中の失禁回数と間隔、夜間の失禁回数と間隔、残尿の有無、排尿時の疼痛・不快感の有無、尿の色・性状、1回尿量、1日尿量、失禁時の状況（随伴症状など）

② 予測・判断できること

失禁の状況を把握することにより、自立への援助法を考えることができる。

尿意がはっきりしない場合

失禁の間隔、飲水量との関係、膀胱の充満度、頭重感、腹部不快感、発汗などの自覚症状を詳しく観察することにより、利用者の排尿パターンをつかみ、時間をみはからって利用者に排尿を促すことで失禁を防ぐことができる。

2. 排泄行動はどの程度自立できるか

① 観察項目

・四肢の麻痺・脱力・拘縮・変形・知覚障害の有無および程度

・言語障害（運動性失語、感覚性失語、構音障害）の有無
・坐位・立位をとれるか、歩行できるか、排尿用具の使用・後始末・身づくろいができるか

② 予測・判断できること

排尿自立の阻害因子およびその程度を知ることにより、介助の必要度を把握することができます。

片麻痺のある場合には、麻痺側が利き手か否か、および麻痺の程度により、排尿動作の自立度が異なってきます。排尿動作の評価を行い、機能回復の程度に応じて徐々に自立を促すようにしましょう。適切な排尿用具を選ぶことも必要です。リハビリテーションの段階でPTやOTによる機能訓練が開始されている場合には、排尿動作に訓練の内容を活用しましょう。また片麻痺は運動機能の障害だけでなく、知覚障害、視覚障害、失行、半側空間失認などをあわせもつことから、尿器などの排尿用具を置く位置や介助者の立つべき位置を判断することができます。

失語症や構音障害があってコミュニケーションの困難な場合は、利用者は排泄の援助を求めることが困難であり、尿器や便器という名前を思い出せなかったり、言葉で表せなかったりします。一般に言語機能は運動機能より回復が遅いので、失禁状態を十分観察することにより、利用者の欲求を予測し、利用者に合ったコミュニケーションの方法をみつけ対処していくことが重要です。

3. 失禁および機能障害に対する認識に問題はないか

① 観察項目

失禁していることに気づいているか、無関心か、排尿に関する援助を意思表示するか、排尿自立への意欲の低下はないか、認知症の有無および程度、精神障害の有無とその種類および程度、意識障害の有無

② 予測・判断できること

排尿の自立には、利用者が現状を正しく理解し、少しでもよい方向にもっていこうと努力する必要があります。そのためには利用者の理解度に合わせて現状を説明し、介護者の働きかけに協力させることが必要となりますが、その働きかけの方法を決めるうえで、利用者の認識の程度を理解することが不可欠となります。

4. 利用者の基本的欲求（とくに清潔に対する欲求）は満たされているか

① 観察項目

清潔行動自立の可否、入浴回数、全身清拭・陰部清拭の頻度、寝衣・寝具の交換頻度

② 予測・判断できること

失禁により体外に排出された尿は、おむつ・下着・シーツなどを汚染し、臭気を発します。同時に外陰部を中心とする皮膚をも汚染するため、自分で清潔にできない利用者には援助が必要となります。汚染の放置は尿路感染症を引き起こし、悪化すれば上行性に感染して腎盂炎となり、最終的には腎不全を引き起こす可能性があります。

上記のように、清潔が保たれないと身体的に問題を起こすだけでなく、精神的にも回復への意欲という面で悪影響を与えます。

5．全身状態悪化の徴候はないか

①観察項目

・バイタルサインの変動

・全身状態

顔色不良、頭痛、嘔気・嘔吐、吃逆、眩暈、失神、てんかん発作、舌のもつれ、手足のしびれ感、嚥下困難の有無、眼所見（瞳孔の大きさ、反射、視野、眼球運動）、浮腫、発汗・発疹および皮膚の異常、褥瘡の有無

・栄養状態

食欲、食事摂取量、水分摂取量

・体重の変化

②予測・判断できること

発熱がみられる場合は、尿路感染症を起こしていると考えられるため尿の性状などの確認も必要となります。

脳血管障害再発作の徴候を確認して血圧の変動が認められた場合には、安静にするなどして早期になんらかのかたちでの対処が必要となります。

5　入浴動作

入浴の一連の行為は、脱衣室で衣服を脱ぐ、浴室に入る、浴槽に入る、浴槽からでる、身体を洗う、髪を洗う、浴室から出る、身体や髪を拭き、乾かす、衣服を着る、となります。この行為のなかで、坐位で行うものとしては、身体を洗う、髪を洗う、という動作となります。入浴動作は、一般的に坐面と両側の足底で支持され、特に両下肢での踏ん張りが体幹を安定させます。そのため、体幹の前方移動能力と両上肢の支持なしでの坐位保持が可能かどうかを確認しなければなりません。また、浴槽に入っての坐位は不安定ですので、転倒などの危険性を知るうえでもバランスの評価が必要となります。

入浴動作は移動動作・移乗動作・更衣動作などを含めた複合的な動作であり、重篤な麻痺のある利用者では自立が困難な動作のひとつです。実用レベルまで獲得するには、環境の問題も含め時間を有するため、評価も実際の入浴場面での観察を行い、問題点を挙げていく必要があります。また、疲労度が大きい動作なので利用者の疲労感の観察も必要です。

行程としては、以下のものがあります。

①脱衣場までの移動
②脱衣場での衣服の着脱
③浴室の出入り
④浴室内の移動
⑤洗体動作
⑥浴槽への出入り（移乗動作）
⑦浴槽内の立ち上がり
⑧身体を拭く

1．脱衣場までの移動

居室から脱衣場もしくは浴室までの移動能力はどの程度なのかを把握する必要があります。また、移動する中で段差や移動距離はどれぐらいなのか確認します。

2．脱衣場での衣服の着脱

立位姿勢で衣服が着脱できるか、椅子などを用意して着脱ができるかを確認する必要があります（更衣動作については、更衣動作を参照）。立位で着脱する場合、動作が大きくなるため姿勢を保つためのバランスが必要となってきます。

3．浴室の出入り・浴室内の移動

普段の生活で下肢装具を装着している利用者は、浴室では装具をはずして移動することになります。滑りやすい浴室を裸足で移動することになり、浴室の入り口・浴室内の移動は屋内移動よりも困難であると考えるべきです。浴室内を裸足で移動できるか、入り口などにある段差は越えることができるかを観察する。

4．洗体動作

麻痺している手で身体のどの部分まで洗うことができるか、また洗えない身体部位の確認をする。洗体動作の際の、坐位姿勢の安定性はどうかをみる必要もあります。また、タオルを絞る動作やシャワーの操作などを麻痺手、もしくは健側手でどこまで行えるかを観察する。

5．浴槽への出入り（浴槽の立ち上がりを含め）

脳血管障害による片麻痺の利用者で問題となりやすい動作が浴槽の出入りの動作です。立ち上がり動作も含め確認作業が必要です。

① 立って浴槽がまたげるか、それとも浴槽のふちに座ってまたぎ動作ができるか。
② 浴槽のふちに座ってまたぎ動作する場合、麻痺側から入れることが可能か。
③ 浴槽のふちに座ってまたぎ動作する場合、健側脚から入れることが可能か。
④ 浴槽に移動したあと、立っている姿勢が安定しているか
⑤ 浴槽内の立ち上がりは可能か。
⑥ 浴槽内で座る姿勢は安定しているか。

これらの動作の中で手すりが必要かどうかも観察する。

6．身体を拭く

脱衣場で身体を拭く際、立っている姿勢で可能か、椅子などを用意して座って可能かどうかを観察する必要があります。また身体を拭く部位があるかどうかを確認します。

7．環境

① 手すりはどのような場面で使用したか。
② 浴室内でのシャワーいすの使用で立ち上がりができるか。
③ シャワーや蛇口は手の届く範囲にあるか。
④ 浴槽の出入りの時、バスボードは必要か。
⑤ 浴槽台を用いて浴槽から立ち上がれるか。
⑥ 片手で身体を洗う場合、タオルに工夫が必要か。

表5-1　問題点の判定の基準（プロフィール表）

	項目	段階	
1	医学的安静度	4	普通以上のことは必要ない
		3	特別なリスクについての注意が必要
		2	日常の動作時または訓練に際して常に医学的な確認が必要
		1	ベッドから離れることができない
2	起居・移動	4	自立
		3	監視が必要
		2	一部介助が必要
		1	全面的な介助が必要
3	車いす	4	自立
		3	監視が必要
		2	一部介助が必要
		1	全面的な介助が必要
4	歩行	4	自立
		3	整備された環境なら困らない
		2	歩行には監視が必要
		1	実用的な歩行ができない
5	食事	4	自立
		3	監視が必要
		2	一部介助が必要
		1	全面的な介助が必要
6	排尿・排便	4	自立
		3	監視が必要
		2	一部介助が必要
		1	全面的な介助が必要
7	更衣	4	自立
		3	監視が必要
		2	一部介助が必要
		1	全面的な介助が必要
8	衛生・整容	4	自立
		3	監視が必要
		2	一部介助が必要
		1	全面的な介助が必要
9	入浴	4	自立
		3	監視が必要
		2	一部介助が必要
		1	全面的な介助が必要
10	話の理解	4	どんな状況での会話もすべて問題なく理解できる
		3	日常の会話には困らないが抽象的なこと、微妙な点での理解に欠ける
		2	簡単な話が理解できず、口頭の命令にも視覚的な助けがいる
		1	言葉の理解は殆どできず、また理解には言葉以外のものが特に重要
11	言葉による表現	4	言葉による表現は普通にできる
		3	日常生活に必要な程度の言葉による表現はできるが、抽象的なこと、微妙な点の表現に欠ける
		2	言葉による表現がかなり不完全で表現には言葉以外のものの助けが必要となる
		1	言葉による表現が殆どできず表現には言葉以外のものが特に重要となる

12	精神・心理的問題	4	ない
		3	あってもほぼコントロールできる
		2	常に援助が必要
		1	専門家の指導または治療が必要
13	情動失禁	4	ない
		3	あってもコントロールできる
		2	コントロールしにくく、会話や動作に支障があることがある
		1	コントロールできないため会話や動作に常に支障がある
14	障害に対する態度	4	現実的に理解していて積極的に訓練を行える
		3	理解が充分でない点があるが訓練にはまあまあ支障がない
		2	理解してないための行動がめだつ
		1	非現実的で立場が理解できない
15	知的レベル	4	正常、訓練したことが充分応用できる
		3	ときに習得のわるいものがあったり応用がきかないことがある
		2	いわれたことは思いだすが、いわれないとできない
		1	訓練内容が残らず再現もできない
16	適応・協調性	4	誰ともうまくやってゆける
		3	特に目立つことはない
		2	協調性または環境への適応にうまくゆかないことがあり、人と問題をおこすことがある
		1	孤立した状態、または環境不適応の状態
17	趣味	4	病前のものを推持できる
		3	新しい趣味に関心がある
		2	さそわれるとするものはある
		1	なし、または全く関心がない
18	就業能力	4	前職復帰可能
		3	職種を変更すれば職場復帰可能
		2	特別な仕事を見出さねばならない
		1	就業不能
19	職場情況	4	協力的
		3	利用者の情況を理解しているが、特に協力的ではない
		2	問題がある
		1	非協力的
20	家族の協力	4	協力的
		3	利用者の情況を理解しているが、特に協力的ではない
		2	問題がある
		1	非協力的、または家族がいない
21	経済力	4	困らない
		3	当面、生活または入院生活を維持できる
		2	一部援助があれば、生活または入院生活を維持できる
		1	全面的な援助がなければ生活または入院生活を維持することができない
22	家屋	4	問題ない
		3	小道具または自助具の工夫があれば困らない
		2	一部改造が望ましい
		1	構造上住むのは無理である
23	退院先	4	自宅または病前の場所
		3	病前とは違う親戚の家
		2	施設または他の病院
		1	その他、または退院先がない
24	退院後の医療・介護	4	普通以上のことはない
		3	通院または定期的な受診が望ましい
		2	医師の往診が望ましく、常時人の介助が必要
		1	常時医療看護が必要

外泊で身の回りの動作が、どの程度一人でできたかについて、今後の介護の参考に致しますので、数字に○を記入して下さい。

表 5-2　外泊時 ADL 確認リスト

利用者氏名：

（長尾らより改編）　　外 泊 期 間：　年　月　日～　年　月　日まで

動作項目	できた（自立）	介助で可能	できなかった	試みなかった
1. 布団またはベッドでの動作				
布団またはベッドに寝る				
寝返りをする				
布団またはベッドから起き上がる				
2. トイレ動作（自宅のトイレは　和式・洋式）				
腰掛ける				
あと始末をする				
ズボン・下着の上げ下げ				
3. 入浴動作（入浴した・入浴しない）				
衣服着脱				
浴槽の出入り				
身体を洗う				
4. 和室動作				
畳の上から立ち上がる				
畳の上に腰を下ろす				
5. 室内の移動（移動方法は　歩行・車いす）				
廊下を移動する				
畳の上を移動する				
トイレまで移動する				
浴室内を移動する				
玄関の出入り				
6. 外泊時の身支度				
衣服を身につける				
靴下または靴を履く				
装具を身につける				
7. 屋外歩行（杖：使用・なし、装具：使用・なし）				
アスファルトの道を歩く				
横断歩道をわたる				
バス・車（タクシー）の乗り降り				
電車の利用				
道路から玄関までの移動				
階段昇降				
8. その他の動作				
調理（食事の準備）				
薬の内服				

外泊で身の回りの動作が、どの程度一人でできたかについて、今後の介護の参考に致しますので、空欄に○を記入して下さい。

Ⅲ　在宅生活に向けて

施設から在宅生活に向けての準備の一つとして、利用者には退所（退院）の前に外泊を行ってもらうことが多いです。外泊は施設生活から在宅生活へ移行するために重要であり実際の在宅生活でどのような日常生活を行えるかという指標になります。その状況を細かく聴取することで、退所（退院）に向けて具体的な介護が提供できます（表5－1・2）。

外泊時に利用者またはご家族に外泊状況を把握するために確認してもらいます．

Ⅳ　応用動作

1. 目的

- □ 対象者の動作遂行能力を把握する。
- □ 動作の適応度を判定する。
- □ 動作の自立度を判定する。
- □ 他の検査・測定結果と併せて、介入プログラムの立案に役立てる。
- □ 介入プログラムの効果判定に役立てる。

2. 注意・確認

- □ 対象動作の環境要因を確認する。
- □ 日常生活動作の自立度を確認する。
- □ 対象動作に必要な身体機能を確認する。

3. 観察環境

- □ 対象者の実際の生活場面（居室や屋内外）。
- □ 対象者や介助者から聴取、実地調査により知りえた環境要因に基づく模擬的場面（運動療法室やＡＤＬ室など）。

4. 方法

- □ 環境要因を明らかにする。
- □ 行動学的な観察を実施する。
- □ 運動学的な観察を実施する。

5. 判定基準

- □ 介助者の必要性の有無。
- □ 補助具の必要性の有無。
- □ 動作の所要時間。
- □ 安全であるか。
- □ 効率的であるか。
- □ 実用的であるか。

6. 適応基準

- □ 現在の環境で動作が可能か。
- □ 反復練習により動作が可能となるか。
- □ 環境を変える必要があるか。

① 動作が自立している場合

- □ 生活に適応するための動作観察を行う。

□ 一連の動作の安全性、効率性、実用性を観察する。
□ どの相に課題があるのか観察する。
□ 課題となる相を反復して観察する。
□ ときに一連の動作に戻して観察する。

② 動作に介助を必要としている場合

□ 介助の必要性を判定する。
□ 介助方法の妥当性を判定する。
□ 安全な介助量・介助者により動作を実施する。
□ 一連の動作に介助が必要か観察する。
□ どの相で介助が必要か観察する。
□ 介助する身体部位や方向を観察する。

③ 現在の環境で動作が困難で、今後も困難と予測される場合

□ 動作の自立度を向上する。
・移動補助具の紹介、使用方法の指導
・自助具の紹介、使用方法の指導
・介助量を増大する。
・介助者を増員する。
・家屋や設備を改善する。
・移動補助具・自助具の使用練習
・介助量を増加した状態での動作・くり返しの練習
・介助者を増員した状態での動作・くり返しの練習
・改善した環境での動作・くり返しの練習

Ⅴ 機能評価表

機能的自立度評価法：ＦＩＭ

ＦＩＭは、セルフケア、排泄コントロール、移乗、移動、コミュニケーション、社会的認知などの能力を7段階のスケールで評価する方法です。

1. 評価の概要と特徴

① 評価項目は、運動項目のセルフケアとして食事、整容、清拭、更衣上半身、更衣下半身、トイレ動作の6項目、排泄コントロールとして排尿管理と排便管理の2項目、移乗としてベッド、椅子・車いす移乗、トイレ移乗、浴槽・シャワー移乗の3項目、移動として歩行・車いすと階段の2項目の計13項目および、認知項目のコミュニケーションとして理解と表出の2項目、社会的認知として社会的交流、問題解決および記憶の3項目の計5項目からなります（総計18項目）。
② コミュニケーションや社会的認知といった身体機能ではない項目が加えられています。
③ 各項目の段階づけはいずれの項目も7段階で行われます。
④ 総得点は全項目とも完全自立の場合には１２６点（最高点）となり、全項目とも全介助では18点（最低点）となります。
⑤ 実生活での「実行状況ＡＤＬ」を調査します。
⑥ 介護負担度を判断基準に取り入れています。

2. 注意

① 「実行状況ＡＤＬ」を評価するため、日中は自立しているが、夜間は介助を要する場合には、低い方の得点をつけます。

② 各種動作の方法や介助量などについては具体的に把握するように注意します。

3. 判定基準

各項目1点から7点で採点します。

7点：完全自立
すべての課題を通常どおりに、適切な時間内に、完全に遂行できる。

6点：修正自立
課題を遂行するのに補助具の使用、通常以上の時間、安全性の考慮のどれかが必要である。

5点：監視・準備
介助者による指示や準備が必要である。体には触らない。

4点：最小介助
手で触れる程度の介助が必要であるが、課題の75％以上を自分で遂行できる。

3点：中等度介助
手で触れる程度以上の介助が必要で、課題の50％以上を自分で遂行できる。

2点：最大介助
課題の25％以上50％未満を自分で行う。

1点：全介助
課題の25％未満を自分で行う。

4. 評価の手順とコツ

① まずは自立か介助かを大まかに判定します。

② 自立であればその具体的方法や様子を確認し、完全自立か修正自立か監視・準備かを判定します。

③ 介助であれば、その介助方法を具体的に聞き取り介助量から最小、中等度、最大、全介助かを判定します。

Barthel Index

ＢＩは、食事、車いすからベッドへの移乗、整容、トイレ動作、入浴、歩行、階段昇降、着替え、排便コントロール、排尿コントロールの10項目を評価する方法です。満点が１００点なので自立度が把握しやすくなっています。

1. 評価の概要と特徴

① 評価項目は食事、車いすとベッド間の移乗、整容、トイレ動作、入浴、平地歩行、階段昇降、更衣、排便自制、排尿自制の10項目からなります。

② 各項目は2段階から4段階に判別され、その配点には重みづけがなされています。

③ 総得点は全項目とも自立の場合には１００点（最高点）となり、全項目とも全介助の場合には0点（最低点）となります。

④ リハビリテーションの領域であらゆる疾患に広範に用いられています。

2. 注意

① Granger CV et al.（１９７９）やWade DT et al.（１９８８）による改訂版があるので混同しないように注意が必要です。

② 満点だからといって地域社会で完全に自立した生活が営めるわけではありません。

③ 採点が粗く細かな変化がとらえにくい。

④ 車いすとベッド間の移乗には起居動作も含まれます。

⑤ トイレ動作には排便や排尿のコントロールを含まれません。

⑥ 平地歩行には車いす操作も含まれます。

⑦ 部分介助と全介助の判定基準があいまいです。

3. 判定基準

表５－３を参照。

4. 評価の手順とコツ

① それぞれの項目において判定基準を基に「自立」「部分介助」または「全介助」を判定します。

② 平地歩行の項目では歩行ができない場合には車いす操作が自立していれば部分介助となります。

③ 監視や部分的な介助を必要とした場合は「部分介助」で、介助量が大きい場合や動作が不可能な場合は「全介助」となります。

旧厚生省による障害老人の日常生活自立度（寝たきり度）判定基準

1. 評価の概要と特徴

① 平成3年11月18日に旧厚生省大臣官房老人保健福祉部長通知（老健第１０２－２号）として公表されました。

② 障害老人を対象に日常生活の大まかな自立度を判定する基準で、特に行政の領域で用いられることが多いです。

③ 実生活での「実行状況ＡＤＬ」を調査します。

2. 注意

① 補装具や自助具などの器具を使用した状態でも差し支えありません。

② 原則としていわゆる健常老人は対象としません。

③ 「Ｊ－１」や「Ｂ－２」などと表記します。

④ ランクＡ、Ｂ、Ｃに該当するものについては、いつからその状態に至ったかを「期間」として付記します。

3. 判定基準

表５－４を参照。

表 5-3　Barthel Index

項目	判定	点数	基準
食事	自立	10	適当な時間内で自己にて食べ物をとって食べることが可能・自助具を用いる場合は自己にて装着可能であること
	部分介助	5	食べ物を細かく切ってもらうなどの部分介助が必要
	全介助	0	全介助
車いすとベッド間の移乗	自立	15	以下の動作がすべて自己にて可能（車いすで安全にベッドに近づく。ブレーキをかける、フットレストを上げる、ベッドに安全に移動する、横になる、起き上がりベッドに腰掛ける、必要であれば車いすの位置を変える、車いすに移動する）
	部分介助	10	上記の動作のいずれかにわずかな介助が必要。または安全のための指示や監視が必要
		5	一人で起き上がり腰掛けることは可能であるが、移動にはかなりの介助が必要
	全介助	0	全介助
整容	自立	5	手洗い、洗顔、整髪、歯磨き、髭剃り（道具の準備も含む）、化粧が可能
	全介助	0	介助が必要
トイレ動作	自立	10	トイレへの出入り、衣服の着脱、トイレットペーパーの使用が自己にて可能。必要であれば手すりを利用してもよい。ポータブルトイレや尿器を使用する場合はその洗浄などもできる
	部分介助	5	バランスが悪いために介助が必要。衣服の着脱やトイレットペーパーの使用に介助が必要
	全介助	0	全介助
入浴	自立	5	浴槽に入る、シャワーを使う、体を洗うといった動作が自己にて可能
	全介助	0	介助が必要
平地歩行(または車いす操作)	自立	15	監視や介助なしで 45m 以上歩ける。義肢・装具や杖・松葉杖・歩行器（車輪付きは除く）を使用してもよいが、装具使用の場合には継手のロック操作が可能なこと
	部分介助	10	監視やわずかな介助があれば 45m 以上歩ける
		5	歩けないが車いす駆動は自立し、角を曲がること、方向転換、テーブル、ベッド、トイレなどへ移動ができ、45m 以上操作可能
	全介助	0	全介助
階段昇降	自立	10	監視や介助なしで安全に階段昇降ができる。手すり、松葉杖や杖を利用してもよい
	部分介助	5	監視または介助が必要
	全介助	0	全介助や不能
更衣	自立	10	すべての衣類や靴の着脱、さらに装具やコルセットを使用している場合はその着脱も行うことができる
	部分介助	5	上記について介助を要するが、作業の半分以上は自分で行え、適当な時間内に終わることができる
	全介助	0	全介助
排便自制	自立	10	失禁がなく排便コントロールが可能。脊髄損傷者などは座薬や浣腸を使ってもよい
	部分介助	5	座薬や浣腸の使用に介助が必要またはときに失禁がある
	全介助	0	失禁状態
排尿自制	自立	10	失禁がなく排尿コントロールが可能。脊髄損傷者は収尿器の着脱や清掃管理ができていること
	部分介助	5	ときに失禁がある。尿器を持ってきてもらうまで、またはトイレに行くまで間に合わない。収尿器の着脱や管理に介助が必要
	全介助	0	全介助

出所：『図解理学療法検査・測定ガイド』

表5‑4　障害老人の日常生活自立度（寝たきり度）判定基準

ランクＪ	（生活自立）：何らかの障害などを有するが、日常生活はほぼ自立しており独力で外出できる 1　交通機関などを利用して外出する 2　隣近所へなら外出する
ランクＡ	（準寝たきり）：屋内での生活はおおむね自立しているが、介助なしには外出できない 1　介助により外出し、日中はほとんどベッドから離れて生活する 2　外出の頻度が少なく、日中も寝たり起きたりの生活をしている
ランクＢ	（寝たきり）：屋内での生活は何らかの介助を要し、日中もベッド上での生活が主体であるが座位を保つ 1　車いすに乗車し、食事、排泄はベッドから離れて行う 2　介助により車いすに移乗する
ランクＣ	（寝たきり）：1日中ベッド上で過ごし、排泄、食事、着替えにおいて介助を要する 1　自力で寝返りをうつ 2　自力で寝返りもうたない

（平成3年11月18日 老健第102－2号厚生省大臣官房老人保健福祉部長通知）

旧厚生省による痴呆性老人の日常生活自立度判定基準

1. 評価の概要と特徴

① 平成5年10月26日に旧厚生省老人保健福祉局長通知（老健第135号）として公表されました。

② 痴呆（認知症）と診断された高齢者を対象に日常生活の大まかな自立度を判断するもので、特に行政の領域で用いられることが多いです。

2. 注意

① 原則的に痴呆（認知症）のない高齢者は対象としません。

② 「障害老人の日常生活自立度（寝たきり度）」も同時に行います。

③ 「Ⅰ」や「Ⅱａ」などと表記します。

3. 判定基準

表5－5を参照。

表5‑5　痴呆性老人の日常生活自立度判定基準

ランクⅠ	何らかの痴呆を有するが、日常生活は家庭内および社会的にほぼ自立している
ランクⅡ	日常生活に支障をきたすような症状・行動やコミュニケーションの困難さが多少みられても、誰かが注意していれば自立できる a. 家庭外で上記Ⅱの状態がみられる b. 家庭内でも上記Ⅱの状態がみられる
ランクⅢ	日常生活に支障をきたすような症状・行動やコミュニケーションの困難さがときどきみられ、介護を必要とする a. 日中を中心として上記Ⅲの状態がみられる b. 夜間を中心として上記Ⅲの状態がみられる
ランクⅣ	日常生活に支障をきたすような症状・行動やコミュニケーションの困難さが頻繁にみられ、常に介護を必要とする
ランクⅤ	著しい精神症状や問題行動あるいは重篤な身体疾患がみられ、専門医療を必要とする

（平成5年10月26日 老健第135号 厚生省老人保健福祉局長通知）

表5−6　日本整形外科学会による各種機能評価表

	肩関節疾患治療成績判定基準	肘機能評価表	股関節機能判定基準	旧変形性股関節症判定基準	足部疾患判定基準
評価項目数	10項目	6項目	5項目	10項目	5項目
評価項目	結髪動作 結帯動作 口が手に届く 患側を下に寝る 上着のサイドポケットのものを取る 反対側の腋窩に手が届く 引戸の開閉ができる 頭上の棚の物に手が届く 用便の始末ができる 上着を着る	洗顔動作 食事動作 シャツのボタンかけ コップで水をそそぐ 用便の始末 靴下の着脱	腰かけ 立ち仕事（家事を含む） しゃがみこみ 立ち上がり 階段の昇り、降り 車・バスなどの乗り降り	腰かけ 正座 座礼 しゃがみこみ 靴下の着脱 足指の爪切り 立ち上がり 患側肢の片脚起立 階段の昇り 階段の降り	階段昇降 正座 つま先立ち 通常の靴が履ける 和式トイレ
判定基準	スムースにできる どうにかできる ほとんどできない	容易 困難 不能	容易 困難 不能	容易 困難 不能	容易 困難 不能

出所：図解理学療法検査・測定ガイド

日本整形外科学会による機能評価表に含まれる各種ADL評価

1．評価の概要と特徴

① 日本整形外科学会は各関節疾患に対する機能評価表（肩関節疾患治療成績判定基準、肘機能評価表、股関節機能判定基準、足部疾患判定基準など）を作成しておりその中にADL評価の項目が取り入れられています。

② 局所的な関節の疾患では多くのADL項目からなる評価表ではそのADL障害がとらえにくいので、このような限局した項目に絞った評価表が役に立ちます。

2．注意

① 関節ごとに評価項目および判定基準が異なります。

② 評価表ごとに詳細な判定基準があります。

3．判定基準

表5－6を参照。

資　料

大腿骨頸部骨折

大腿骨頸部骨折は高齢者が受傷することが多く、受傷時には股関節内転・外旋位のような典型的な姿勢をとります。治療は保存的治療と観血的治療に分けられ、観血的治療も骨接合術と人工骨頭置換術に大きく分けられます。保存的治療を選択した場合には、臥床期間も長く合併症をもつ場合が多くなり、股関節は屈曲拘縮をひき起こしやすい。また、高齢者では脊柱の変形（胸・腰椎の屈曲）をすでにもっている利用者が多く、立位姿勢は体幹前傾位となる場合が多い。観血的治療でも人工骨頭の場合には可動域は良好で術後早期より立位をとることが可能であるため、その他の合併症をもたなければ良好な姿勢をとることができます。しかし、骨接合術の場合（特に不安定型）には多くの原因によりその姿勢は不良となります。まず、骨接合部の短縮は脚長差のみならず中殿筋、大殿筋の機能不全をひき起こし、股関節安定性を低下させる。術創部周囲の軟部組織では、プレート固定のため筋の骨膜剥離部での筋損傷による筋の伸長性低下や皮下での筋膜癒着による関節可動域制限が、股関節のみならず膝関節にも認められる場合があります。また骨片の固定制の不良は、大転子では外転筋力低下をひき起こし、小転子では腸腰筋に引っ張られることで疼痛をひき起こす原因となり、立位姿勢は不良となっていきます。

骨粗鬆症

骨粗鬆症は、加齢や寝たきりなどにより長く身体を動かさない状態が続いた場合におこります。骨の成分が低下し、骨が脆くなるために、骨折しやすくなります。骨粗鬆症による痛みはありませんが、脆くなった脊椎が潰れ圧迫骨折となると体幹を動かした際に、腰や背部に激痛を生じます。胸椎の場合は、肋骨にそって腹部の方に痛みが放散することもあります。痛みは3週間程度で軽減することが多いです。時間の経過とともに楽になることを説明し、安心させることが必要です。このような期間でも筋力低下などを防ぐための上下肢の運動が大切となります。痛みが緩和したならば積極的な運動が必要となります。

褥瘡

同じ姿勢での長期臥床は、体重で圧迫されやすい部位に褥瘡をおこします。皮膚の剥離や爛れがあると創部に何かが触れただけでも痛みを訴えます。

関節拘縮

過度な安静は、上下肢をはじめとする関節可動域制限（拘縮）の原因にもなります。拘縮があると、関節運動の際に痛みを訴えます。拘縮で関節の動きが制限されているとき、不用意に動かすと、いたずらに痛がらせることになり身体を動かそうとしなくなることもあるので注意が必要です。

変形性股関節症

　日本人では。臼蓋形成不全などによる二次性の変形性股関節症が約90％と多くみられる。臼蓋形成不全の多くは、前外側の臼蓋形成が不足しているため、疼痛や関節の変形はその部分に発生する場合が多い。そのため、股関節はつねに関節にゆるみのでる軽度屈曲位をとり、伸展制限を生じることになる。当然、立位姿勢も前期股関節症から初期股関節症になるに従って股関節軽度屈曲位で骨盤を前傾させることで臼蓋の被覆率を増す姿勢となり、腰椎前弯の増強がみられるようになる。また、変形の進行に従い内転拘縮と臼蓋の外側上方への脱臼を生じてくる。そのため進行期股関節症から末期股関節症になるに従い、骨盤の側方への傾斜が増強し、脚長差や脊柱の側弯も認められ、脊柱変形も進行していく場合が多く、腰椎の前弯の消失が起こる。観血的治療には代表的なものとして寛骨臼回転骨切り術と全人工関節置換術がある。寛骨臼回転骨切り術は、前期または初期の股関節症を対象として行われるため、術後の可動域はほぼ正常に改善する場合が多い。そのため、一般的に良好な経過をとり、正常な立位姿勢となる場合が多い。しかし、その術式は寛骨臼をドーム状に骨切りして前外側へ回転させることにより、特に伸展可動域改善に伴い立位姿勢も改善する一方で屈曲制限を残す場合も認められる。また、大転子の切離を行う場合には術後の固定部のスクリューによる痛みなどで中殿筋筋力低下が生じた場合には、骨盤の側方安定性の低下が認められる。これらは、立位から次の動作に移るときにスムースな動きを妨げることになる。

　全人工関節置換術では末期股関節症を対象とするため、関節包の切除と同時に内転筋の切離など股関節拘縮除去のための処置が同時に行われる。しかし、術前から重度の関節可動域制限の認められた症例では、術後も関節可動域制限の残る場合が多く、脊柱変形も合わさって立位姿勢の十分な改善の認められない症例もある。いずれにせよ、変形性股関節症の立位姿勢は股関節の伸展可動域がどの程度確保されているかが大きなポイントになる。

変形性膝関節症

　膝関節は、大腿骨と脛骨という人体で最も長い長管骨により形成されており、種々の動作においてモーメントアームが他と比較して長く、大きな力学的負荷がかかるため関節変形をきたしやすい。当然肥満は、膝関節への負荷を増大させることになる。変形性膝関節症の中でも大腿脛骨関節の変形は外反変形に比べて内反変形が多く、スクリューホームムーブメントの障害に伴う伸展制限も同時に起こるため、関節症の進行とともに矢状面だけではなく三次元的なアライメントの異常が進行していくという問題がある。そのため、股関節、足関節だけではなく脊柱、足部のアライメントも異常をきたす。立位時の姿勢は、膝関節の内反変形、伸展制限に伴い骨盤の後傾、腰椎前弯の消失、下腿の内旋、扁平足を生じ、歩隔も広くなる。

　観血的治療法の代表的なものとして高位脛骨骨切り術と人工関節置換術がある。高位脛骨骨切り術は、関節包外で骨切りを行うため術後の可動域改善は良好である。また、人工関節置換術では重度の関節可動域制限を伴うものが多く、拘縮除去のための術中の関節包や靱帯の部分切除、骨切りの程度で術後の膝関節可動域が変化することになる。いずれの場合も手術により膝関節の関節可動域が改善されるものの、足部や脊柱は直接的なアプローチは行われないため不良な状態が残存する。

椎間板ヘルニアと椎間関節症

椎間板ヘルニアでは一般に髄核が後方へ脱出する場合が多い。髄核が後方へ移動することにより後方の椎間板内圧が高まるため腰椎を前弯させることが困難となりより腰椎は後弯を呈するようになる。また、筋力低下や知覚障害などの神経症状を伴う場合には、その影響でさらに姿勢は不良となる。一方、腰椎椎間関節症では腰椎前弯の増強により椎間関節に強い負荷がかかり、椎間関節の変性をきたした症例が多い。そのため、腰椎椎間関節症の進行に伴って脊柱のアライメントを整えるために上背部が円背傾向を示すようになる。治療法には保存的治療と観血的治療法があるが、腰椎椎間関節症では保存的治療が主となる。観血的治療が行われた場合、術後の脊柱可動性が低下する場合が多く、保存的治療と同様に可動性の改善と姿勢の指導が重要となる。腰椎の前後弯をあらわす骨盤の前後傾をみることが大切である。

失調症

麻痺とは直接関係のない症状で、筋収縮のコントロールがうまくできず、ふらふらしたりする。麻痺か重度の場合は、失調症によるものか麻痺によるものかの判定は困難です。

膝折れ

膝折れは大殿筋、大腿四頭筋、下腿三頭筋のいずれの筋力低下でもおこり得ます。

股関節を伸展する大殿筋の筋力低下では腰を伸展することは困難となりますので、躯幹が前傾し大腿四頭筋（膝の伸筋）が相対的にゆるむため膝折れが見られます。大腿四頭筋が弱いと、膝関節の伸展力が不足すれば当然膝折れをおこします。下腿三頭筋が弱いと、足首で前に折れてしまいますが、身体全体が前のめりになるのを膝関節の屈曲で防ぐことになります。このとき、まげた踵を固定するだけの力がないと、膝ががっくりと崩れてしまいます。

ハサミ脚

麻痺側下肢が健側下肢側に寄ってくる状態をいいます。ひどい場合には下肢が交叉するようになります。伸展共同運動の影響と考えてよいでしょう。

参考文献

石鍋圭子・野々村典子・奥宮暁子・宮腰由紀子編著『リハビリテーション専門看護』医歯薬出版、二〇〇一。

長吉孝子『看護における観察と評価』（看護学叢書3）メヂカルフレンド社、一九九〇。

大田仁史『家庭でもできる脳卒中在宅療養の動作訓練』日本アビリティーズ協会、一九八四。

大田仁史『大田式介護予防リハビリ体操』講談社、二〇〇六。

石野育子『最新介護福祉全書別冊2、介護過程』メヂカルフレンド社、二〇一〇。

三上れつ『実践に役立つ看護過程と看護診断―ヘンダーソン・ゴードンのデータベースに基づく事例展開』廣川書店、一九九六。

吉川ひろみ『評価の意味と目的、ＯＴジャーナル』38（7）：５０６－５１５、二〇〇四。

齋藤宏・松村秩・矢谷令子『姿勢と動作―ＡＤＬその基礎から応用』メヂカルフレンド社、二〇〇〇。

奈良勲・内山靖『図解　理学療法検査・測定ガイド』文光堂、二〇〇六。

Cohn, E. et al. Introduction of evaluation and interview ; overview of evaluation, Crepeau, E. B. et al. (eds.): *Willard and Spackman's Occupational Therapy*, 10th ed. Lippincott Williams & Wilkins, pp. 279–285, 2003.

Law, M. et al. Measuring Occupational Performance : Supporting best practician occupational therapy, *Slack, Thorofare*, pp. 41–42, 2001.

Law, M., Evidence—Based Rehabilitation ; a guidetopractice, *Slack, Thorofare*, 2002

Holm, M.B., Our mandate for the new millennium ; evidence based practice, *Am. J. Occup. Ther.* 54 : 575–585, 2000.

齋藤宏・松村 秩・矢谷令子『新版　姿勢と動作　ＡＤＬその基礎から応用』メヂカルフレンド、二〇〇三。

澤田信子・鈴木知佐子・石井享子編集『介護過程　介護福祉士養成テキストブック』ミネルヴァ書房、二〇〇九。

介護福祉士養成講座編集委員会編集『新・介護福祉士養成講座（9）介護過程』中央法規出版、二〇一一。

砂原茂一『リハビリテーション』岩波新書、一九八〇。

土屋弘吉『日常生活活動（動作）―評価と訓練の実際』3版、医歯薬出版、一九九二。

上田敏『目でみるリハビリテーション医学（第2版）』東京大学出版会、一九九四。

中村隆一・齋藤 宏『基礎運動学』（4版）医歯薬出版、一九九五。

中村隆一・齋藤 宏『臨床運動学』（3版）医歯薬出版、二〇〇二。

齋藤宏『姿勢と筋活動、POSTUTE』12：38－43、一九九八。

中野昭一編『図説・運動の仕組みと応用』医歯薬出版、一九八二。

日本整形外科学会・日本リハビリテーション医学会『関節可動域表示ならびに測定法、リハビリテーション医学』32：２０７－２１７、一九九五。

慶応義塾大学医学部リハビリテーション科訳『ＦＩＭ：医学的リハビリテーションのための統一データセット利用の手引き』医学書出版センター、一九九一。

渡辺悟『立位姿勢の調整機能、総合リハビリテーション』13：87－93、一九八五。

石井慎一郎『臨床運動学から見た運動分析・理学療法』19－8：９０２－９１０、二〇〇二。

山寄勉『整形外科理学療法の理論と技術』メジカルビュー社、１７２－２０１、一九九七。

芳澤昭仁『片麻痺の患者の動作分析・理学療法ジャーナル』32：２５３－２６３、一九九八。

佐々木日出男監修・奥宮暁子他編『リハビリテーションと看護―その人ら

しく生きるには』中央法規出版、一九九六。

貝塚みどり他編『QOLを高めるリハビリテーション看護』医歯薬出版、一九九七。

中村隆一監修『入門リハビリテーション医学』医歯薬出版、一九九六
上田敏『リハビリテーションを考える』青木書店、一九八三。

渡辺正仁『理学療法士・作業療法士・言語療法士のための解剖学』廣川書店、159-162、一九九九。

井原秀俊『関節トレーニング』協同医書、89-107、一九九六
神野耕太郎『運動の生理学―骨から神経まで―』南山堂、49-53、二〇〇三。

青木一治『腰椎椎間板ヘルニアの理学療法のための検査・測定のポイントとその実際』理学療法、21：147-156、二〇〇四。

Rene Caillet『運動器の機能解剖』医歯薬出版、30-68、二〇〇〇
砂原茂一『リハビリテーション』岩波新書、一九八〇。

土屋弘吉他編『日常生活活動（動作）』（第3版）医歯薬出版、一九九二。

上田敏『障害の受容―その本質と諸段階について』総合リハ、8（7）：518、一九八〇。

岩倉博光他編『老年者の機能評価と維持』医歯薬出版、一九九〇。

Pedretti. L. W. C. 著、宮前珠子他訳『身体障害の作業療法』（改訂第4版）協同医書、一九九九。

金子公宥『スポーツ・バイオメカニクス入門』杏林書院、1-30、一九八二。

Beate Carriere. Fitness for the pelvic floor, *Thieme 1*: 14-15, 2002.

イラスト　片岡　奈緒
　　　　　金子　愛
表紙イラスト　延原　あゆみ

筒井　澄栄（つつい　すみえい）

福岡県出身

現　職　国立障害者リハビリテーションセンター研究所　障害福祉研究部　室長

研究領域　障害者福祉・高齢者福祉・リハビリテーション領域

経　歴　日本社会事業大学大学院博士課程修了、修士・博士（社会福祉学）
雪の聖母会　聖マリア病院リハビリテーションセンター、株式会社千早ティースリー、
東京都福祉機器総合センター、岡山県立大学保健福祉学部をへて現職

著　書　『現代社会福祉のすすめ』（共著）学文社、二〇〇六
『生活支援のための福祉用具と住宅改修』（共著）ミネルヴァ書房、二〇〇八
『介護福祉士養成テキスト社会保障制度と介護の制度と実践』（共著）建帛社、二〇〇八
『介護福祉全書　第6巻　生活支援技術Ⅱ』（共著）メヂカルフレンド社、二〇〇八
『介護福祉全書　第11巻　障害の理解』（共著）メヂカルフレンド社、二〇〇八
『現代障害福祉のすすめ』（共著）学文社、二〇一〇
『現代高齢者福祉のすすめ』（共著）学文社、二〇一一
他

エビデンスに基づいた介護

二〇一二年一〇月二五日　第一版第一刷発行　◎検印省略

著　者　筒井　澄栄

発行所　株式会社　学文社

郵便番号　一五三-〇〇六四
東京都目黒区下目黒三―六―一
電　話　〇三(三七一五)一五〇一(代)
http://www.gakubunsha.com

発行者　田中千津子

乱丁・落丁の場合は本社でお取替します。
定価は売上カード、カバーに表示。

印刷所　シナノ印刷㈱

ISBN 978-4-7620-2325-5